조선시대 해항도시 부산의 모습
-군항과 해항-

이 저서는 2008년 정부(교육부)의 재원으로 한국연구재단의 지원을 받아 수행된 연구임(NRF-2008-361-B00001).

조선시대 해항도시 부산의 모습
-군항과 해항-

....

초판 1쇄 발행 2018년 5월 31일

지은이 | 김강식
펴낸이 | 윤관백
펴낸곳 | 도서출판 선인

등 록 | 제5-77호(1998.11.4)
주 소 | 서울시 마포구 마포대로 4다길 4 곳마루 B/D 1층
전 화 | 02)718-6252/6257
팩 스 | 02)718-6253
E-mail | sunin72@chol.com
Homepage | www.suninbook.com

정가 28,000원
ISBN 979-11-6068-181-9 93300

·잘못된 책은 바꾸어 드립니다.

[해항도시문화교섭학연구총서 20]

조선시대 해항도시 부산의 모습
-군항과 해항-

김강식

발 간 사

　한국해양대학교 국제해양문제연구소는 한국연구재단의 지원을 받아 2008년부터 2018년까지 인문한국지원사업인 '해항도시 문화교섭학' 연구를 수행하고 있다. 이 연구의 개요를 간략히 소개하면 다음과 같다. 먼저, 해항도시 문화교섭 연구는 바다로 향해 열린 해항도시(seaport city)가 주된 연구대상이다. 해항도시는 해역(sea region)을 구성하는 요소로서 그 자체가 경계이면서 동시에 원심력과 구심력이 동시에 작동하는 공간으로, 배후지인 역내의 각지를 연결할 뿐만 아니라 먼 곳에 있는 역외인 해역의 거점과도 연결된 광범한 네트워크가 성립된 공간이다. 해항도시는 근대자본주의가 선도하는 지구화 훨씬 이전부터 사람, 상품, 사상 교류의 장으로서 기능해 온 유구한 역사성, 국가의 영역에 머무르지 않은 초국가적인 영역성과 개방성, 그리고 이문화의 혼교·충돌·재편이라는 혼효성의 경험과 누적을 사회적 성격으로 가진다.
　다음으로 해항도시 문화교섭 연구는 해항도시를 필드로 하여 방법론적 국가주의를 넘어 방법론적 해항도시를 지향한다. 연구필드인 해항도시를 점으로 본다면 해항도시와 해항도시를 연결시킨 바닷길은 선으로 구체화되며, 바닷길과 바닷길을 연결시킨 면은 해역이 된다. 여기서 해역은 명백히 구획된 바다를 칭하는 자연·지리적 용법과 달리 인간이 생활하는 공간, 사람·물자·정보가 이동·교류하는 장이자 사람과 문화의 혼합이 왕성하여 경계가 불분명하여, 실선이 아니라 점선으로 표현되는 열린 네트워크를 말한다. 해역과 해역은 연쇄적으로 연결된다. 해항도시 문화교섭 연구는 국가와 민족이라는 분석단위를 넘어서, 해항도시와 해항도시가 구성하는 해역이라는 일정한 공간을 상정하고, 그 해항도시와 해역에서의 문화생성, 전파, 접촉, 변용에 주목하여 문화교섭 통째를 복안적이고 종합적인 견지에서 해명하고자 하는 시도다.

여기에 기대면, 국가 간의 관계 시점에서 도시 간 네트워크 시점으로의 전환, 지구화와 지방화를 동시에 반영하는 글로컬 분석단위의 도입과 해명, 중심과 주변의 이분법을 해체하고 정치적인 분할에 기초한 지리단위들에 대한 투과성과 다공성을 부여할 수 있다. 그리고 해항도시 문화교섭 연구는 역사, 철학, 문학 등 인문학 간의 소통뿐 아니라 사회과학과 자연과학 등 모든 학문과의 소통을 전제한다는 점에서, 모든 학문의 성과를 다 받아들인다는 의미에서 '바다' 인문학을 지향한다.

이처럼 해항도시 문화교섭 연구는 '연구필드로서의 해항도시'와 '방법론으로서의 해항도시'로 대별되며, 이는 상호 분리되면서도 밀접하게 연관된다. 연구필드로서의 해항도시는 특정 시기와 공간에 존재하는 것이며, 방법론으로서의 해항도시는 국가와 국가들의 합인 국제의 틀이 아니라 해항도시와 해역의 틀로 문화교섭을 연구하는 시각을 말한다. 이런 이유로 해항도시 문화교섭학 연구총서는 크게 두 유형으로 출간될 것이다. 하나는 해항도시 문화 교섭 연구 방법론에 관련된 담론이며, 나머지 하나는 특정 해항도시에 대한 필드연구이다. 우리는 이 총서들이 상호 연관성을 가지면서 해항도시 문화교섭 연구의 완성도를 높여가길 기대한다. 그리하여 국제해양문제연구소가 해항도시 문화교섭 연구의 학문적·사회적 확산을 도모하고 세계적 담론의 생산·소통의 산실로 자리매김하는 데 일조하리라 희망한다. 물론 연구총서 발간과 그 학문적 수준은 전적으로 이 프로젝트에 참여하는 연구자들의 역량에 달려있다. 연구·집필자들께 감사와 부탁의 말씀을 드리면서.

2018년 1월
한국해양대학교 국제해양문제연구소장
정문수

책을 내면서

 오늘날 부산을 나라의 관문이라고 부른다. 부산이 나라의 관문이 된 것은 부산이 우리나라를 대표하는 항만도시이기 때문이다. 역사적으로 보면 부산이 나라를 대표하는 항만이 된 것은 조선 전기부터였다. 그것은 대일 관계를 안정적으로 유지하기 위해서 공식적으로 일본에 대해 자주적인 개항을 하였기 때문이다.
 한반도 동남단에 위치한 부산항은 전면에 가로놓인 영도와 조도가 外海로부터 들어오는 거칠고 성난 파도를 막아주는 자연적인 방파제의 역할을 해주고 있어서, 말 그대로 항구로서 천혜의 입지조건을 갖추고 있다. 부산항의 지리적 범위는 서쪽의 남해안 가덕도 해안에서부터 동쪽의 동해안 기장군 해안까지를 포괄하는 해안인데, 요소요소에 천혜의 浦口를 안고 있다.
 부산의 해안 지형은 산지가 해안에 임박하여 대부분 수심이 깊으며, 암석 절벽으로 된 해식대와 해식동 등이 발달하여 좋은 풍광을 선사하고 있으며, 곳곳에는 소규모 灣入이 발달하여 포구가 널려 있다. 때문에 대규모의 항구가 발달하기에 좋은 조건이지만, 다만 배후지가 넓지 못한 단점도 있다. 부산항의 항만시설은 해안을 따라서 널리 펼쳐져 있다. 신항, 북항, 남항, 감천항, 다대포항, 대변항, 수영만이다.

부산항은 기능에 따라 무역항, 어항, 군항, 여객항 등 다양한 역할을 하는 종합항이다.

부산항의 역사는 근대적인 항만시설을 갖춘 근대항으로 개항한 1876년부터 잡는다. 그러나 부산항이 항구로서, 한반도의 관문으로서 자리 잡은 역사성을 토대로 부산항의 정체성을 세우는 작업도 필요하다. 이런 점에서 부산항이 가진 교류성을 주목할 필요가 있다. 이 책을 집필하는 이유가 여기에 있다. 선사시대부터 시작된 부산항의 교류성은 동삼동패총에서부터 확인되는데, 이후 지속되었던 모습이다.

부산항의 대외교류는 일본을 제외하고 말할 수 없다. 전근대시기에 일본은 왜구로 부산 해역을 끊임없이 드나들면서 노략질했다. 그 결과로 1407년 조선의 의지에 따라서 釜山浦가 개항되었다. 이즈음 釜山이라는 지명도 쓰이게 되었으므로, 釜山港이라는 용어를 사용해도 무방할 시점이다. 1423년에는 일본에 대해 정식으로 부산포, 염포, 내이포의 삼포가 개항되었다. 그러나 사량진왜변 이후인 1544년 부산포왜관만 유일한 왜관이 되면서, 부산포가 유일한 대일항구가 되었다. 조선의 자주적 개항으로 부산이 유일한 대외항구가 된 역사적 사건이었다.

조선시대에 부산항은 대외무역의 관문이자 국방의 전초기지였다. 1592년에 일어났던 임진왜란은 海域勢力 일본이 陸域勢力에 대해 선포한 전쟁으로, 우리나라가 그때까지 경험해 보지 못했던 획기적인 사건이 일어난 것이었다. 임진왜란 때 부산항은 일본군의 군수기지가 되어 일본군과 군수품이 이곳으로 운송되어 들어왔다. 아마 역사 이래 부산항에 가장 많은 선박이 정박한 시점일 것이다. 임진왜란을 극복한 조선은 경상좌수영 휘하의 모든 수군을 부산포에 집중시켰다. 경상좌수영이 위치하여 조선 전기부터 군사항이었던 부산항은 이제

명실상부한 국방의 전초기지가 되었다.

임진왜란 후 조선은 북방의 육역세력의 팽창에 대비하기 위해서 남방의 해역세력의 안정이 필요하였다. 이에 일본과의 안정이 무엇보다도 요청되면서 朝鮮通信使를 파견하고 倭館을 다시 열어 주었다. 특히 1678년에는 초량왜관이 개설되어 1876년 개항하여 근대적 항구로서 본격적인 역할을 할 때까지 존속하였다. 18세기 후반부터는 異樣船도 들어오기 시작하였다. 해방 이후 귀환동포의 귀환, 한국전쟁, 월남파병, 경제개발과 수출 등을 통해서 부산항은 급속 성장하였으며, 현재 우리나라의 발전을 선도하는 대표적인 국제항만도시이자 해항도시로 발전하였다.

한편 운송의 측면에서 보면 항구는 중요한 연결점이다. 항구의 발달은 물동량의 증가와 밀접한 관련이 있다. 바다와 육지가 마주하는 항구에서는 육지에서 바다로, 바다에서 육지로 사람과 물자를 이동시킨다. 부산항은 대한해협을 사이에 두고 일본과 마주보고 있어서 육역세력과 해양세력이 연결되는 요충지이다. 이에 부산항은 육역세력과 해역세력 모두에게 각각 문호 역할을 한다. 넓게 보면 부산항은 유라시아 대륙과 태평양의 해양세력이 만나는 연결점이다. 이런 점에서 보면 해항도시 부산의 역할과 성장은 무한하다고 할 수 있다. 오늘날 부산은 해양수도를 표방한다. 이를 위해서 부산항은 동북아시아의 결절점이 되어야 한다. 부산항은 유라시아 대륙으로 연결되고, 태평양으로 뻗어나가며, 동북아경제의 핵심축이 되어야 할 것이다.

조선시대의 부산항은 정확하게는 나가사키와 광저우 같은 港市라고 할 수 있다. 그러나 국경을 넘기 위한 이론의 틀로서 크로스보더형(cross border type) 도시론에서는 육역과 해역세계의 경계의 하나인 바다를 넘어 사람, 문화, 물자의 소통이 왕성하였던 경계를 초월하는 도시를 해항도시라고 규정한다. 이러한 해항도시에서는 바다를 통한 교류성, 국제성, 잡종성이 중요한 의미를 가진다.

이런 입장에서 조선시대에 교류와 경계도시로서의 양면성을 지닌 부산을 해항도시로 규정할 수 있다. 이를 토대로 조선시대에 해항도시로서 교류의 장으로서의 부산과 경계의 지점으로서의 부산의 모습을 살펴보고자 한다. 이 작업은 조선시대에 해항도시 부산의 위상과 모습을 밝히고, 부산항의 역사적 정체성을 밝히는 작업이 될 수 있을 것이다.

해항도시는 열린 공간으로서 비교적 자유로운 활동이 보장되는 지역이다. 해항도시는 문화의 혼종적·교섭적 성격 규명에 관심을 기울이는 문화연구에서 관심을 집중할 수 있는 대표적인 접촉지대이다. 오늘날 해항도시에 주목하면서 문화의 혼종과 교섭의 현상을 드러냈던 경계지대의 역사적 중요성이 재발견되고 있는데, 문화 접촉지대의 대표적인 공간이 항구였다. 조선시대에 해항도시였던 부산에 있었던 부산포왜관, 두모포왜관, 초량왜관은 대표적인 항구 속의 경계지대였다.

이 책에서는 역사적으로 조선시대에 일본에 대해 유일하게 열린 공간이었던 해항도시 부산의 모습, 이문화에 대한 경계의 실상, 조·일 두 문화의 교류와 혼종 및 창성의 과정과 모습을 조선 전기, 임진왜란 시기, 조선 후기 세 시기로 나누어서 구체적으로 살펴보고자 하였다.

이 책을 내는 데에는 많은 이들의 도움과 배려가 있었다. 한국해양대학교 국제해양문제연구소에서 해항도시의 문화교섭학을 아젠다로 연구하는 과정의 일환으로 『조선시대 해항도시 부산의 모습』을 간행할 수 있는 기회를 준 정문수 소장님과 연구원들에게 고마움을 전한다. 아울러 게으름으로 제때에 넘기지도 못한 원고를 잘 다듬어서 아름다운 책으로 세상에 나올 수 있도록 애써준 도서출판 선인의 윤관백 사장님과 편집부에 특별히 감사함을 표한다. 하지만 이 책에서 발견되는 부족한 부분은 전적으로 필자의 우문 탓이다. 여러 선학들의 질정을 바란다.

섬 속의 캠퍼스, 아치섬의 한국해양대 연구실에서
2018년 4월 30일
金康植 識

차 례

발간사 / 5
책을 내면서 / 8

■ 들어가는 글 ·· 19

제1장 조선 전기의 부산항

1. 조선 전기의 군항 ·· 31
   1) 좌수영과 포진 ·· 31
      (1) 방어체제 속의 수군 ································· 31
      (2) 좌수영과 포영 ······································· 40
   2) 수군과 전선 ·· 44

2. 조선 전기의 해항 ·· 52
   1) 부산포왜관 ··· 52
      (1) 부산포의 개항 ······································· 53
      (2) 부산포왜관의 설치와 변화 ······················· 55
      (3) 부산포왜관의 문화교섭 ··························· 58
   2) 왜변 이후 일본의 내왕 ································· 64

제2장 임진왜란 시기의 부산항

1. 임진왜란 시기의 군항 ································· 71
   1) 부산진성전투 ································· 71
      (1) 전투의 배경 ································· 71
      (2) 전투의 경과 ································· 77
      (3) 전투의 결과와 의미 ························· 81
   2) 다대진성전투 ································· 85
      (1) 전투의 배경 ································· 85
      (2) 전투의 전개 ································· 87
      (3) 다대진성전투의 기억 ······················· 92
   3) 부산포해전 ································· 100
      (1) 부산포해전 이전의 상황 ··················· 100
      (2) 부산포해전의 전황 ························· 108
      (3) 부산포해전의 결과와 의미 ················· 113

2. 임진왜란 시기의 해항 ··························· 117
   1) 강화 사절의 내왕 ··························· 117
   2) 부산왜성 ··································· 121
      (1) 부산왜성의 이문화 혼종 ··················· 121
      (2) 부산왜성의 혼종 모습 ····················· 132
   3) 절영도 임시왜관 ····························· 138

제3장 조선 후기의 부산항

1. 조선 후기의 군항 ································· 149
   1) 방어체제 변화 속의 수군 ····················· 149

2) 수군과 전선 ··· 156
　　3) 좌수영과 7진 ·· 164
　　4) 다대진 ··· 170
　　　(1) 다대진성의 역사 ······································ 170
　　　(2) 다대진성의 운영 ······································ 176
　　　(3) 다대진성의 구조와 건물 ·························· 178
　　5) 절영도진 ·· 181
　　　(1) 절영도진의 설치 ······································ 181
　　　(2) 절영도진의 운영 ······································ 200
　　　(3) 절영도진의 재정 ······································ 207

2. 조선 후기의 해항 ·· 211
　　1) 두모포왜관 ·· 211
　　　(1) 왜관의 위치와 공간 ································· 211
　　　(2) 두모포왜관의 교류 모습 ·························· 214
　　2) 초량왜관 ·· 223
　　　(1) 문화접촉의 공간 ······································ 223
　　　(2) 문화교류와 교섭 ······································ 231
　　　(3) 초량왜관의 문화교류 모습 ······················ 235
　　　(4) 표민수수소 ··· 255
　　3) 조선통신사 ·· 258
　　　(1) 통신사의 여정 ·· 258
　　　(2) 사행단의 구성 ·· 262
　　　(3) 전별연과 해신제 ······································ 266
　　　(4) 경상좌수영의 통신사선 제조 ··················· 271
　　　(5) 조선 후기 일본 선박의 내왕 ··················· 272
　　　(6) 영가대 ·· 282

16   조선시대 해항도시 부산의 모습-군항과 해항

■ 맺는 글 ·· 293

참고문헌 / 299
찾아보기 / 308

들어가는 글

들어가는 글

조선시대에 교류와 경계 도시로서의 양면성을 가진 부산은 해항도시의 성격을 가진 이중적 도시였다. 다시 말해서 조선시대에 해항도시의 교류의 장으로서의 부산과 경계의 지점으로서의 부산이 교차하는 해항도시로서의 결절점이었다. 때문에 조선시대의 해항도시 부산의 위상과 모습을 올바르게 밝히는 작업은 부산의 해양역사 정체성을 세우는 작업이 될 수 있을 것이다.

무엇보다도 역사적으로 조선시대에 일본에 대해 유일하게 열린 공간이었던 해항도시 부산의 모습, 이문화에 대한 경계의 실상, 조·일 두 문화의 교류와 혼종 및 창성의 과정과 모습을 구체적으로 그려 보고자 한다. 아울러 조선시대에 해항도시 부산에서 외세에 대응하는 조선의 대응력을 군항의 모습에서 찾아보고자 한다. 조선시대 해항도시 부산의 모습 중에서 해항의 모습은 크게 보면 초량왜관, 통신사, 永嘉臺, 漂民授受所에서 찾을 수 있으며, 군항의 모습은 慶尙左水營, 7鎭의 부산 집중, 絕影鎭 개설 등에서 찾을 수 있다.

해항도시는 열린 공간으로서 비교적 자유로운 활동이 보장되는 지역이다.[1] 해항도시는 문화의 혼종적·교섭적 성격 규명에 관심을 기울이는 문화연구에서 관심을 집중시킬 만한 대표적인 접촉지대이다.[2] 생활체계를 갖추고 살아가는 인간들의 복잡한 상호작용 체계이며, 인간생활의 영역화 된 모든 차원을 포괄하는 문화는 혼종적이며, 역사적으로 변화하며, 역동적인 성격을 가지고 있다. 그래서 문화 사이의 교섭은 동화나 대결이 아니라 창조적 변용으로 사유된다고[3] 한다. 이에 문화는 교섭과 분리된 것이 아니라 교섭과 하나일 수밖에 없다. 따라서 문화를 이해한다는 것은 문화의 혼종적 교섭을 이해하는 것이라고 할 수 있다고[4] 한다. 오늘날 문화의 혼종과 교섭의 현상을 강하게 드러냈던 경계지대의 역사적 중요성이 재발견되고 있는데, 문화 접촉지대의 대표적인 공간은 메트로폴리스, 항구, 경계지대라고[5] 한다. 조선시대에 해항도시였던 부산에 있었던 부산포왜관, 두모포왜관, 초량왜관은 대표적인 항구 속의 경계지대였다.

이제 조선시대 해항도시 부산의 군항과 해항의 모습을 조선 전기, 임진왜란 시기, 조선 후기로 나누어서 구체적으로 살펴보고자 한다. 먼저 조선 전기에 부산은 지리적으로 경계지대에 위치하고 있어서 군항과 해항의 모습을 가지고 있었다. 조선 건국 후 바로 부산은 군항도시이자 해항도시가 되었다.

첫째, 조선 전기에 구체적인 부산의 군항 모습이다. 조선 전기의 부산 군항에 대한 연구는 東萊府를 중심으로 군사체제와 관방시설에 대한 연구가 있다.[6] 이러한 연구성과를 바탕으로 조선 전기에 군항 부산의

---

[1] 정문수 외, 『해항도시문화교섭학 연구방법론』, 도서출판 선인, 2004, 20쪽.
[2] 정문수 외, 위의 책, 2004, 187~188쪽.
[3] 정문수 외, 위의 책, 180쪽.
[4] 정문수 외, 위의 책, 182쪽.
[5] 정문수 외, 위의 책, 180쪽; 피터 버그 저, 강상우 옮김, 『문화혼종성』, 이음, 111~113쪽.
[6] 김강식, 「조선전기 부산 지역의 행정과 관방」, 『항도부산』 22, 2005.

구체적인 모습을 살펴보고자 한다. 조선 전기에 부산에는 對日 강경책에 따라서 海防 강화의 일환으로 關防 시설이 설치되면서 군항으로서의 모습을 갖추어 나갔다. 한편으로는 조선이 주도한 대일 온건책의 일환으로 삼포가 개항되자, 부산에는 釜山浦倭館이 건립되면서 해항도시로서의 위상을 동시에 갖게 되었다. 특히 蛇梁鎭倭變 이후에는 조선 유일의 해항도시로서 기능하였다. 이에 조선 전기의 부산 군항에 대해서는 수군 체제와 관방 시설의 제도적 정비 과정을 살펴보고, 나아가 수군의 군사수와 전선에 대해서도 파악해 보고자 한다.

둘째, 조선 전기의 부산 해항에 대해서는 부산포왜관에 대한 연구가 있다.7) 이를 토대로 부산포왜관의 설립과정과 朝日 교섭의 모습을 살펴보고, 아울러 조·일 해역을 오고간 通信使船과 기타의 내항 선박에 대해서도 파악해 보고자 한다.

다음으로 임진왜란 시기에 부산의 군항과 해항에 대한 연구는 부산지역의 각 전투에 대한 연구,8) 강화사절의 내왕,9) 부산왜성,10) 절영

---

7) 손승철,『조선시대 한일관계사연구』, 지성의 샘, 1994; 김동철,「15세기 부산포왜관에서 한일 양국민의 교류와 생활」,『지역과 역사』22, 부경역사연구소, 2008.
8) 丁仲煥,「壬辰倭亂時의 釜山地區戰鬪」,『軍史』2, 국방부 전사편찬위원회, 1981; 許善道,「壬亂亂 頭 東萊(釜山)에서의 여러 殉節과 그 崇慕事業에 대하여(上) - 釜山鎭殉節圖, 東萊府殉節圖 및 釜山鎭·多大鎭殉節圖를 中心으로」,『한국학논총』10, 국민대 한국학연구소, 1988; 崔永禧,「壬辰倭亂 첫 戰鬪에 대하여」,『한국사학논총 상』, 수촌박영석교수화갑기념논총간행위원회, 1992; 김석희,「壬辰倭亂과 釜山 抗戰」,『항도부산』9, 부산직할시사편찬위원회, 1992; 정중환,「壬辰倭亂과 釜山事蹟-市民의 날 制定에 즈음하여-」,『박원표선생회갑기념논문집』, 동편찬위원회, 1970.
9) 이형석,『임진전란사』상~하, 임진왜란사간행위원회, 1974;『임진전란사』, 국방부전사편찬위원회, 1987.
10) 李進熙,「倭館·倭城を歩く (1)」,『季刊三千里』30, 三千里社, 1982; 부산대 한일문화연구소,『경남의 왜성지』, 1975; 나동욱,「倭城의 축조수법에 대하여」,『博物館研究論集』12, 부산박물관 2007.

도 임시왜관에[11] 대한 연구가 있다. 조선시대에 부산이 갖는 역사적 성격은 나라의 관문으로서 대일 외교와 무역의 현장이자, 국방의 요충이었다.[12] 이런 상황에서 일본이 도발하여 침략한 임진왜란에서 부산이 차지하는 위상은 매우 중요하였다.

첫째, 임진왜란 시기에 군항 부산의 모습은 부산진성전투, 다대진성전투, 부산포해전에서 찾을 수 있다. 임진왜란 초기에 일본군이 대부분 부산으로 상륙했으므로 부산은 첫 전장이 될 수밖에 없었으며, 전화를 직접 당해야 했던 곳이었다. 아울러 강화회담 시기에는 일본군이 倭城을 축성하여 잔류하였으며, 정유재란 때에는 1597년 1월에 가토 기요마사(加藤淸正)의 제1군이 다대포로 상륙하였다.[13] 임진왜란 초기에 있었던 부산진성·동래읍성·다대진성전투는 임진왜란 중에 있었던 전투 중에서 가장 치열한 항전이었으며, 일본에 큰 타격을 준 전투였다는 점에서 역사적으로도 높이 평가되고[14] 있다.

임진왜란에 대한 연구에서 가장 우선시 되어야 할 부분은 전쟁사적인 연구이다. 그동안 임진왜란 전쟁사에 대해서도 나름대로 많은 연구성과를 거두었다.[15] 그런데 임진왜란 전체 전쟁사를 복원하기 위해서는 구체적인 실제 전투에 대한 연구가 수행될 필요성이 있다. 조선시대에 부산은 나라의 관문에 위치하고 있었기 때문에 임진왜란의 발발과 함께 첫 전투가 시작되었던 지역이었다.[16] 임진왜란사에서 부산

---

[11] 金在勝, 「絕影島倭館의 存續期間과 그 位置」, 『동서사학』 6·7합집, 한국동서사학회, 2000.
[12] 김강식, 「조선전기 부산지역의 지방행정과 관방」, 『항도부산』 21, 부산시사편찬위원회, 2005.
[13] 국방부 전사편찬위원회 편, 『임진왜란사』, 국방부 전사편찬위원회, 1987.
[14] 정중환, 앞의 논문, 1981, 216~217쪽.
[15] 이형석, 『임진전란사』 상~하, 임진왜란사간행위원회, 1974; 『임진전란사』, 국방부 전사편찬위원회, 1987.

이 차지하는 위상은 어느 지역보다도 중요하지만, 부산 지역에서 임진왜란에 대한 관심이나 연구 등이 제대로 이루어지지 못하고 있다.

특히 부산은 조선의 관문이었기 때문에 임진왜란을 일으킨 일본의 입장에서 보면 부산은 조선 침략의 교두보이자 보급을 위한 기지로서 중요하였다. 이에 부산지역 중에서도 부산포 일대는 일본군의 전략적 요충이자 전략 기지가 되었다. 반면 조선의 입장에서 보면 일본군의 격퇴를 위해서는 부산포를 통한 일본군의 진출, 군량의 수송 등을 차단할 필요성이 있었다. 일본군의 부산포 사수와 조선군의 부산포 탈환 내지 전력 약화가 부딪친 전투가 부산포해전이다. 지금까지 부산포해전에 대한 연구성과는 임진왜란 전체사의 흐름 속에서 부산포해전을 다룬 경우,[17] 임진왜란 시기의 해전사를 다루면서 부산포해전을 다룬 경우로[18] 나눌 수 있다. 이러한 부산포해전의 연구성과를 토대로 하여 부산포해전을 임진왜란 전체의 흐름 속에서 살펴봄으로써 부산포해전의 실제적인 의미를 밝혀보고자 한다.

둘째, 임진왜란 시기에 해항도시 부산의 모습은 강화사절의 내왕, 왜성의 축조와 교류의 모습, 절영도왜관의 설치를 통해서 확인할 수 있다. 부산은 임진왜란 시기에도 항구로서의 역할을 지속적으로 수행하고 있었다. 이 부분에 대한 연구성과는 구체적인 연구성과보다는 다른 연구 속에서 일부 소개되고 있는 단계이다.

---

[16] 조선시대에 오늘날 부산의 행정 중심지는 東萊府였다. 지금까지 부산 지역의 임진왜란 시기의 전투를 다소 구체적으로 다룬 논문은 다음과 같다. 정중환,「임진왜란시의 부산지구전투」,『군사』2, 국방부 전사편찬위원회, 1981; 김석희,「임진왜란과 부산 항전」,『항도부산』9, 부산시사편찬위원회, 1992.
[17] 국방부전사편찬위원회,『임진왜란사』, 1987; 이형석,『임진전란사』상중하, 신현실사, 1976.
[18] 해군본부 정훈감실,『한국해전사』, 1964; 김종기,「부산포해전」,『임란수군활동연구논총』, 해군군사연구실, 1993; 이민웅,『임진왜란 해전사』, 청어람미디어, 2004.

마지막으로 조선 후기의 해항도시 부산의 모습이다. 조선 후기에 부산은 임진왜란 이후 국교가 정상화됨에 따라 우리나라의 관문으로서 대일교섭의 창구, 군사적인 요충, 상업 중심지로서 외교·국방·무역에서 중요성이 인식되고 있었다. 해항의 모습은 草梁倭館, 通信使, 漂民授受所에서 찾을 수 있으며, 군항의 모습은 慶尙左水營, 7鎭의 부산 집중, 절영진의 개설과 운영 등에서 찾을 수 있다.

첫째, 조선 후기에 부산 군항의 모습이다. 임진왜란 당시 첫 전투지이자 최대의 피해지였던 부산의 국방문제는 전란 이후 중요 관심사였다. 조선왕조는 대외방비의 일환으로 부산 지역의 국방시설 강화에 주력하였다. 그것은 군사지휘체계의 독립과 군사시설의 강화, 군역자원의 확보로 나타났다. 그 가운데서도 수군의 부산 집중화가 진행되었는데,[19] 경상좌수영과 7진의 부산 집중으로 나타났다.

부산은 조선시대부터 해항도시의 모습을 갖추고 있었던 우리나라에서 유일한 지역이었다. 하지만 1876년의 開港은 해항도시 부산에도 많은 변화를 가져왔다. 개항으로 근대 제국주의 국가들이 부산에 들어오면서 해항도시 부산의 모습도 급변하였다. 해항도시 부산에는 草梁倭館에 이미 거주하던 일본인뿐만이 아니라 다양한 국가의 사람들이 부산에 출입·거주하였으며, 해항도시 부산에도 해항 시설들이 갖추어지면서 교류를 폭넓게 할 수 있는 기반이 마련되어 나갔다.

특히 개항 전후 외세에 대응하는 해항도시 부산의 대응력도 나타났는데, 대표적인 것이 외세에 대한 지역의 방어 문제였다. 이에 부산에서도 국방 제도가 정비되어 나갔는데, 絕影島에 設鎭하였다. 기존의 國馬場 등으로 역할을 하던 절영도가 군사적 요충으로 변모하였다.[20]

---

[19] 김강식, 「17~18세기 동래지역의 지방행정과 관방」, 『항도부산』 11, 부산시사편찬위원회, 1997.

이 부분에 대한 연구는 개항 전후에 국가적인 차원에서 진행된 군사제도의 정비에 대해서 주목하고 있지만,[21] 중앙군제와 경기도 지역 중심으로 연구가 진행되고 있다. 이에 절영도에 設鎭하는 배경과 이후의 변화상, 절영진의 운영과 관련된 절영도진 첨사와 절영도진의 군사조직, 절영도진의 재정 운영을 통해서 군사적 중요성을 파악할 수 있을 것이다.

둘째, 조선 후기의 해항 부산의 모습에 대한 연구는 해항 부산에 있었던 두모포왜관, 초량왜관, 조선통신사의 내왕, 영가대 등에 주목하고자 한다. 조선 후기에 부산에만 있었던 왜관은 조선 내에 존재한 유일한 일본인 거주공간이자, 동북아시아 최대의 외국인 거주공간으로[22] 1876년까지 존속하였다. 지금까지 조선 후기의 왜관에 대한 연구는 제도사, 경제사, 사회사(생활사), 문화사, 건축사 측면에서 다양하게 연구되고 있다.[23] 최근에는 통제되어야 할 공간과 일상적인 삶의 장소라는 시각에서 연구가[24] 진행되어 성과를 거두고 있다.

---

[20] 고석규, 「設郡 논의를 통해 본 조선후기 섬의 변화」, 『도서문화』 15, 1997; 배우성, 「조선후기 沿海・島嶼 지역에 대한 국가의 인식 변화」, 『도서문화』 15, 1997; 고동환, 「조선후기 도서정책과 원산도의 변화」, 『호서사학』 45, 2006; 김경옥, 「朝鮮後期 西南海 島嶼에 대한 국가의 정책 변화」, 『국사관논총』 102, 국사편찬위원회, 2003; 김경옥, 『조선후기 도서연구』, 혜안, 2004; 임학성, 「국영목장에서 水營 防鎭으로 - 조선 후기 서해 도서지역의 변화 -」, 『2013년 동아시사 해항도시 국제학술대회 발표논문』, 2013; 유양호, 「조선시대 白翎鎭의 復設과 변화」, 중국 浙江大學 학술대회 발표논문, 2013.

[21] 육군본부, 『한국군제사』 근세조선후기 편, 1997; 배항섭, 『19세기 조선의 군사제도 연구』, 국학자료원, 2002.

[22] 일본 나가사키[長崎]의 도진야시키[唐人屋敷, 약 1만 평]나 데지마[出島, 약 4,000 평], 가고시마[鹿兒島] 琉球館, 약 3,599평], 중국의 福州 琉球館 등과 비교해도 훨씬 큰 규모였다.

[23] 한일관계사학회 편, 『한일관계사연구의 회고와 전망』, 국학자료원, 2002; 한일관계사연구논집 편찬위원회 편, 『통신사-왜관과 한일관계』, 한일관계사논집 6, 경인문화사, 2002.

조선 후기의 해항 부산에 존재했던 왜관은 닫힌 공간 속의 열린 무대라는 제한적인 해항도시 공간이라고 할 수 있다. 그래서 초량왜관에서는 조선인과 일본인의 접촉과 교류는 제한적일 수밖에 없었지만, 실제로는 제한과 규제의 폭보다 많은 교류와 교섭이 진행되고 있었다.[25] 왜관에서의 일본인과 조선인의 공식적인 접촉으로는 開市貿易, 사절의 접대, 宴會, 왜관 수리 등의 작업 참여 등이 있으며, 비공식적인 접촉으로는 密貿易, 欄出, 交奸 등이 있었다. 이러한 접촉과 교류를 통해서 조선인과 일본인은 서로의 다양한 문화를 접하면서 수용하게 되었다. 특히 초량왜관에서의 문화접촉과 교류는[26] 전근대시기의 각종 통제책에도 불구하고 문화의 혼종화로 나타나면서 지역사회로 전파되어 나갔다. 조선 후기에 부산은 일본문화가 직접 들어오는 최

---

[24] 金聲振,「조선후기 金海의 생활상에 미친 일본문물」,『인문논총』52, 부산대 인문학연구소, 1998; 金聲振,「釜山 인근지역의 생활에 미친 釜山倭館의 영향」,『동양한문학연구』12, 동양한문학회, 1998; 장순순,「조선후기 倭館에서 발생한 朝日 양국인의 물리적 마찰 실태와 처리」,『한국민족문화』31, 부산대 한국민족문화연구소, 2008; 양흥숙,『조선후기 東萊 지역과 지역민 동향-倭館 교류를 중심으로-』, 부산대 박사학위논문, 2009; 손승철,「≪倭人作拏謄錄≫을 통하여 본 倭館」,『항도부산』10, 부산직할시사편찬위원회, 1993; 제임스・루이스,「釜山倭館을 중심으로 한 朝・日交流-交奸事件에 나타난 權力-文化의 葛藤-」,『정신문화연구』66, 한국정신문화연구원, 1997; 金東哲,「17-19世紀の釜山倭館周邊地域民の生活相」,『年報都市史硏究』9, 都市史硏究會, 2001; 김동철,「조선후기 통제와 교류의 장소, 부산왜관」,『한일관계사연구』37, 한일관계사학회, 2010.

[25] 田代和生,『倭館-鎖國時代の日本人町』, 文藝春秋, 1981; 金東哲,「17-19世紀の釜山倭館周邊地域民の生活相」,『年報都市史硏究』9, 都市史硏究會, 2001; 김동철),「조선후기 통제와 교류의 장소, 부산왜관」,『한일관계사연구』37, 한일관계사학회, 2010; 양흥숙,『조선후기 東萊 지역과 지역민 동향-倭館 교류를 중심으로-』, 부산대 박사학위논문, 2009.

[26] 대표적으로 지금까지 金聲振의 연구가 주목된다(김성진,「조선후기 金海의 생활상에 미친 일본문물」,『인문논총』52, 부산대 인문학연구소, 1998; 김성진,「19세기 초 김해인의 생활을 침식한 倭風」,『지역문학연구』3, 부산경남지역문학회, 1998.

전방의 도시였다.

특히 초량왜관은 문화교섭이 발생하는 해항도시 속의 통제된 경계지대였지만, 조선인과 일본인의 교류와 접촉을 통해서 문화접변이 일어나고, 문화 혼종화의 과정이 일반인에게도 진행되어 나가는 모습이 나타났다. 특히 이를 위해서 국가 사이의 공식적인 문화교류와 접촉보다는 일반인들의 생활 속으로 전파되는 일본문화의 접촉, 접변, 혼종화의 과정에 대해서 음식문화와 생활문화를 중심으로 구체적으로 살펴보고자 한다. 아울러 조선에 표착한 표류민을 송환하는 공간이었던 표민수수소에 대해서도 살펴보고자 한다.

한편 조선 후기의 통신사에 대한 연구에는 많은 성과가 있다.[27] 조선 후기의 통신사에 대한 연구는 조·일 교류의 상징으로 이해된다. 그렇지만 여기에서는 조선 후기에 해항 부산이 통신사의 출발과 도착지였다는[28] 관점에서만 주목해 보고자 한다. 특히 영가대의 조성, 해신제의 시행 등 부산 지역이 통신사와 관련하여 해항으로서의 역할에 주목하고자 한다.

---

[27] 한일관계사연구논집 편찬위원회, 『통신사·왜관과 한일관계』, 경인문화사, 2005.
[28] 김의환, 『조선통신사의 발자취』, 정음문화사, 1985; 한태문, 『조선통신사의 길에서 오늘을 묻다』, 도서출판 경진, 2012.

제1장

조선 전기의 부산항

제1장 조선 전기의 부산항

1. 조선 전기의 군항

1) 좌수영과 포진

(1) 방어체제 속의 수군

조선시대에 부산은 국가관문으로서 해방은 육방 이상으로 중시되어 내려왔다. 조선 전기의 군제는 국초에 많은 변동이 있었으나, 1464년(세조 10)을 전후하여 중앙군제와 지방군제가 일단락되었다.[1] 조선 전기의 1397년 동래를 일본과 대처하는 군방의 요새로 인정하여 부산진이 설치되자, 동래는 행정적인 위치 외에 군사적인 거점이 되었다. 임진왜란 직전의 경우도의 군사제도는 전국의 변화 추이를 보여주고 있었다.

조선 전기의 지방군제는 중앙 군제와 밀접하게 연관되어 있었다. 이에 중앙의 군제의 변화를 살펴보기로 한다. 중앙의 군제는 태조대에 中樞府, 義興三軍府, 兵曹가 군의 중추적인 지위를 차지하고 있었다. 그 가운데 병조에는 예속아문으로 武選司, 乘輿司, 武備司를 두어 병

---

[1] 육군본부 편, 『한국군제사』 近世朝鮮前期 篇 3절, 1968.

제를 분장하고, 지방의 성보, 진수, 봉수, 전함, 목마 등은 위의 3사 가운데 무비사가 담당하고 있었다.

이후 중추부와 의흥삼군부의 후신인 五衛都摠府와 병조의 삼자 사이에 업무의 분장에 모호한 관계가 있어 혼란하였다. 이에 세조대에 들어서자 병조의 지휘 아래 5위도총부가 위치하고, 이것이 중앙군단 5위의 병력을 지휘하게 되었다. 중추부는 한낱 閑官의 기구로 전락되어 군사의 실권은 전혀 없었다. 5위는 義興衛(中衛), 龍驤衛(左衛), 虎賁衛(右衛), 忠佐衛(前衛), 忠武衛(後衛)로서 모든 병종이 편입되어 있었고, 각 위는 입직과 시위 등의 임무를 수행하고 있었다.

그리고 5위는 각 위마다 중·좌·우전·후 5부를 두어 각 지방의 군사를 분속시켰다. 이는 전국의 번상 군사를 거주지의 진관별로 파악하여 5위에 분속시키는 체제로 규정 시행되었던 것이다. 당시 경상도의 군사는 용양위에 소속되어 있었다. 용양위에는 중부에 京東部, 대구진관군사, 좌부에 경주진관군사, 우부에 진주군관군사, 전부에 김해진관군사, 후부에 상주와 안동진관군사가 소속되어 있었다. 이때 동래는 좌부 경주진관에 속했다.

5위의 병력은 『경국대전』에 정확하게 나타나고 있지 않지만, 내금위 등 친병을 합쳐서 대략 20,000명 정도로 추산된다. 그러나 分番入直하는 까닭에 평상시의 병력은 3,000명 정도에 불과하였다.

그 후 1555년(명종 10)에 중앙군제는 크게 변혁되어 왜구에 대한 방어를 위해 備邊司가 설치되어 군의 최고기관으로 등장하면서 병조의 권한이 축소되었다. 1555년에 비변사를 創置하고 중외 군국기무를 총령하게 하고 都提調는 전임 현임의 좌우의정 또는 영의정으로 겸임시켰다.[2] 이후 비변사가 지방의 군사까지 장악하였음을 알 수 있는데, 이것은 국방이 크게 중시되었음을 알 수 있는데, 조선 후기에도 이어졌다.

다음으로 조선 전기에 지방의 군제의 개편에서 부산지역의 관방체제가 정비되어 나가는 과정을 살펴보면 다음과 같다. 국초에는 고려 말의 제도를 답습하여 하다 1398년(태조 6) 각 도에 진을 설치하여 동래는 경상도 4진의 하나로 등장하고 동래진 첨절제사가 배치되었다. 그러나 당시의 도절제영에는 직할 병력은 없었고, 유사시에 적침이 있을 경우에는 군 단위로 군적에 있는 병력을 지휘하도록 되어 있었다. 그 후 태조 6년 5월에 이르러 도 단위 병마체제인 군정은 폐지되고, 각 도에 2~4개의 鎭을 설치하여 첨절제사를 두어 인근에 있는 군의 병마를 통합하여 지키고 방어하며 관찰사의 감독을 받도록 하였다.[3] 당시 경상도에는 합포 강주 영해 동래 네 곳에 진이 설치되었다. 이처럼 조선 전기에 동래는 일찍부터 군사적 거점으로 부각되었다. 이와 같은 변혁은 작은 단위의 군사구역을 설정하고, 그 중심거점인 진을 위수하여 방어에 효과를 거두려고 한 것이었다.

그러나 태종대에는 다시 고쳐 중앙과 지방에 도절제사 절제사 첨절제사 團練使 단련부사 단련판관을 두는 등 그 후 여러 번의 개혁을 통하여 지방군관직이 정비되어 갔다. 이때 동래진에는 병마사가 있었다.[4] 태종 15년에는 경상도의 관방을 좌도 우도 양도로 하여 병마절제사영을 분장하고, 좌도에는 울산, 우도에는 창원을 각각 분치하였다. 좌도의 병권은 경주부윤이, 우도의 병권은 진주목사가 각각 겸임하고 있었다.

세종대에는 鎭管區制도 바뀌었다. 이에 경상도의 경우에는 종래의 4진에서 5진으로 설정되었다.[5] 경상도는 동래 울산 영일 흥해 사천의

---

[2] 『증보문헌비고』 권215, 職官考 3.
[3] 『태조실록』 권11, 6년 5월 21일.
[4] 『태종실록』 권1, 1년 3월 23일.

5진관이었다. 이때 동래현의 속현 동평은 부산포와의 거리가 4~5리여서 동래진의 병마를 옮겨서 富山浦의 外援이 되게 하고, 동래는 예전대로 團練使를 두었다. 1426년(세종 8)에는 좌도병마사영이 폐지되고, 우도병마절도사가 겸관한 일이 있었으나, 1437년(세종 19)에 다시 울산을 도호부로 승격시키고 좌도병마사영을 설치하였다. 그러나 약간의 지휘계통에 변화가 있었으나, 동래는 태종과 세종 초년에 경상좌도 병마절제사영의 관할 아래에 있었다.

한편 1443년(세종 25) 대마도와 계해약조가 맺어지고 교린사무가 번잡하여짐에 따라 현령을 두게 되어 행정을 관장하였지마는 동래관방군은 현에 예속되었다. 세조 3년 병권이 강화되면서 다시 행정권에서 병권을 분리하여 울산진의 휘하에 진관체제가 정비되면서 경주진관의 병마절도사 관할 하에 있었다. 그리고 현에는 종6품의 병마절제도위가 배치되어 관방군을 직접 지휘하였다.

세조대에 들어서 지방군제는 일단 완비된다. 세조 원년에는 내지의 주현에도 진을 설치하여 만일의 경우에 대비하게 하며 邊鎭만 지키다가 무너지면 방어할 길이 없으니, 각 도에 여러 개의 巨鎭을 두고 인근 여러 읍을 중좌우익으로 분속시키고 각 읍의 수령으로 하여금 모두 군사직을 겸임하게 하여 중익 수령을 병마절제사 혹은 병마첨절제사라고 부르고 좌우익 수령을 병마단련사라 칭하여 관내에서 중앙으로 번상하거나 현재의 여러 영·진·포에 입번하는 군사와 하번군사의 習陣에 관한 일들을 관장하게 하고 雜色軍도 모두 각 익에 속하게 하였다. 이때 확립된 군제는 뒤에 전국을 진관으로 편성하고 모든 수령이 군사직을 겸임하는 체제의 기본이 되었다.

---

5) 『세종실록』 권150, 지리지 경상도.

세종과 세조 연간의 관방 체제는 다음과 같다.[6] 육군의 경우 동래에는 병마첨절사가 동래진에 있었다. 수군의 경우 좌도수군도안무처치사가 동래 부산포에 있었으며, 이 외에 동래 해운포와 다대포영이 있었다. 이후 좌도 안무사가 없어지면서 부산포에는 좌도 도만호로서 옮겨 임명하도록 하였다.[7]

한편 세조 원년에는 전국적인 군익도가 작성되었다.[8] 이때 동래에는 동래진이 있었는데, 중익은 동래, 우익은 울산, 좌익은 기장으로 동래가 중심이었다. 여기서의 도는 진과 같은 성격의 것이다. 군익도 편성시 동래는 거진이 되어 있었는데, 그 휘하에 울산과 기장을 두고 있다.[9] 이때 중익 수령은 중익 병마 절제사라 하고, 좌익과 우익의 수령은 병마 단련사·부사·판관이라 하였다. 그러다가 세조 3년에 도는 모두 진으로 개칭되었으며, 좌우익제도는 폐지되었다. 이 당시의 경상도의 진과 소속 관할을 살펴보면 다음과 같다.[10] 동래는 울산진에 포함되고 있다.

〈표 1〉 조선 전기 경상도의 진과 소속 군현

안동진	풍기 영천 봉화 의성 예안 진보 청송 군위 비안
경주진	영해 영덕 청하 흥해 영일 장기 영천 밀양
울산진	기장 동래 양산 언양
창원진	김해 고성 웅천 칠원 함안 진해 거제
대구진	영산 창녕 현풍 인동 의흥 신녕 하양 경산 청도
진주진	사천 곤양 하동 남해 단성 산음 의령 함양 삼가 안음
성주진	초계 합천 거창 고령 지례
상주진	선산 개령 금산 함창 용궁 문경 예천

[6] 『세종실록』 권150, 지리지 경상도.
[7] 『세종실록』 권34, 8년 11월 10일.
[8] 『세조실록』 권2, 원년 9월 1일.
[9] 『세조실록』 권2, 1년 9월 1일.
[10] 『세조실록』 권9, 3년 10일.

이후 1466년(세조 12) 정월에 관제 대개혁과 함께 지방군제도 함께 다시 개편되어 일단 완비되었다. 육군의 경우 지방군장의 직명도 도절제사를 절도사로, 도진무를 虞侯로, 단련사를 절제사로, 단련판관을 節制都尉로 개칭하였다. 또 한 개의 도내에서 육군의 지휘권을 가지고 있는 종2품의 병마절도사의 소재지가 主鎭이 되었다. 그 아래는 정3품의 목사가 例兼하는 경우가 많은 첨절제사(부윤 또는 절제사)가 巨鎭을 단위로 하는 진관의 군사권을 장악하고 있었으며, 말단의 諸鎭은 종4품의 군수 이하가 동첨절제사, 만호, 절제도위 등의 직함을 맡고 있었다. 이때 동래는 경상도 울산진에 속하게 되었다.[11]

한편 수군도 육군의 진관체계에 따라 진관조직을 갖추게 되었으나 대체로 큰 변화는 없었다. 각 수군의 최고지휘관은 정3품의 수군절도사로 강원 황해도는 1員으로 관찰사가 예겸하고, 평안도과 함경도에는 3원이 있었으나, 1원은 관찰사가 겸하고 나머지 2원은 병사가 겸하였다. 경기 충청도는 2원으로 1원은 관찰사가 겸하고 1원은 전임의 수사를 두었으며, 경상 전라도는 3원으로 1원은 관찰사가 겸하고, 2원은 도를 이분하여 각각 전임의 수사를 두었다. 이 밖에 제주에는 세조 11년 병마수군절도사를 두어 목사로 하여 겸하게 하였으나 예종 원년 이를 병마수군절제사로 낮춰 목사가 겸하였다. 수사 밑에는 부사인 우후가 있고, 그 아래에 첨절제사로는 도만호가 있고, 이들의 지휘 아래에 각 포의 만호가 통솔되고 있었다.

한편 진관체제가 완성된 육군과 수군의 편성은 전국을 방어지역화한 것이었다. 이처럼 지역방위를 중시하였던 진관체제하의 경상도의 방어체계는 다음과 같다.

---

11) 『세조실록』 권9, 3년 10일.

<표 2> 조선 전기 경상도의 鎭管體制[12]

	직책	관할 구역	소재지	관할 진관	관할 지역과 직책	
	관찰사	경상도	상주	첨절제사	동첨절제사	절제도위
육군	좌병사 우후	경상 좌도	좌병영 (울산)	(경주진관) 경주부윤 (병마절제사)	울산군수 양산군수 영천군수 흥해군수	경주판관 청하현감 영일현감 장기현감 기장현감 동래현감 언양현감
				(안동진관) 안동대도호 부사	영해부사 청송부사 예천군수 영천군수 풍기군수	안동판관 의성현령 봉화현감 진보현감 군위현감 비안현감 예안현감 영덕현감 용궁현감
				(대구진관) 대구부사	밀양부사 청도군수	경산현령 하양현감 인동현감 현풍현감 의흥현감 신녕현감 영산현감 창녕현감
	우병사 우후	경상 우도	우병영 (창원)	(상주진관) 상주목사	성주부사 선산부사 김산군수	상주판관 성주판관 개령현감 지례현감 고령현감 문경현감 함창현감
				(진주진관) 진주목사	합천군수 초계군수 함양군수 곤양군수	진주판관 거창현감 사천현감 남해현감 삼가현감 의령현감 하동현감 산음현감 안음현감 단성현감
				(김해진관) 김해부사	창원부사 함안군수	거제현령 칠원현감 진해현감 고성현령 웅천현감
수군	좌수사 우후	경상 좌도	수영 (동래)	부산포진관 부산포(동래) 첨사 (京職兼)	두모포만호(동래) 감포만호(경주) 해운포만호(동래) 칠포만호(흥해) 포이포만호(동래) 오포만호(영덕) 서생포만호(울산) 다대포만호(동래) 염포만호(울산) 축산포만호(흥해)	
	우수사 우후	경상 우도	거제	제포진관 제포(웅천) 첨사 (京職兼)	옥포만호(거제) 평산포만호(남해) 지세포만호(거제) 영등포만호(거제) 사량만호(고성) 당포만호(고성) 구조라만호(거제) 적량만호(진주) 안골포만호(웅천)	

[12] 육군본부, 『한국군제사』 근세 조선전기 편, 1968, 140쪽.

이와 같이 전국이 진으로 편성되고 진관체제에 의해 장악되는 체계적인 방어조직이 정비되었지만, 모든 지역에 무장된 군사가 상주하는 것은 아니었다. 또 전국의 백성이 군정이었지마는 그들은 징발되면 중앙에 번상하거나 특수부대에 부방할 따름이었다. 그러므로 평시의 전 지역에는 당해 진관에 속하는 각종 군사가 비번인 상태로 생업에 종사하고 있었으며, 사정상 잠재적인 군사를 이루고 있었을 뿐이었다.

조선 전기 동래에는 동래도호부가 있었다. 조선 전기 동래현은 울주군 등과 함께 울산에 있었던 경상좌병영 관할하의 경주 진관에 속하는 여러 진 가운데 하나로 동래현령이 節制都尉의 군직을 겸하고 있었다. 이는 행정과 군사가 분리되지 않은 지방행정 체계상의 미숙성을 보여주는 것이다. 그러다가 1547년 동래현이 도호부로 승격하자 동래부사가 僉節制使의 군직을 가지고 동래부 일원의 육군을 지휘하였다.

그러나 수군은 경상좌도 좌수영의 관할 하에 있었는데, 큰 변화가 없었다. 또 부산포진관이 해운포만호와 다대포만호 등을 거느리는 수군의 본산이었다. 이때 경상도에는 정3품 수군절도사 3명을 두어 2명은 좌도와 우도를 양분하고, 1명은 경상도관찰사가 겸임하였다. 이때 좌도에는 부산포진관이 설치되고, 동평현 부산포에는 종3품 수군첨절제사사를 둔 巨鎭이 있었다. 그 관하에 10개의 종4품 만호영이 있었다.

이처럼 조선 전기의 鎭管體制는 世祖 연간에 거의 정비되었다. 경상도의 경우 낙동강의 좌도와 우도의 지리적 조건을 중시하여 군사체제가 마련되었으며, 경상좌도 안에서도 지리적 조건에 따라 자연스럽게 나누어진 생활권역을 중심으로 진관이 설정되었다. 이것은 지금까지의 우리나라의 전통적인 방어체계는 무엇보다도 생활권역을 중심으로 설정되었기 때문이다. 조선 전기에 부산지역은 경상좌도에 속하였다.

그러나 1510년(중종 5)의 삼포왜란과 1544년(중종 39)의 사량진왜변이 일어나자 적어도 진관체제의 변환은 비현실적인 것으로 재고되지 않을 수 없었으며, 중종 17년과 39년에 진관체제의 개편을 단행하였다.

〈표 3〉 조선 전기 경상도의 수군 진관 개편

경국대전의 편제		중종 17년과 39년의 개편	
부산포진관	두모포 해운포 포이포 서생포 다대포 감포 칠포 오포 염포 축산포	부산포진관	서생포 두모포 개운포(신설) 포이포 서평포 (신설) 다대포
제포진관	옥포 지세포 조라포 안골포 평산포 영등포 사량포 당포 적포	미조항진관 (중종 17년)	평산포 영등포 사량 당포 적량
		가덕진관 (중종 39년)	천성보(신설) 가배량(신설) 옥포 지세포 조라포 안골포

여기에서 보면 부산포진관의 몇 개의 포영이 없어지고 있지만, 부산의 좌익에 가덕도진관이 신설되고 있으니,[13] 부산의 방비는 약해진 것이 아니다. 부산포진관은 왜인을 접대하는 곳이어서 당상관을 차출하여 보냈다.[14] 다만 좌도의 제포가 폐지된 것은 이쪽 방면의 위험성이 완화되었기 때문이다. 다대포에는 큰 진이므로 군사 100명과 군관 3인을 더해주도록 하였다.[15] 해운포영은 동래진과 가깝고 부산포와도 멀지 않아 수륙의 방수에서 멀지 않기 때문에 혁파되었다.[16] 그 후에도 정부는 계속 해방에 힘을 기울였다. 명종대에는 부산포진관의 관

---

13) 『중종실록』 권104, 39년 9월 12일.
14) 『중종실록』 권104, 39년 9월 28일.
15) 『중종실록』 권104, 39년 9월 28일.
16) 『세조실록』 권6, 3년 1월 16일.

하의 울산 서생포는 가덕도첨사영 관하의 구산포, 미조항첨사 관하의 적진포 등의 만호와 함께 정4품으로 승격되고 동첨절제사라 칭하였다.

한편 원래의 진관체제는 육군은 육군대로 해군은 해군대로 해상과 육상으로 수어 관할이 달라지고 있지만, 성종대 성보축조가 이루어진 후에는 육군과 수군의 혼성 및 병사의 수군 겸치의 제도가 나왔다. 이에 정부는 해방에 주력하고 따라서 부산 동래의 해방은 강화되었다.

그런데 조선 전기의 방어체계는 鎭管體制에서 乙卯倭變 이후 制勝方略體制로 전환되었다. 그것은 軍役制의 변동으로 인한 군사수의 감소를 반영한 것으로 불가피한 것이었다. 종래에 경상도는 김해, 대구, 상주, 안동, 진주 등 6개의 진관이 적과 대치하고 있어 한 진이 무너지면 다른 진이 대신하여 싸움으로써 일시적인 붕괴의 위험이 적었다. 즉 조선 전기의 방어체제는 진관체제로 이루어져 있었으며, 전시와 평상시를 막론하고 국방의 실제는 진관체제에 의한 지방군이 담당하였다. 그러나 군역의 布納化와 지방 수령들의 부패로 放軍收布와 代役納布 현상이 일반화되자 布의 불법적인 징수와 避役이 나타나 宣祖 연간에 이르면 군사는 편제상에만 존재하고 실병력은 거의 없는 상태가 되었다.

(2) 좌수영과 포영

경상좌수영은 본래 동래현 부산포에 있었다고 한 것처럼, 처음 동래현 부산포에 설치되었다. 그러나 경상좌수영이 부산포에 처음 설치된 시기는 고영이 언제 설치되었는지 알 수 없다고 한 것처럼, 정확히 알 수 없다.

조선 초기 수군의 발전은 육수군의 정비와 병행되었다. 수군도절제사가 처음 확인되는 것은 태조 2년(1393)이므로, 건국과 동시에 수군의 지휘체계가 성립된 것 같다. 수군은 각 도별로 수군도절제사체제에 의해 지휘되었는데 각 도에 따라 상당한 차이가 있었다. 1413년(태종 13)에 경상수군도절제사를 좌, 우도로 분치하여 金文發과 金乙雨로서 이를 삼았다고[17] 한 것이 조선 초기 경상좌수영에 관한 첫 기록이다.

수군도절제사는 병마도절제사와의 통수권과 관련되어 여러 번 재편되었다. 명칭상 일원화된 편제는 아니지만 육군과는 독자적인 수군의 지휘체제로서 『세종실록지리지』에 반영되었다. 『세종실록지리지』에는 전국 각 도의 각 포에 배치되어 있는 군선과 수군의 수를 상세히 기록하고 있다. 병선의 종류는 대선, 중대선 등 13종에 총수는 829척이며, 수군은 총 50,177명이다. 도별 배치상황은 경상도가 전 척수의 34%인 285척으로 가장 많고, 다음이 전라, 충청, 경기 순이다.

경상좌도 수군도안무처치사 본영은 동래 부산포에 있었으며, 그 휘하에 11개 포소 만호가 있었다. 부산포는 33척의 병선과 1,799명의 선군을 갖고 있어, 다른 포영에 비해 위용을 나타내고 있었다.

조선 초기의 지방 군사조직은 세조 때에 새로이 진관체제로 개편되면서 획기적인 전환을 가져왔다. 진관체제로의 개편은 지방군제에 일대혁신을 가져왔지만, 수군의 입장에서 보면 종래의 수군체제와 별다른 차이가 없었다. 진관체제 이전에 수군절도사를 최고 지휘관으로 하여 각 포진에 만호 등 지휘체계가 성립되어 있었으며 일정 군액의 수군과 병선이 배치되어 있었기 때문이다.

1457년(세조 3)에 확립된 진관의 편성은 약간의 수정을 거친 후 『경국대전』에 반영되었다. 『경국대전』의 육, 수군 진관체제 중 경상좌수

---

[17] 『태종실록』 권25, 13년 4월 7일.

사 관하의 편성 내용은 1466년 군제개편 시 수군의 지방 최고사령관을 수군도안무처치사라고 했다가, 이어 수군절도사(정 3품)로 개칭했으며, 통칭 수사라 불렀다. 경상도에는 수군절도사 3명을 두어 2명은 좌, 우도로 양분하고 1명은 경상도관찰사가 이를 겸임하였다. 이 때의 개편에서 경상우도에는 제포진관, 경상좌도에는 부산포진관이 설치되고, 동평현 부산포에는 수군첨절제사(종 3품)을 둔 거진이 있으며, 그 관하에 10개의 만호영(종 4품)을 통솔하고 있었다.

경상좌수영은 처음 동래현 부산포에 있었으나 그 후 울산 개운포로 옮겨졌다. 부산포는 왜선의 초박처로서 주장이 왜인과 혼처하고 있어서 주장의 거처로는 마땅하지 않다는 이유로, 당시 관찰사의 장계에 의해 개운포로 이설된 것이었다. 『新增東國輿地勝覽』에도 좌도수군절도사영은 개운포에 있다. 동래현 부산포에 있던 것을 이곳으로 옮겼다라고 하여 경상좌수영이 부산포에서 개운포로 이설되었음을 보여주고 있다.

경상좌수영이 울산 개운포로 옮겨진 이후로 울산은 병영과 수영이 함께 설치되어 지휘체계가 애매하고, 또 거민의 부담이 가중되었다. 따라서 좌수영을 부산포로 다시 이건하는 문제가 논의되었는데,[18] 이 문제는 이미 세조 6년(1460) 이전부터 논의되고 있었다.

그러나 이설문제는 많은 반대론이 나와 다양한 논의가 개진되었다. 당초 부산포가 문제가 있어 울산으로 옮겼는데, 다시 부산포로 옮기는 것은 사체에 맞지 않으며, 부산포는 적로의 초면에 위치하여 방어에는 편하나 주장이 중앙에 있으면서 좌우를 제어하기 어렵고, 왜인의 왕래가 심하여 허실이 탐지되기 쉬우며, 좌수영 소유의 둔전, 노비

---

[18] 『세조실록』 권12, 4년 5월 25일.

등 재산 이동이 곤란하며, 수영의 원군은 많으나 부산은 성중이 협애하여 수용하기 어려우며, 또 동래에 민폐를 끼칠지 모르며, 군영을 옮기는 것은 국가의 중대사라는 등의 반대론이 주장되었다.

이와 같이 좌수영을 울산 개운포에서 동래 해운포로 이전하는 문제가 논의를 거듭하다가, 그 후 좌수영이 동래 해운포로 옮겨졌다. 그런데 동래영지, 영남영지, 여지도서에서는 울산 개운포에서 동래부 10리 정도의 남촌으로 이건했는데 언제인지 모른다고 하여 해운포(남촌)로의 이건 연대를 모른다고 하였다. 그러나 『增補文獻備考』에는 1592년(선조 25)에 동래 남촌으로 이설하였다고 하였다. 그리고 울산읍지, 징비록에는 선조대라고 명기하고 있다.

조선 전기에 국방을 위한 여러 관방 시설이 지역마다 건립되었다. 부산은 나라의 관문이었기 때문에 국방상으로도 중시되어 각종의 국방시설들이 다수 설치되었다. 조선 전기에 동래에 설치된 관방시설은 성곽과 봉수가 있다.

조선 전기의 성곽으로 부산의 해안에는 부산포진성, 해운포영, 다대포영이 있다고[19] 한다. 읍성은 석축으로 둘레 3,090척이고 높이 13척이며 성내에는 우물이 6개이며,[20] 부산포진성은 역시 석축으로 주위가 1,689척 높이가 13척이라 하고, 해운포영에도 석성으로 주위 1,036척 높이 13척이며, 다대포성은 석성으로 주위 1,860척 높이 13척이라고 하였다.

또 부산포성은 둘레가 2천 26척이며 높이가 13척이었다.[21] 다대포성을

---

[19] 『신증동국여지승람』 권23, 동래현 성곽조.
[20] 『세종실록』 권150, 지리지 경상도 동래현.
[21] 『성종실록』 권243, 21년 8월 29일.

설치하였다. 동래(東萊) 다대포(多大浦)의 보를 설치한 곳은 좌지가 남향인데, 둘레가 1천 2백 98척이고, 동서의 길이가 3백 60척이고, 남북의 너비가 2백 44척이며, 보 안의 샘이 하나이며, 이 포로부터 동북으로 동래현(東萊縣)까지는 육로로 47리이고, 동으로 부산포(釜山浦)까지는 수로로 4식에 있었다.[22]

2) 수군과 전선

관방 체제를 유지하기 위해서는 군역 자원의 조달이 필요하였다. 세종과 세조 연간의 군액 실태는 다음과 같다.[23] 육군의 경우 동래에는 병마첨절사가 동래진에 있고, 군관 300명, 수성군 80명이 배치되어 있었다. 수군의 경우 좌도수군도안무처치사가 동래 부산포에 있었으며, 병선수 33척, 수군 1,779명이 있었다. 이 외에 동래 해운포와 다대포에 각각 병선수 7척, 9척이 있고, 수군 589명, 723명이 있었다. 이후 좌도 안무사가 없어지면서 부산포에는 좌도 도만호로서 옮겨 임명하도록 하였다.[24]

이러한 군액 실태에서 알 수 있는 사실은 경상도의 국방에 있어서는 육군보다 수군에 중점을 두었다는 점이다. 육군은 6진에 2,867명의 군사가 배치되어 있고, 그 영진도 해안지방이므로 해방에 동원될 수 있도록 배려되어 있었다. 반면에 수군은 21개 포영에 병선 285척, 군사가 16,594명이었다. 동시에 부산의 군사적 비중을 알 수 있다. 즉 수군도안무처치사의 본영이 부산포에 있으며, 그 휘하에 11개 포소의 만호가 있다. 부산포는 병선 33척과 1,799명의 선군을 갖고 있어 위용

---

22) 『성종실록』 권176, 16년 3월 25일.
23) 『세종실록』 권150, 지리지 경상도.
24) 『세종실록』 권34, 8년 11월 10일.

을 알 수 있다.

〈표 4〉 조선 전기 경상도의 수군 배치표[25]

군관장 명칭	소재지	병선수(척)	수군수(명)
좌도수군도안무처치사	동래 부산포	33	1,779
수군만호	동래 해운포	7	589
수군만호	동래 다대포	9	723
수군만호	기장 두모포	16	843
수군만호	울산 개운포	12	420
수군만호	울산 서생포	20	767
수군만호	울산 염포	7	502
수군만호	장기 포이포(가엄포)	8	589
수군만호	흥해 통양포(두모적포)	8	213
수군만호	영덕 오포	8	353
수군만호	경주 감포	8	387
수군만호	흥해 축산포	12	429
우도수군도안무처치사	거제 오아포	28	2,601
수군만호	거제 영등포	8	700
수군만호	고성 가배량(거제 옥포)	22	1,122
수군만호	김해 제포	9	882
수군만호	고성 견내량(거제 옥포)	20	940
수군만호	고성 번계(당포)	15	722
수군만호	진주 구량포(고성 사포)	16	748
수군만호	진주 적량(갈곶)	13	720
수군만호	진주노량(평산포)	8	568
합계	21	285	16,602

이처럼 전략상의 특수지대에는 항상 군사가 체류하면서 복무하였으니, 이를 留防軍이라 하였다. 조선 전기에 전국에 배치된 유방군의 배치지역과 병력 규모는 다음과 같다.[26] 조선 전기에 동래에는 유방

[25] 『세종실록』 권150, 지리지 경상도.
[26] 『경국대전』 권2, 병전 유방조.

3려가 지키는 군사기지로서 국가적인 위치를 알 수 있다.[27] 즉 동래부사의 휘하에는 留防 3旅의 380명의 군사가 있었다.[28] 이는 守城軍 80명, 營鎭軍 300명으로 되어 있었다. 그러다가 성종대에 들어서면 숫자가 줄어들었다. 이미 세조 연간에 동래에는 군사가 적고 약하다고 지적되어 번상 시위패에서 3백 명을 뽑아내어 배속시키는 등[29] 700명으로 3번으로 나누어 2달에 서로 갈마들도록 조처하였다.[30] 성종 이전에 263명, 성종 원년 230명, 성종 3년 이후에는 230명이었으며,[31] 190명으로 줄었다.[32] 그러나 이러한 군사수의 감소는 불명확하다. 이것은 수군의 필요성이 중시되어 육군이 감소하였다고 여겨진다. 이것은 전국적인 현상으로 백성들이 피폐해진 것이 원인이었다.[33] 사실 중종 5년의 삼포왜란과 중종 36년의 제포 왜인의 작폐로 중종 39년에 제포왜관을 폐쇄함과 동시에 가덕도에 천성진을 설치하는 한편 관방군인 육군을 축소시키고, 수군을 확장하였다.

그러나 동래현이 도호부로 승격하자 도호부사가 육군의 병마권을 장악하게 되었으니 동래수성장이 바로 그것이다. 여기에는 부사가 행정과 군사 양 권을 가지게 되어 지위가 높았던 것이다. 동래부사가 겸임한 동래수성장의 소속구는 양산과 기장이며, 병권과 병력은 아병 3초(보 600명), 속오군 11초(보 1,375), 별무사 2초, 표하군 148명(보), 수사군 200명(보 200명) 승군 3초였다.

---

[27] 『세조실록』 권41, 13년 3월 5일.
[28] 『세종실록』 권150, 지리지 경상도.
[29] 『세조실록』 권5, 2년 12월 24일.
[30] 『세조실록』 권28, 8년 6월 28일.
[31] 『성종실록』 권3, 1년 2월 30일.
[32] 『성종실록』 권15, 3년 2월 1일.
[33] 경상도 전체는 정군 수가 21,910명에서 19,015명으로 줄었다(『성종실록』 권15, 3년 2월 1일).

조선 전기 동래지방은 나라의 관문으로서 해방은 육방 이상으로 중시되어 나왔다. 먼저 좌수영성의 존재이다. 경상좌수영은 처음 동래현 부산포에 설치되었다.34) 그러나 부산포에 설치된 시기는 명확하지 않다.35)

조선 전기의 수군의 발전은 육군과 병행되었다. 수군도절제사가 처음 확인되는 것은 왜구의 침입이 심하였던 1393년(태조 2)이었다. 수군은 각 도별로 수군도절제사에 의해 지배되었는데, 도에 따라 차이가 있었다. 태종대에는 경상 전라 충청 3도를 통할하는 수군도절제사를 두는 한편, 그 휘하에 연안 浦所의 군관인 만호와 천호에게 직무까지 명시하고 있다. 萬戶長에게는 3~4품의 위계가 주어졌다. 경상도는 좌도와 우도를 분리하여 경상수군도절제사를 분치하고36) 金文發과 金乙雨를 도절제사로 삼았다.37) 한 예로 다대포는 긴요하지 않은 곳이라 하여 좌도 도만호로 하여금 겸하여 거느리게 하였다. 이에 다대포에는 천호를 두고 부산포의 병선 3척을 나누어 붙였으나 병선의 수가 적어서 흩어 정박시키지 못하고, 도만호가 있는 부산포에 정박시키고 있었다.38) 그러다가 다대포가 좌도와 우도의 중앙의 요해처라서 萬戶를 차견하게 되었다.39)

세종대에 들어서는 수군도절제사의 명칭도 여러 번 개칭되었지만, 전국의 수군(기선군)은 수군절도사에 의해 통합되었으며, 사실상 要

---

34) 『성종실록』 권283, 24년 10월 21일.
35) 『세종실록』 권150, 지리지 경상도 동래현. 『釜山府使原稿』에서는 부산의 감만포에 있었다고 한다(『부산부사원고』 1권, 423쪽).
36) 방상현, 『조선초기 수군제도』, 민족사, 1991.
37) 『태종실록』 권25, 13년 4월 20일.
38) 『태종실록』 권14, 7년 7월 27일.
39) 『태종실록』 권34, 17년 8월 20일.

塞守禦處別 군사적 단위를 이루는 것은 각 지역의 만호들이었다. 각 도별로 1인 혹은 2인의 수군절도사가 수영을 설치하고, 다시 각 처에 도만호, 만호 등으로 포에 기선군을 배치하고 있었다. 그러다가 도만호가 있는 곳에 單萬戶를 두고, 도만호는 상주하는 곳이 없이 소속 각 포의 병선 1척을 떼어내 순회하며 방어하되 경상좌도의 도만호는 處置使營과 소속된 포 내의 9포를 거느리면 병선이 모두 10척이 되었다. 당시 좌도의 도만호는 염포에 있었다.[40] 세종대에 경상도가 좌도와 우도로 나누어지고 있을 때 좌도의 수군도안무처치사는 동래 부산포에 있었으며, 그 휘하에 11개 포소 만호가 있었다. 이때 부산포에는 33척의 병선과 1,799명의 선군을 갖고 있어 다른 포영에 비해서 위용을 드러내고 있었다.

세조대에는 진관체제로 개편되어 수군안무처치사를 수군절도사로 개편하는 동시에 경상도에 정3품의 수군절도사 3인을 두고, 둘은 좌우도로 양분하고, 하나는 경상도관찰사가 겸임하였다. 이 개편에서 경상좌도에는 부산포진관이 설치되고, 동평현 부산포에는 종3품의 수군첨절제사를 둔 거진이 있으며, 그 관하에 10개의 종4품 만호영을 통솔하고 있다. 이때 동래진과 가깝다는 이유로[41] 혁파된 해운포의 船軍 400명을 부산포와 200명을 다대포 등에 별도로 배치하였다.[42] 그때 부산포진관의 병선수는 다음과 같다.[43]

---

[40] 『세종실록』 권86, 21년 7월 20일.
[41] 『세조실록』 권14, 4년 11월 14일.
[42] 『세조실록』 권6, 3년 2월 25일.
[43] 『경국대전』 권2, 兵典 諸道兵船 慶尙道.

〈표 5〉 조선 전기 부산포진관의 병선수

주진과 鎭 기선종별	주진 절도사 영	다대포	부산포	해운포	두모포	서생포	염포	포이포	감포	축산포	칠포	오포
대맹선	2	1	1	1	1	1	1					
중맹선	7	2	3	3	1	4	1					
소맹선	6	6	5	5	3	5	5	6	6	6	4	4
무군소맹선	2	1	1	1	1	1	2	1	1	1	1	1

　이처럼 부산포진관과 제포진관 단위로 수군의 방비를 편성한 것은 삼포개항에 따른 왜인의 출입이 심하고 아울러 포소에 항상 거주하는 왜인가지 생기는 사태 아래서 이를 대비하기 위한 조치였다.

　그러나 삼포의 개항 후에도 왜구의 침입이 근절되지 않고 왜인의 작폐가 빈번하였으므로 성종대에 들어서는 한층 해방에 주력하였다. 그 일의 하나로 남방 연변 제포에 성보와 포성 축조를 계획하였다. 그때까지 제포의 수군은 만호의 지휘 아래 병기와 양식을 병선에 적재하고 선상에서 대기근무하는 것이 원칙이었다. 이때에는 포에 성보 같은 방벽이 없었다.

　성종 15년에 비로소 성보의 축조가 계획되었다. 따라서 종래의 원칙은 해상에서의 방어전략은 수군이 담당하고, 적이 상륙하면 육군이 담당하는 것이었으나, 그렇게 되면 수군과 육군의 차이가 없어지고 만호 등의 근무가 태만해지며 또는 군사를 放歸시키고 대가를 받는 등 수군의 약화를 가져온다는 것으로 반대가 많았다. 그러나 선척의 훼손과 수군의 고생을 이유로 성보 축조가 성종 16년부터 착수되어 성종 말년에 완성되었다.

　이에 동래에서는 부산포가 21년 8월, 다대포축성이 21년 11월에 각각 완성되었다. 이로써 이때까지 부산포 염포 제포 등은 墻冊이 설치되었다는 점에서 방어체제 강화에 획기적인 성과가 있었다.

둘째, 수군의 경우도 진관체제가 완성되면서 그 체제가 갖추어졌다. 경상좌도에는 동평현 부산포에 좌도 수군절도사영이 있었으며, 그 관할 하에 부산진관이 설치되고, 그 밑에 두모포 등 10개의 만호영이 있었다. 이 중에서 동래현 관내에는 부산포진과 해운포영, 다대포영이 있었다. 그 후 임진왜란 직전 해운포영이 없어지고 다대포영이 첨사영으로 승격되었다.

태종 때 동래현 부산포에 있었는데, 국가의 주장이 왜인과 섞여 있게 할 수 없어서 울산으로 옮겼는데,[44] 그 시기는 분명하지 않다. 좌수영이 다시 동래 남촌면 수영으로 옮겨졌다. 수군 절도사의 영을 개운포로 옮긴 것은 부산포는 왜선이 닿는 곳이어서 대장이 거처하는 곳으로서 마땅하지 않기 때문이었다.[45] 경상좌수영 관내에는 2개의 첨사영과 8개의 만호영이 있었다. 성종 연간에는 부산포와 다대포성에 축성이 이루어졌다. 이후 중종 39년 이전에 진관체제의 변경이 있었다. 이에 가덕도에 진관이 신설되었으며, 천성포가 신설되었다.

그리고 부산의 군사적인 위치는 더욱 중시되었다. 성종 14년에 부산포첨절제사는 제포첨절제사와 함께 종래 종3품에서 정3품 당상관으로 부임하고 있으며,[46] 좌도수사영의 이건 문제가 대두되고 있다.[47] 그것은 경상도 수영을 동래 해운포로 옮기자는 것으로 正德 16년 순찰사 高荊山이 제기하였다.[48] 다시 좌수영은 개운포에 있었으며, 울산의 소관이었다. 그때 이건문제는 울산에 병영과 수영이 동시

---

[44] 『성종실록』 권283, 24년 10월 21일.
[45] 『성종실록』 권77, 8년 2월 11일.
[46] 『성종실록』 권151, 14년 2월 11일.
[47] 『성종실록』 권77, 8년 2월 11일.
[48] 『중종실록』 권53, 20년 2월 12일.

에 있으므로 민의 부담이 과중하다는 것이었다. 하지만 이 문제는 많은 반대 여론이 나오면서 실행되지 못했다. 한 이유로는 해로상으로 좌도 연변의 중간지점인 부산에 이전하면 그 쪽이 허술하다는 것과 또 하나는 부산포는 왜인이 왕래하고 있으므로 주장이 이에 거하면 그 허실이 탐지되기 쉽다는 것이었다. 이 외에도 수영 소관의 재산 이동이 곤란하다는 것과 부산포가 지리적으로 협소하다는 조건 등이 이전하는 데 어렵다는 점으로 지적되어 실행되지 못했다. 한편으로 수영을 부산으로 옮기면 왜적이 오는 길목이므로 방어하기에 편하다고 지적되었다.[49]

한편 수영의 이전지로는 배가 정박하기에 좋은 다대포에 이전하자는 의견도 있었으나,[50] 형세가 마땅하지 않다.[51] 다대포는 좁고 길이 험하여 방어에 적합하지 않아서 長髻浦로 옮기고 성을 쌓아 보수하고, 帝釋谷 權管을 혁파하고, 군졸과 기계를 다대포에 붙여 방어에 편리하도록 하였다.[52] 나아가 좌도에서는 해운포를 동래 제석곡에 합하고, 다대포는 부산포에 합쳤다. 일한 조치는 군역자원이 부족하여 적이 많은 병력으로 침입해 오면 작은 병력으로 당할 수 없기 때문에 취해진 조치였다.[53] 그러나 좌수영은 동래의 해운포로 옮겼는데, 그 시기는 명확하지 않지만 임진왜란 이전이었다.[54]

그 뒤 삼포에 거주하는 왜인들의 난행이 심했고 기세가 높아지는 삼포왜란 직전에는 이건 문제가 다시 대두되고, 적어도 거진을 동

---

49) 『중종실록』 권13, 6년 2월 22일.
50) 『성종실록』 권154, 14년 5월 8일; 『중종실록』 권104, 39년 9월 14일.
51) 『중종실록』 권104, 39년 9월 18일.
52) 『중종실록』 권11, 5년 6월 11일.
53) 『중종실록』 권12, 5년 8월 20일.
54) 『증보문헌비고』 권32, 여지고 20, 관방 8, 해방조.

래·웅천·거제·가덕 등에 설치해야 한다는 주장이 나오고 왜란 이후에도 그 의논은 절충되어 어느 정도 실현성이 보였으나 끝내 이루어지지 않았다.

좌수영에는 무관 3품의 좌수사와 부관으로 虞侯가 있었다. 수영의 사무는 6방에서 집행하였다. 좌수영 관할에는 무기고인 兵庫 27개와 원목 조달처인 7곳의 封山이 있었으며, 좌수영에는 525명의 수성군과 23척의 병선이 있었다. 첨사영에는 각각 9척의 병선과 2,200여 명의 군사가 있었다. 특히 성종 이후 부산포첨절제사는 정3품 당상관이 부임하였다. 만호영에는 4척의 병선과 1,101명의 군사가 주둔하고 있었다. 그러나 중종 연간에 군사가 부족해지자 부산포에는 정병 2려가 상번하지 않고 유방하도록 조처하였다.[55] 하지만 군액의 부족을 메울 수가 없었다.

2. 조선 전기의 해항

1) 부산포왜관

조선 건국 이후 조선은 일본에 대해 강온책을 구사하였다. 조선 전기에 대일 온건책의 일환으로 만들어진 倭館은 문화교섭의 합법적인 공간이었다. 아울러 조선 전기에 부산은 해양으로 진출할 수 있는 지리적 조건을 갖추고 있다. 그래서 해양문화가 조선으로 들어오는 첫 기착지였다. 이런 과정에서 부산포는 열린 공간이 되어 외국인의 거주공간이 되었으며, 문화교섭의 공간이 되었다.

---

[55] 『중종실록』 권104, 39년 9월 18일.

(1) 부산포의 개항

조선 초 조정의 禁寇 정책의 일환으로 취해진 회유책과 함께 일본 국내에 있어서 남북조 爭亂의 수습과 동시에 幕府의 통치력이 강화됨에 따라 일본과의 통교는 점차 활발해졌다. 일본에서는 막부의 사행, 영주의 사행·대마도의 使客과 島民·倭商 등의 내왕이 빈번하고, 그 수도 날로 증가해갔다. 이들은 모두 물자를 구하려는 목적에서 건너왔지만, 한편으로는 조선의 포구에 항거왜인이라 불리는 왜인들까지 정착하는 자가 생겨났다. 이러한 왜인의 왕래, 항거왜인의 발생 등은 여러 면에서 폐단이 많았다. 정박하는 포구에서 왜인들의 소란, 상품의 강매 등과 같은 작폐와 함께 국방상으로는 기밀이 탐지되고, 사객과 그들이 가져 온 물자의 수송으로 말미암아 역·관 및 농민의 부담이 가중되고, 또 접대비와 무역액의 과다지출에 의한 재정부담의 가중화 등 많은 폐단이 일어났다.

먼저 국방상 파생된 문제를 살펴보면, 1407년(태종 7) 경상도병마절제사의 보고에 의하면, '興利倭船이 각 포에 散泊하여 병비의 허실을 알게 되며, 向化倭人이 홍리왜인과 더불어 亂言과 작폐를 일삼아 장래가 염려되자, 해변에 있는 향화왜인을 육지의 원처에 옮기게 하고, 경상좌우도 도만호처를 왜인 왕래의 도박하는 곳으로 한정케 하라'고[56] 하였다.

그런데 이러한 폐단은 군사상의 문제만이 아니라 경제적인 면에서도 적지 않았다. 의정부의 보고에 '홍리왜선이 연속하여 경상도에 내도하여 어떤 때에는 수십 척이 되기도 하였으며, 또 왜 상인의 교역에 응하는 자가 없으면 민가에까지 들어가 억지로 물건을 사게 하여 소

---

[56] 『태종실록』 권14, 7년 7월 27일.

란을 일으키고 있었다. 이에 이후로는 정해진 곳에 정박하는 왜선의 상품에 대해서는 연해에 있는 관사의 국고 米豆로서 시가에 따라 무역함으로써 그 폐단을 막자'는[57] 것이었다.

이와 같이 왜인들은 임의로 포구에 출입하여 군사적 경제적인 면에 폐단이 일어나자 이를 시정하려고 포를 한정하여 태종 7년(1407)에 당시 경상좌우도도안무사영의 소재지인 부산포와 내이포가 최초로 개항하게 되었다. 그러나 날로 건너오는 왜인의 수와 항거왜인의 수가 증가함으로써 1410년(태종 10)에는 포구를 한정한 후 경상도 지방에 도래한 자가 2,000여 명이나 되었다.

또 1418년(태종 18) 3월 병조가 경상도 수군도절도사의 보고에 접하여 아뢰기를,

'내거왜인들은 왜객의 왜상들을 상대로 주식을 판매하고, 남녀가 서로 어울려 교환할 뿐만 아니라 국내 사정의 허실을 탐지하고 난언으로 작폐하므로 병조는 이들 항거왜인을 쇄출하여 염포(경남 울주군), 가배량(경남 고성군) 등지에 일정한 거처를 설정하고 제한된 범위 내에서 생활하게 하자.'[58]

이러한 주장이 나올 정도로 왜인의 폐단이 많았기 때문에 이미 개항하고 있던 부산포·내이포와 함께 새로이 염포·가배량의 두 곳을 추가로 지정하였다. 이로써 4개 처가 개항지로 등장하였다.

이와 같이 태종대에는 태조·정종 때에 정식 개항의 조치가 없었던 상황에서 처음 2개 처를 열고 추가로 다시 2개 처를 열어 왜인들에 대한 개방책과 우대책을 거듭하였지만, 왜인들의 행패는 그치지 않았으

---

[57] 『태종실록』 권14, 7년 7월 27일.
[58] 『태종실록』 권35, 15년 3월 23일.

며, 왜구의 활동도 근절되지 않았다. 이로 말미암아 1419년(세종 원년)에는 대마도정벌이 단행되었으며, 이를 계기로 포구는 폐쇄되었다. 그러나 일본과의 관계는 전적으로 단절되었던 것은 아니었다. 1423년(세종 5) 대마도에 대하여 부산포를 개항할 때까지 대마도인을 제외한 다른 일본의 지역과는 통교가 계속되었다.

(2) 부산포왜관의 설치와 변화

조선 왕조가 건국 후 대외관계에서 가장 문제가 된 것은 倭寇였다.[59] 조선 왕조는 국가의 기반을 다지고, 대외적인 안정을 위해서 남쪽의 왜구 문제의 해결이 급선무였다. 이에 조선 왕조는 왜구의 방지를 위한 온건한 회유책을 사용하였다. 고려 말기에 절정에 이르렀던 왜구의 침입은 조선 건국 이후 다소 줄었지만, 여전히 종식되지 않았다. 1396년(태조 5)에는 왜선 120척이 경상도 연해 지방을 침입하여 병선 16척을 탈취하고, 수군 만호 李壽春을 살해하는 동시에 동래·기장·동평현성을 함락시켰다. 또 1402년에는 동평현 부산포에 침입하여 수군 千戶 全南寶와 군졸 10여 명을 살해하는 등 피해가 많았다고[60] 한다.

조선 정부는 적극적인 외교 활동을 통하여 왜구의 침입을 막기 위하여 일본의 무로마치 바쿠후[室町幕府]에 사신을 파견하여 왜구를 억누르고, 왜구에게 잡혀간 사람을 돌려줄 것을 요구하면서 두 나라 사이의 무역을 촉구했다. 이에 일본에서도 幕府의 장군이 국왕의 사신을 보내왔으며, 서부 지방의 호족들도 使送船을 보내어 통상 무역을 요청해 왔다. 이에 대해 조선 왕조에서도 回禮使와 通信使 등을 일본

---

[59] 이영, 『왜구와 고려·일본 관계사』, 혜안, 2011.
[60] 『태종실록』 권3, 2년 1월 신해.

에 파견하여 조일 관계는 활기를 띠었다.

한편 조선 정부에서는 바다를 건너오는 일본인을 회유하기 위하여 受職倭人이라 하여 관직을 주어 돌려보내기도 하고, 向化倭人이라 하여 경상도 동남해안에 토지와 집을 주어 생활하게 하였다.[61] 또 조선을 왕래하면서 무역에 종사하는 興利倭人에게는 접대 혹은 支待라 하여 체류 중에 필요한 식료와 귀환에 필요한 식량인 過海糧까지도 지급하여 극진히 대접하였다. 이에 바다를 건너오는 일본인의 수는 해마다 늘어났다. 그러나 일본인들이 일정하게 머물 곳이 없었으므로 그들이 타고 온 선박은 경상도 동남 해안의 여러 포구에 임의로 와서 닿았다. 이에 조선 정부는 일본인의 접대에 고심하지 않을 수 없었다. 또 각 포에 머무는 일본인들은 군비의 허실을 염탐하거나, 해안의 각 곳에 흩어져 살고 있는 향화왜인과 결탁하여 온갖 폐단을 자아냈다.

조선 정부는 도래하는 일본인을 통제하기 위해 1407년(태종 7)에 경상좌우도의 水軍都萬戶營이 있는 동래 부산포와 웅천 내이포를 일본인이 머물 수 있는 곳으로 지정하고, 이곳에 한하여 興利倭人이 와서 정박한 후 무역을 할 수 있는 포구로 지정하였다. 그러나 왜구는 근절되지 않았다. 이에 조선 정부는 강경책을 사용하였다. 1418년(세종 원년)에 왜구의 소굴로 알려진 대마도정벌을 단행하였으며,[62] 이에 부산포와 내이포가 폐쇄되었다.

한편 조선 전기에 釜山이란 지명은 부산포에서 유래된 것으로 15세기의 전반기까지만 하더라도 富山浦라 하였으며,[63] 15세기 후반에 이

---

[61] 한문종, 『조선전기 향화·수직 왜인 연구』, 국학자료원, 2005, 105~131쪽.
[62] 대마도정벌은 이미 고려 후기 1389년에 朴葳, 조선 초기 1396년에 金士衡에 의해서 단행된 적이 있었다.
[63] 南悌, 「東萊富山浦之圖」, 1474년(申叔舟, 『海東諸國記』 所收).

르러 지금 동구 좌천동에 있는 甑山의 모양을 따서 釜山이라 불렀다. 조선 건국 후 1407년(태종 7) 부산포와 내이포 두 곳에 왜관을 두어 일본인의 내왕과 함께 교역을 허용하였으나, 왜구의 침탈이 계속되자 1419년(세종 1)에는 대규모 원정군을 파견하여 대마도를 정벌하였다. 대마도정벌로 朝日의 교섭이 단절되자, 일본의 본토와 조선을 왕래하면서 상업을 통해서 생활했던 쓰시마[對馬島]는 島主 소 사다모리[宗貞盛]가 여러 차례 사신을 보내어 사죄하고 통교의 허가를 신청했다. 이에 조선 정부는 종래의 강경책을 버리고, 다시 평화적인 회유책으로 전환하여 1423년(세종 5)에 부산포와 내이포를 개항하였으며, 1426년에는 염포까지 개항하였다.[64] 이에 三浦開港 시기가 열리게 되었으며, 합법적인 다문화 공간이 삼포에 마련되었다.

이때 부산포에 설치된 釜山浦倭館은 일본인의 출입과 무역을 허용한 개항지에 客舍를 설치하여 일본인을 접대하고, 그들을 居留하게 하는 동시에 교역을 했던 곳이었다. 처음으로 부산포왜관이 설치된 것은 1407년(태종 7)이었다. 1419년 대마도정벌로 한때 폐쇄된 적이 있지만, 1423년에 다시 개설되어 기능을 하였다. 부산포왜관의 위치는 지금의 동구 범일2동에 있는 부산진시장 부근의 子城臺의 서북쪽 평지로 비정되고 있다.[65] 항거왜인의 거주지도 범일동 일대였다. 1418년 恒居倭人을 색출하여 일정한 지역에서 살도록 倭里를 설정하였다. 1466년 부산포의 왜리에는 110호에 330여 명의 일본인이 거주하였다. 부산포왜관은 접대처, 무역처, 유숙처, 외교 교섭처의 기능을 하였다.

개항장인 부산포, 웅천의 내이포, 울산의 염포 등에는 사절로 들어오는 使送倭人, 교역을 위하여 오는 興利倭人이 受圖書人이라 하여

---

[64] 부산광역시사편찬위원회, 『부산시사』 제1권, 1989, 652~662쪽.
[65] 南悌, 「東萊富山浦之圖」, 1474년(申叔舟, 『海東諸國記』 所收).

정식 입국자로서 응분의 대우를 받았다. 1440년(세종 22)에는 부산포에 일본인의 내왕이 빈번하게 되자, 진을 속현인 동평현으로 옮겼다가 동래로 還鎭하였고, 다시 판현사를 현령으로 바꾸었다고[66] 한다.

세종 말에는 일본인이 부산포에 350명, 내이포에 1,500명, 염포에 120명이 거주하였는데,[67] 이들이 저지르는 폐해도 컸다. 당국도 거류 왜인의 통제에 부심하였다. 3포라는 무역 창구를 열어줌으로써 왜구의 약탈행위를 막아보려던 당국의 노력은 어느 정도 주효하였다. 그러나 이들에 대한 강력한 통제가 원인이 되어 일어난 三浦倭亂(1510)·蛇梁鎭倭變(1544)·乙卯倭變(1550) 등은 조선의 교린정책에도 불구하고, 왜인이 해적 근성을 버리지 못하였음을 보여주었다. 이에 1544년(중종 39) 이후 부산포왜관만 유일한 왜관으로 존속하게 되어 조선 유일의 대일 교섭 창구가 되었다. 조선 전기에 부산은 일본과의 관계에서 유일한 창구의 역할을 수행하였다. 그러나 1555년의 을묘왜변 등으로 조선과 일본의 관계는 두절되면서 부산포도 폐쇄되었다.

(3) 부산포왜관의 문화교섭

조선 전기에 부산포왜관에서는 조일 사이에 합법적인 문화교섭이 진행되었다. 부산포왜관이 있던 포소 일대에는 많은 恒居倭가 있었으며, 이들의 거주지를 倭里라고 불렀다.[68] 항거왜는 포소에 온 일본인들이 핑계를 대어 돌아가지 않고 계속 눌러 있으면서 불법적인 정착을 하는 사람들이었다. 조선 전기에 항거왜가 언제부터 있었는지 정

---

[66] 『세종실록』 권150, 지리지 경상도 동래현.
[67] 김동철, 「조선전기 부산포왜관의 설치와 운영」, 『지역과 역사』 22, 부경역사연구소, 2007, 41쪽.
[68] 『중종실록』 권8, 4년 2월 계해.

확한 연대를 알 수 없지만, 부산포왜관이 설치된 지 얼마 지나지 않은 시점이었을 것으로 추정된다. 그것은 1418년(태종 18) 기록에서 알 수 있다.

> 부산에 와서 사는 왜인들이 혹은 장사치, 혹은 遊女라 칭하면서 일본 使客이나 興利倭船이 도착하면 술과 음식을 팔고, 남녀가 서로 어울려 풍기가 매우 문란하였다.[69]

그런데 항거왜는 계속 늘어나서 1439년(세종 21)에 160여 명에 이르렀다.[70] 이에 조선 정부에서는 대마도 島主에게 항거왜들을 전원 송환해 가도록 요청하였다. 그러나 일본으로의 송환이 전혀 이행되지 않아서 1440년에는 항거왜가 60여 호나 되었으며, 포소에 건너온 일본 상인의 수가 1년에 6,000여 명에 이르렀다. 그렇지만 조선 정부는 송환책을 적극적으로 강구하지 않았다. 대신 경상좌도 水軍都按撫處置使營에 소속된 船軍의 正軍으로는 만약의 사태에 대비할 수 없다고 하여 동평현에 진을 설치하고, 동래진의 군사를 옮겨 지키게 하였다.[71] 그러나 이후에도 지속적으로 항거왜의 숫자는 늘어났다. 1466년(세조 12)에는 330명, 1475년(성종 6)에는 350명이 88호와 3곳의 寺院에 나누어 살았다. 이처럼 3개의 사원까지 있었던 것을 보면, 항거왜들은 항구적인 거주 계획을 세운 것으로 볼 수 있다. 1494년에는 125호에 453명이 거주하였다.

이렇게 항거왜인의 수가 늘어나면서 온갖 폐단이 발생하였지만, 이러한 폐단들은 양국의 다른 문화가 상호 접촉하면서 나타날 수밖에

---

[69] 『태종실록』 권56, 18년 7월 을해.
[70] 『세종실록』 권35, 21년 3월 기자.
[71] 김강식, 「조선전기 부산지역의 행정과 관방」, 『항도부산』 21, 2008, 34쪽.

없는 불가피한 문화충돌이었다. 이런 과정을 통해서 양국의 서로 다른 문화들은 새롭게 공존하거나 서로 영향을 끼쳐 나갔다. 그리고 琉球 등의 남방문화도 도입되었다. 이때의 중요한 모습을 살펴보면 다음과 같았다.72) 이런 모습은 해항도시에서 볼 수 있는 현상으로 조선 전기에 부산이 해항도시였음을 말해준다.

첫째, 왜인들의 각종 불법 행위였다. 왜인들은 사소한 문제에도 불만을 품고서 무리를 지어 무기를 들고서 왜관 밖으로 나와서 水軍萬戶를 협박하고, 인근 민가에 침입하여 부녀자를 겁탈하였다. 또 포구 안에 있는 公私有의 漁場과 官民이 채취한 해산물을 임의로 점거·탈취할 뿐만 아니라, 나아가서는 그들이 감춘 곡물로 高利貸를 행하여 浦村의 빈민들을 궁지에 몰아넣기도 하였다. 심지어 국가의 公田을 불법으로 차지하여 버젓이 경작하였다. 그러나 이들은 외국인으로서 지방 행정의 대상 밖에 있었기 때문에 東萊縣令은 적절한 대응책을 강구할 수 없었다.

특히 항거왜의 폐단 가운데 문제가 된 것은 그들이 점유한 토지, 즉 倭田에 대한 문제였다. 왜전은 항거왜가 왜관 부근에 있는 공사유의 전답을 불법적으로 점유하거나, 허가 없이 묵은 땅을 개간하여 경작하는 토지를 말한다. 조선 정부는 1435년(세종 17)에 "왜인의 토지 경작을 금지하지 말고, 다른 토지와 같이 조세를 징수하라."는73) 지시를 내려 항거왜의 토지를 사실상 인정해 주고 조세만을 징수하였다. 더욱이 1477년(성종 8)에는 왜전에 조세를 거두게 되면, 왜인의 감정을 상하게 하여 혼란을 일으킬 뿐이라 하여 조세마저도 면제하였다.74)

---

72) 김동철, 「15세기 부산포왜관에서의 한일 양국민의 교류와 생활」, 『지역과 역사』 22, 부경역사연구소, 2008, 45~51쪽.
73) 『세종실록』 권24, 17년 5월 을축.

이에 항거왜의 행동은 더욱 방자해지고, 폐단도 심해졌다.

둘째, 선박의 내왕을 통한 사절의 접촉이다. 부산포에는 일본의 國王使船을 비롯한 여러 선박들이 내왕하였다. 선박을 타고서 외교 사절, 상인, 선원들이 건너왔다.[75] 1년에 삼포에 머무는 선박은 204척에서 218척이 되었으며, 1년에 건너오는 일본인의 수는 5,000명에서 6,000명에 이르렀다. 이 외에도 特送船 등이 있어 실제 숫자는 훨씬 많았다. 선박이 浦所에 도착하면 일종의 입국사증이라 할 수 있는 圖書와 文引 등을 관헌에게 제시하고, 소정의 검증을 받아야만 타고 온 배에서 내려 왜관에 들어가 머물면서 접대를 받을 수 있었다.

일본의 사신 일행이 왜관에 도착하면 國王使, 諸酋使, 對馬島節度使使와 대마도 特送使, 受職人 등 4등급에 따라 응분의 접대를 하였다.[76] 접대의 내용에는 正官 이상인 자에게는 熟供을 제공하고, 사객과 선원들에게는 하루 두 끼에 각각 쌀 한 되씩을 給料米로 지급하였다. 또 왜관에서는 사신이 도착하여 떠날 때까지 몇 차례 연회를 베풀어 주었다. 연회도 4등급에 따라 베풀어 주는 횟수와 음식이 달랐다. 이때 선원들에게도 밀가루 한 되, 기름 한 홉 등의 음식을 지급하였다. 건너온 일본인들이 돌아갈 때는 過海糧이라 하여 식량을 거리에 따라 지급하였다. 그리고 일본 사절이 부산포왜관에 머물면서 접대를 받을 수 있는 기한도 4등급에 따라 달랐다. 부산포에서 왜인 접대에 드는 비용은 막대하였다. 이를 충당하기 위해서 1468년(성종 즉위년)에는 동래현의 田稅를 3년 동안이나 중앙에 납부하지 않고 동래현에

---

74) 『성종실록』 권23, 8년 3월 갑자.
75) 손승철, 『조선시대 한일관계사연구』, 지성의 샘, 1994; 하우봉, 「일본과의 관계」, 『한국사』 22, 국사편찬위원회, 1995.
76) 하우봉, 앞의 논문, 399~403쪽, 1995; 한문종, 『조선전기 향화·수직 왜인 연구』, 국학자료원, 2005, 55~64쪽.

수납시켜 부산포 왜관의 접대비로 충당하게 하였다.[77] 1477년에는 이것도 모자라서 영남 상도에 있는 각 군현의 미곡까지 운반해 접대비용에 써야 했다.

셋째, 왜인의 경제활동이다. 일본 각처에서 오는 일본인들은 왜관에 머물면서 무역을 했다. 특히 興利船이라는 무역선을 타고 와서 무역했다. 개항 초 부산포에 왔던 일본인의 모습에 대해서는 "부산에 거주하는 왜인들이 장사치나 遊女라 칭하면서 일본 客人이나 興利倭船이 도착하면, 술과 음식을 팔고 남녀가 어울려 풍기가 문란하였다."고[78] 하였다. 이러한 왜인들의 상업은 倭館이나 倭里만이 아니라 東萊城 근처 민가 등에서도 이루어졌다. 그런데 부산포 근처에는 상대적으로 소규모의 상인들이 거주하여 가난하였다고[79] 한다.

넷째, 일본인의 생활상이다.[80] 먼저 密貿易은 두 나라 사람들의 인적인 교류가 전제되어야 했다. 1509년(중종 4) 司憲府 監察 朴佺의 상소에 "일본인 남녀가 負債를 핑계로 하여 우리나라 민가에 들어가 밤낮없이 왕래한다."고[81] 하였다. 이를 위해서는 조일 두 나라 백성들의 언어와 음식 등에 대한 공유가 있었다. 나아가 항거왜인들은 몰래 포구 근처의 주민들과 간음하는 사례로 이어지기도 했다고 한다.

다음으로 부산포왜관의 일본인들은 동래온천에서 목욕하는 것을 즐겼다. 동래온천은 일본인들이 떼를 지어 목욕하는 곳이었다. 한 번은 세종의 다섯째 아들 廣平大君(李璵)의 부인이 동래온천에서 목욕을 하고 있었기 때문에 일본인들이 목욕을 할 수가 없어서 많은 사람

---

[77] 『성종실록』 권56, 18년 5월 갑진.
[78] 『태종실록』 권56, 18년 7월 을해.
[79] 『세종실록』 권1, 즉위년 9월 을해.
[80] 김동철, 앞의 논문, 2008, 47~48쪽.
[81] 『중종실록』 권56, 4년 5월 을해.

이 기다리는 사태가 발생하였다. 그런데 일본인이 많으면 폐단이 일어날 소지가 많으므로 빨리 한성으로 돌아오도록 조치를 취한 적도 있었다고[82] 한다. 1444년 대마도에서 온 승려 光俊이 禮曹에 6개 조를 올려 동래온천에서 목욕을 할 수 있도록 해달라고[83] 청하기도 하였다.

마지막으로 일본 佛敎의 포교가 나타났다. 1494년 부산포에는 사찰 4곳에 승려가 40명이나 되었다.[84] 부산포에는 1474년의 「東萊釜山浦之圖」에 見江寺이라는 절과 庵子가 표기되어 있다. 항거왜인이 늘어나면서 일본의 전통신앙이 전파되어 일본 사찰이 만들어진 것으로 보인다. 그리고 일본인 가운데 왜리의 경계를 넘는 이유가 禮佛인 경우도 종종 있었다고[85] 한다. 이런 과정에서 일본인들은 조선의 불교문화를 체험하기도 하였을 것이다.

다섯째, 鄕通事를 통한 교류이다. 조선 전기에 삼포의 개항장에는 대일 업무를 담당하는 倭學訓導가 1명씩 파견되었다.[86] 그리고 아래에 향통사가 있었다. 향통사는 倭學訓導를 보조하면서 일본의 사신이 왔을 때 일본 사신을 한성까지 호송하는 역할과 사신 체류 경비를 산정하는 역할을 하였다. 대표적으로 향통사가 사신의 체류 牒呈을 올리면 이에 따라 留浦糧을 지급하였다. 때문에 체류 일정을 조정하여 받는 추가분을 일본인과 향통사가 나눠먹는 경우도 많았다고[87] 한다. 향통사는 대부분 해당 지역민으로 충원되었으며, 수십 년간 한 지역에서 근무하는 경우가 많았다.[88]

---

82) 『세종실록』 권80, 20년 3월 을유.
83) 『세종실록』 권106, 26년 11월 병진.
84) 『성종실록』 권295, 25년 10월 경진.
85) 村井章介 지음, 이영 옮김, 『중세왜인의 세계』, 소화, 1988, 136쪽.
86) 『경국대전』, 吏典, 外官職 경상도.
87) 『성종실록』 권278, 24년 윤5월 신축.

또 향통사는 沈香 등의 무역에도 참여하여 폐단을 자주 일으켰는데,[89] 이들은 대부분 부산 지역 출신 인사들이었다. 이러한 향통사의 폐단을 바로잡기 위해서 「鄕通事論罪節目」, 「鄕通事禁防節目」 등이 만들어졌다. 향통사는 조선 후기 왜관에서 활동했던 小通事의 전신으로 파악하고[90] 있다.

2) 왜변 이후 일본의 내왕

조선 전기에 삼포를 통해 들어오는 왜선의 종별은 일반적으로 세견선이라는 歲約船·興利船·興販船 등의 무역선과 그 밖에 사절의 임무를 띠고 입조하는 사송선인 國王使船·九州探題使船·諸地方巨酋使船 등이 있었다. 후자도 교역을 목적으로 파견되었음은 말할 필요가 없다. 이 선박들이 포구에 토착하면 먼저 소정의 입국사증인 書啓·圖書·行狀·路引·象牙簿·文引·銅印·자부 등 8종류를 포소에 접수하고 소정의 검증을 받고서 입국이 허락되었다.[91]

당시 조선정부로부터 정식으로 허가를 받아 주기적으로 왕래하는 선박이나 임시 또는 일시적으로 온 이들 선박의 정확한 수는 알기 힘들다. 따라서 조선 건국 후 왜선의 출입을 통제하면서부터 1510년(종5) 삼포왜란까지 부산포를 출입한 왜선수도 또한 정확히 알 수 없지만, 삼포에는 막부장군의 국왕사선과 호족의 巨酋船·九州船·島使船·對馬島船·受職人船·受圖書人船 등, 세견선의 허용된 것과 조약

---

[88] 백옥경, 「조선 전기 역관의 직제에 대한 고찰」, 『이화사학연구』 29, 2002, 143~145쪽.
[89] 『연산군일기』 권21, 3년 1월 무진.
[90] 김동철, 「17~19세기 동래부 소통사의 편제와 대일활동」, 『지역과 역사』 17, 부경역사연구소, 2005.
[91] 부산직할시사편찬위원회, 『조선전기 한일관계사연구』, 1989, 644~647쪽.

을 맺은 각급 선박의 총수는 204선 내지 218선 정도로 추측하고 있다.[92] 이 밖에 일시적·임시적으로 내왕한 것을 합하면 더욱 많았다.

삼포개항 후인 1443년(세종 25) 대마도주와 맺어진 癸亥約條는 도주선이 다른 사선보다 월등하게 많기 때문에 50선으로 한정·규제하였다. 그리고 왜선들이 1개 포소에만 집중적으로 도착하므로 폐단이 많았다. 이에 계해약조 이전인 1438년(세종 20)에 輪舶法을 실시케 하여 금년에는 부산포, 내년에는 제포, 다음을 염포에 오도록 하였다. 뿐만 아니라 조약체결 후에는 출입이 가장 많았던 대마도의 세견 50선에 대하여 내이포와 부산포에 각각 25선씩을 分船시키고, 그 외의 諸使는 임의대로 분박케 하고 있다.[93] 이상의 기록을 살펴보면 일본과 가까운 부산포와 제포에 내박이 많이 이루어졌음을 알 수 있다. 임진왜란이 일어나기까지 삼포왜변·사량진왜변 등으로 약조의 결정도 있어서 수시로 사선의 출입에 대하여 수량에 제한을 가한 바 있었지만, 부산포에는 왜선의 출입이 계속되었다.

한편 조선 전기에 왜인의 출입은 왜선에 대한 통계의 윤곽이 잘 드러나지 않으므로 분명하지 않고, 사행에 따른 규모의 차이라든지, 선박의 규모에 따라 다양한 모습으로 나타날 수 있다. 한 예로 1424년(세종 6)의 국왕사행에 대해 보면, 송선 16척에 523명이라는 막대한 인원수가 도래하고 있다.[94] 이것은 일본국의 대표격인 막부의 사행이므로 많은 인원이 내왕했던 것이지만, 巨酋使의 경우도 많은 인원이 내왕하고 있었다. 이와 같이 조선 전기에는 사행의 규모에 따라 내왕자의 차이가 있었다.

---

92) 이현종, 『조선전기 한일관계사연구』, 한국연구원, 1968, 66~67쪽.
93) 『海東諸國記』朝聘應待記, 三浦分箔條.
94) 『세종실록』 권23, 6년 2월 기유.

또 선박의 형태에 따라 탑승인원이 달랐다. 1439년(세종 21)에 경차관을 대마도에 파견하여 입국자를 제한하면서 왜선에 대한 규제를 하였는데, 대선은 40명, 중선은 30명, 소선은 20명으로 정원을 정하고 있다. 그러나 이러한 한정수는 잘 준수되지 않고 있었다. 한 예로 1439년(세종 21) 4월 예조가 대마도에 보낸 서계에 보면 1선에 탑승하고 있는 것이 80명 내지 90명, 혹은 60명 내지 70명 정도까지이며, 어린아이·부녀자까지 승선 도래하였다고[95] 한다.

이와 같이 조선 전기에 왜선의 규모라든지, 그에 대한 인원을 가지고 왜인의 출입을 파악하는 것은 어려움이 있다. 그러나 대략적으로 조선 전기의 각종 앞에서 규정 내의 도래 총선수를 204선 내지 218선으로 보았다. 그런데 이것을 1439년(세종 21)의 탑승인원수의 방법에 따라 환산하면 한해 5,500명 내지 6,000명을 헤아릴 수 있다.[96] 이러한 추정을 가능할 수 있게 하는 것은 1455년(세조 원년)의 한 해에 일본 여러 곳의 使送倭人이 6000명이나 도래하였다고[97] 한다.

그런데 이들 중에 어느 정도가 부산포에 도착하였는지는 확인하기가 어렵지만, 그 중 3분의 1로 잡더라도 연간 2,000여 명이 온 것이므로 적지 않은 숫자라고 여겨진다. 따라서 왜관의 恒居倭와 출입하는 왜인을 합하면, 부산포는 여러 왜인에 의해 아주 번잡하였다.

한편 조선 전기에 도래하는 왜사에 대해서는 그 계층에 따라 접대도 각각 달랐음이 포소에서의 행하였던 宴享만 보더라도 알 수 있다. 국왕사는 영접연이 3회, 전별연이 1회, 호족급 사행은 영접연이 2회 전별연이 1회, 구주탐제사와 도주 등은 도착·귀환 때 각각 1회, 그 밖

---

[95] 『세종실록』 권85, 21년 5월 갑진.
[96] 이현종, 앞의 책, 1968, 79~82쪽.
[97] 『세조실록』 권2, 원년 12월 기유.

에 수직·수도서인 등은 도착 때에 1회로 한정하고 있었다.98) 또 그들의 직책에 따라 음식의 내용과 접대하는 예우도 달랐으며, 연향 담당자도 서울과 부산의 경우가 각각 달랐는데, 왜사의 계층에 따라 정승·판서·선위사·차사원·관차사·수령 등이 맡았다.

뿐만 아니라 왜사들은 조선의 포소에 도착하였다가 본국으로 돌아갈 때는 포소로부터 항해기간 중의 식량까지도 급여 받았다. 그것은 그들이 입국하면 본국에 도착할 때까지의 비용은 조선의 부담이었기 때문이다. 그들의 출입은 일 년에 한두 번도 아니고, 매우 빈번하였으므로 조선 정부로서도 막대한 비용이 소요되었다. 한 예로 1439년(세종 21) 왕과 許稠와의 대화 가운데 국가에서 사급하는 곡량이 10,000석이라고 말하는 데서도 알 수 있다.99) 또 같은 해 10월 예조에서 대마도주에게 보낸 글에 보면, 일 년 지급의 餉料가 100,000석 가량 되어 국고 소장량이 거의 소모되어 지대비뿐만 아니라 그들의 贈途之物도 계속하기 어렵다고100) 말하고 있다. 이로 미루어 볼 때 당시 왜인을 접대하는 비용은 막대하였으며, 이것은 국정의 중요한 문제로 제기되었다. 대사헌 이서장 등의 상소에 보면,

> 왜인의 접대로 말미암아 경상도 일재의 여러 읍 창고가 텅 비게 되어 상도(경북)의 주현미를 운반하여 왜인 접대용으로 충당하였는데, 이로써 倭料는 억지로 해결되었지만 군사비용은 무엇으로 변출하려는지. 국가의 정책은 먼저 마땅히 자기 나라를 다스리고 남을 생각해야 하겠거늘, 주현의 비축곡으로써 왜인을 공봉하여 무사태평을 바라고 있는 것은 소원함이 그지없다.101)

---

98) 『海東諸國記』 朝聘應待記, 三浦分箔條.
99) 『세종실록』 권5, 원년 9월 계해.
100) 『세종실록』 권81, 21년 10월 병신.

라고 하였다. 좀 더 구체적인 사례를 찾아보면 1468년(예종 즉위)에는 동래·울산·웅천의 전세를 3년 동안 본읍에 수납하여 왜료로서 충당시킨 경우도 있었다.[102] 이처럼 날로 증가하는 왜인의 왕래를 통제하였으나, 조선 정부의 소극적인 태도가 결국 왜인의 요구에 타협을 가져왔다. 때문에 조선 건국 이후 왜선의 내왕은 다양한 형태로 이어져 부산으로 올 수 있었다.

---

[101] 『성종실록』 권51, 6년 정월 병인.
[102] 『예종실록』 권1, 즉위년 10월 갑오.

제2장
임진왜란 시기의 부산항

제 2 장 임진왜란 시기의 부산항

1. 임진왜란 시기의 군항

임진왜란은 일본이 조선에 대해 일으킨 전면 전쟁이었다.[1] 이 전쟁 내내 중요한 무대는 부산이었다. 임진왜란 때 부산은 일본군의 최초 상륙지이자 최후의 거류지였다. 때문에 임진왜란 중 부산에서는 여러 차례의 전투가 있었다.

1) 부산진성전투

(1) 전투의 배경

임진왜란 발발 직전의 조선의 지방군은 진관체제로 편성되었다. 진관체제는 전국을 방어 지역화 한 것이었다. 지역방위를 중시하였던 진관체제 아래의 경상도의 수군 방어체계는 다음과 같았다.

---

[1] 국방부 전사편찬위원회 편, 『임진왜란사』, 국방부 전사편찬위원회, 1987.

〈표 6〉 조선 전기의 경상도 水軍의 鎭管體制[2]

직책	관할구역	위치	관할 진관	관할 지역과 직책
좌수사	경상좌도	동래	부산포진관 부산포첨사	두모포만호(동래) 감포만호(경주) 해운포만호(동래) 칠포만호(흥해) 포이포만호(동래) 오포만호(영덕) 서생포만호(울산) 다대포만호(동래) 염포만호(울산) 축산포만호(흥해)
우수사	경상우도	거제	제포진관 제포첨사	옥포만호(거제) 평산포만호(남해) 지세포만호(거제) 영등포만호(거제) 사량만호(고성) 당포만호(고성) 구조라만호(거제) 적량만호(진주) 안골포만호(웅천)

　조선 전기에 전국이 鎭으로 편성되고 진관체제에 의해 장악되는 체계적인 방어조직이 정비되었지만, 모든 지역에 무장된 군사가 상주하는 것은 아니었다. 그러므로 평시에는 당해 진관에 속하는 각종 군사가 비번인 상태로 생업에 종사하고 있었으며, 사실상 잠재적인 군사체제를 이루고 있었다.

　조선 전기에 동래 지역은 경상좌도에 속하였다.[3] 조선 전기 동래에는 육군의 경우 동래도호부가 있었다. 이에 육군의 경우 동래부사가 僉節制使의 군직을 가지고 동래부 일원의 육군을 지휘하였다. 그러나 수군은 경상좌도 좌수영의 관할 하에 있었는데, 부산포진관이 해운포만호와 다대포만호 등을 거느리는 수군의 본산이었다. 조선 전기에 부산 지역은 경상좌도에 속하였다. 원래 부산에 있었던 좌수영은 울산으로 이전하였다.

　그러나 1510년(중종 5)의 삼포왜란과 1544년(중종 39)의 사량진왜변이 일어나자, 진관체제가 비현실적인 것으로 인식되어 재고되지 않을

[2] 육군본부, 『한국군제사』 근세 조선전기 편, 1968, 140쪽.
[3] 육군본부, 『한국군제사』 근세 조선전기 편, 1968, 285쪽.

수 없었다. 이에 수군이 경우 중종 17년과 39년에 진관체제의 대대적인 개편을 단행하였다.

〈표 7〉 중종 연간 경상도 수군 진관의 개편[4]

중종17년과 39년의 개편	
부산포진관	서생포 두모포 개운포(신설) 포이포 서평포(신설) 다대포
미조항진관 (중종 17년)	평산포 영등포 사량 당포 적량
가덕진관 (중종 39년)	친성보(신설) 가배량(신설) 지세포 조라포 안골포

이에 부산포진관 아래의 몇 개의 포영이 없어졌지만, 부산의 좌익에 가덕도진관이 신설되었다.[5] 그리고 부산포진관은 왜인을 접대하는 곳이어서 당상관을 차출하여 보냈다.[6] 다대포에는 큰 진이므로 군사 100명과 군관 3인을 더해 주도록 조처하였다.[7] 해운포영은 동래진과 가깝고 부산포와도 멀지 않아 수육의 방수에서 멀지 않기 때문에 혁파되었다.[8] 그 이후에도 조선 정부는 계속 海防에 힘을 기울였다. 명종대에는 부산포진관의 관할의 울산 서생포는 가덕도 첨사영 관할의 구산포, 미조항첨사 관하의 적진포 등의 만호와 함께 정4품으로 승격되고 동첨절제사라 하였다.

한편 원래 조선 전기의 진관체제는 육군은 육군은 육군대로, 수군은 수군대로 해상과 육상으로 수어 관할이 달라졌지만, 성종대 城堡

---

[4] 육군본부, 앞의 책, 1968, 185쪽.
[5] 『중종실록』 권104, 39년 9월 12일.
[6] 『중종실록』 권104, 39년 9월 28일.
[7] 『중종실록』 권104, 39년 9월 28일.
[8] 『세조실록』 권6, 3년 1월 16일.

축조가 이루어진 후에는 육군과 수군의 혼성 및 병사의 수군 겸치의 제도가 시행되었다. 이에 조선 정부는 해방에 주력하였는데, 동래의 海防은 더욱 강화되었다.

그러나 조선 전기의 방어체계는 鎭管體制에서 乙卯倭變 이후 制勝方略體制로 전환되었다. 이것은 軍役制의 변동으로 인한 군사수의 감소를 반영한 것으로 불가피한 것이었다.[9] 즉 군역의 布納化와 지방 수령들의 부패로 牧軍收布와 代役納布 현상이 일반화되자, 布의 불법적인 징수와 避役이 나타나 宣祖 연간에 이르면 군사는 편제상에만 존재하고 실제 병력은 거의 없는 상태가 되었다. 이것이 조선 전기의 군사 문제에서 제일 큰 문제였다.

그런데 진관체제가 제승방략체제로 바뀌면서 나타난 문제점은 조선 전기에 軍政 면에서의 나타난 방어체제의 변화로 인한 지휘체제의 혼란을 들 수 있다. 조선 전기의 방위체제는 전시와 평화 시를 막론하고 鎭管體制에 의해 지방군이 국방을 담당하는 제체였다.[10] 그러나 制勝方略體制는 종전의 鎭管別로 하던 自戰自守의 원칙을 포기하고 가용병력을 모두 동원하는 총력 체제였기 때문에 戰線이 무너지면 후방이 일시에 무방비 상태에 빠지게 되는 취약점을 가지고 있었다. 그렇지만 수군의 경우에는 큰 변화는 없지만, 海防을 위한 준비가 있었다.

먼저 삼포의 개항 후에도 왜구의 침입이 근절되지 않고 왜인의 작폐가 빈번하였으므로 성종대에 들어서는 한층 海防에 주력하였다. 그

---

[9] 김강식, 『임진왜란과 경상우도의 의병운동』, 혜안, 2001, 49~52쪽.
[10] 조선 전기 경상도에는 육군의 경우 金海 晉州 尙州 慶州 安東 大丘 등 6개 鎭管이 있었다. 진관체제는 전국의 행정조직 단위를 군사조직인 진으로 편성하고 나누고, 각 수령들로 하여금 군사 지휘관의 임무를 겸하게 하여 巨鎭을 중심으로 自戰自守하게 한 방어체제였다.

과정의 하나로 남방 연변 제포에 성보와 포성 축조를 계획하였다. 그 때까지 여러 포의 수군은 만호의 지휘 아래 병기와 양식을 병선에 적재하고 선상에서 대기 근무하는 것이 원칙이었다. 이때에는 포에 성보 같은 방벽이 없었다. 1484년(성종 15)에 비로소 城堡의 축조가 계획되었다. 종래의 원칙은 해상에서의 방어전략은 수군이 담당하고, 적이 상륙하면 육군이 담당하는 것이었다. 그러나 그렇게 되면 수군과 육군이 차이가 없어지고 萬戶 등의 근무가 태만해지며, 또 군사를 放軍시키고 대가를 받는 등 수군의 약화를 가져온다는 것으로 반대가 많았다. 그럼에도 불구하고 선척의 훼손과 수군의 고생을 이유로 성보 축조가 1485년(성종 16)부터 착수되어 성종 말년에 완성되었다.

이에 동래에서는 부산포가 1490년(성종 21) 8월, 다대포 축성이 같은 해 11월에 각각 완성되었다. 이로써 부산포·염포·제포 등은 목책이 설치되었다는 점에서 방어체제 강화에 획기적인 성과가 있었다. 우선 부산포성은 둘레가 2천 26척이며, 높이가 13척으로 축조되었다.[11] 부산포첨사영에는 각각 9척의 병선과 2,200여 명의 군사가 있었다. 특히 성종 이후 부산포첨절제사는 정3품 당상관이 부임하였다. 그러나 1510년(중종 5년)의 삼포왜란과 1541년(중종 36)의 제포 왜인의 작폐로 1544년(중종 39)에 제포왜관을 폐쇄하였다. 동시에 가덕도에 천성진을 설치하는 한편 관방군인 육군을 축소시키고, 수군을 확장하였다. 중종 연간에 군사가 부족해지자 부산포에는 정병 200명이 上番하지 않고 留防하도록 조처하였다.[12] 하지만 군액의 부족을 메울 수가 없었다. 이에 수군도 제승방략체제로 전환하지 않을 수 없었다.

다음으로 조선 전기에 부산 지역의 봉수대는 『경상도지리지』에는

---

[11] 『성종실록』 권243, 31년 8월 29일.
[12] 『중종실록』 권104, 39년 9월 18일.

3곳의 봉수가 있었다. 동평현의 석성봉수는 현 남쪽에 있어 서쪽으로 김해의 성화야봉수에 응하고, 동쪽으로 황령산에 응한다. 동래현의 황령산봉수는 동쪽으로 간비오에 응하고, 간비오는 동쪽으로 기장현 남산에 응한다.13) 이처럼 세 곳의 봉수가 진관의 방비에 비상통신의 역할을 하였는데, 황령산봉화대는 부산포, 간비오봉수는 해운포만호진, 석성봉수대는 다대포만호진을 방수하는 후망초소였다.

한편 1469년(예종 1)『경상도속찬지리지』에는 동래현의 계명산봉수가 새롭게 등장하고 있다.『동국여지승람』에는 4곳의 봉수대가 있고, 1430년(중종 25)는 응봉이 추가되고 있다. 그러나 1469년(예종 원년)에서 1481년(성종 12) 사이에 석성봉수가 폐지되고, 오해야항봉수가 신설되었다. 그리고 성종 12년에서 중종 25년 사이에 다대포 두송산정에 응봉봉수가 신설되었다. 이러한 변화는 1510년(중종 5)에 삼포왜란이 있고, 중종 연간에 수군의 진관체제가 바뀌면서 봉수대도 다시 편제된 것으로 볼 수 있다.

이처럼 임진왜란 시기에 부산진성은 경상도 해안 지방에 설치된 수군첨절제사의 진영인 부산포진, 다대포진, 가덕진, 미조항진 등 4개 진 가운데 경상도 제1의 해상관문으로서 일본군들이 조선 땅에 상륙할 때는 반드시 거쳐야 할 요충이었다.14) 그리고 부산포진에서 조금 떨어진 곳에는 倭館이 설치되어 있어서 일본인들의 제한적인 출입이 유일하게 허용되고 있었다. 따라서 다수의 일본인들이 체류하기도 하

---

13) 『세종실록』권150, 지리지 경상도 동래현.
14) 『經國大典』兵典 外官職條에 의하면 경상수군에 종3품의 水軍僉節制가 지휘하는 2개의 진관이 있었다. 즉 우도의 부산포 진관 예하에는 豆毛浦鎭, 甘浦鎭, 海雲浦鎭, 漆浦鎭, 包伊浦鎭, 烏浦鎭, 西生浦鎭, 多大浦鎭, 鹽浦鎭, 丑山浦鎭의 10개 鎭이 있었고, 우도의 薺浦 진관 예하에는 玉浦鎭 등 9개의 鎭이 설치되어 종4품의 수군 萬戶가 지휘하였다.

였으므로 쓰시마에서 차출된 소오군은 비교적 부산의 지리에 익숙하였다. 한편 당시 부산진성의 民戶는 300여 호로[15] 군민을 합하여도 적의 대군에 비교가 되지 않았으며, 병력도 불과 100여 명이었다.[16]

부산진첨사 鄭撥은 부임 후 왜적의 침입에 대비하여 성곽을 보수하는 등 방어태세를 강화시켰다. 정발은 1589년 무관을 채용할 때 姜暹이 추천하였는데,[17] 司僕寺副正으로 있다가 무관으로서의 능력을 인정받아 正3品 堂上官의 품계인 折衝將軍으로 승진되어 부산진의 수비사령관인 僉使에 임명되었던 무장이었다.[18] 그리고 부산진성은 우리나라의 관문을 지키는 중요한 성으로서 비교적 견고하였다. 먼저 耶蘇會의 선교사가 쓴 『日本(西敎)史』에서는 海濱에서 성에 이르는 사이에는 방어를 목적으로 말뚝을 쳐놓고 있었으며, 성벽 주위에는 塹壕가 설치되어 있었다고 하였다. 또 『吉野覺書』에는 성은 이중삼중으로 城址를 둘러놓고, 또 半弓 등의 도구도 구비하고 있었다고 하였다.

(2) 전투의 경과

임진왜란의 첫 전투는 부산진성에서 전개되었다. 당시 상황에 대해서는 다음의 자료에 자세하게 나타난다.

---

[15] 일본에서 선교했던 천주교 야소회의 포르투갈 신부 루이스 프로이스가 집필한 카톨릭 일본 전도사인 『日本人(Historia de Iapan)』에 자세히 언급되고 있다. 사실 임진왜란 때 적장 고니시 유키나가(小西行長)도 천주교도였고, 일본군 중 2,000여 명이 천주교인이었다고 한다. 본고에서는 松田毅一・川崎桃太 譯, 『日本史』 12, 中央公論社, 221~223쪽을 이용하였다.
[16] 이하에서 프로이스, 『日本史』로 표기한다.
[17] 『선조실록』 22년 1월 21일.
[18] 조선 초의 군사편제 상황은 경상도의 경우 從2品의 節度使 밑에 僉節制使가 安東, 尙州, 善山, 星州, 東萊, 金海, 晉州의 7개소에 있었으며, 水軍僉節制使가 釜山浦鎭, 多大浦鎭, 加德鎭, 彌助浦鎭의 4개소에 있었다.

오늘 巳時에 도착한 가덕진첨절제사 田應麟과 천성보만호 黃珽 등의 첩보에 의하면, 응봉 監考 이윤과 이기대 감고 동쇠 등의 進告에 오늘 4월 13일 申時에 왜선이 몇 십 척인지 알 수 없으나, 대개 90여 척이 대마도에서 경상좌도 축이도를 지나 부산포로 향하고 있는데, 멀고 어두워서 척수를 상세히 헤아릴 수 없으나 연속으로 오고 있다.[19]

임진왜란 때 일본군은 4월 12일에 辰刻에 대마도의 大浦를 출발하여 申尾에 부산진성에 도달하였다.[20] 임진왜란 때 일본군의 부산진성 도착 시각과 선단 규모를 여러 기록에서 검토하면 다음과 같다.

〈표 8〉 임진왜란 개전기 일본군의 부산 도착 시각과 선단 규모

자료	도착일	선단 규모
『壬辰狀草』 因倭警待變狀 二(元均)	4월 13일 申時	처음 90여 척, 350척으로 수정
『壬辰狀草』 因倭警待變狀 三(金睟)	4월 13일	400여 척
『선조수정실록』	4월 13일 새벽	4백여 척
『國朝寶鑑』	4월 13일 새벽	4~5만 척
『亂中日記』	4월 13일 새벽	4만여 척
『懲毖錄』	4월 13일	
『西征日記』	4월 12일 申尾	700여 척
『吉野覺書』	4월 12일	
『日本史』	4월 12일	

일본군은 4월 13일 상륙하지 않고 절영도 전방에서 假泊하고 본격적인 공격은 개시하지 않았다. 다만 일몰 무렵 제1군 고니시 유키나가의 막료인 쓰시마 島主 소 요시토시[宗義智]가 약간의 군사를 이끌고 상륙하여 보산진성 부근의 경계 상황을 직접 정찰하고는 선단으로

---

19) 『壬辰狀草』 因倭警待變狀 一, 萬曆 20년 4월 15일 戌時啓本.
20) 天荊, 『西征日記』 권1, 天正 20년 壬辰, 676~676쪽. 『續ケ西類從』 제3집 中傳部에 실린 것을 이용하였다.

돌아가 부산진성의 방비가 엄중하다는 것을 고니시에게 보고하였다. 이에 13일 밤을 선상에서 보낸 일본군은 14일 아침에 해안으로 상륙하여 功城 준비를 갖추면서 假道를 요구하는 글을 목판에 써 성 밖에 세웠다. 僉使 鄭撥은 이 요구를 묵살하고 성의 방비에 힘을 다하였다. 이튿날 적은 예측대로 부산포의 牛岩에서 삼분하여 결진하고는 배를 浦岸에 붙여 차례로 상륙하여 성을 공격하였다. 이 때는 6시경이었다. 적군은 성을 공격하면서 흙과 돌로써 참호를 메우면서 성벽에 접근하고 사면으로 성을 첩첩으로 포위하였다. 절대다수의 병력을 가진 적의 대군은 신무기인 鳥銃을 발사하며 성을 넘어 오려고 하였다. 이에 아군은 이를 저지하기 위해 四面에서 弓矢를 나사하며 사력을 다하여 성을 지켰다. 적군은 西門이 쉽게 돌파되지 않자, 조선군의 후방인 북쪽의 방어가 허술하다는 것을 알고 북쪽을 집중적으로 공격하였다. 마침내 적군은 북쪽 성벽을 넘어 성으로 난입하였다.[21] 그리고는 일전을 불사한다는 굳은 결의를 하고 전투태세를 공고히 하여 무참히 살육하였다.

부산진성의 전투 양상에 대해서는 여러 기록에 나타난다. 정발은 절영도에서 사냥하다 성으로 돌아와서 전투를 위한 사전 조처를 하였다.

한편 침략군의 장수 고니시 유키나가는 정발에게 투항을 권유하였다. 1592년 4월 12일(朝鮮曆 13일) 오그스티노(小西行長의 영세명)는 곧 부산성의 주변을 불태우고, 성이 사령관(부산첨사) 앞으로 사신을 파견하여 목숨을 살려 줄 것을 약속하고 투항을 권유하였다. 농성중인 사람들은 그 使者를 嘲笑하였으나, 우선 국왕에게 그 뜻을 보고하여 가부를 알아볼 동안 여유를 달라고 거짓 대답을 하였다. 오그스티

---

[21] 卞璞, 「부산진순절도」(보물 381호)에 자세하게 나타나 있다.

노는 그 회답을 믿는 것처럼 위장하고 극도의 경계와 준비를 기울여 철야로 전투의 준비를 진행하였다.22)

임진왜란 시기의 부산진성전투는 4월 14일에 시작되어 반나절 정도 지속되다 함락되었다. 부산진성전투에 대한 여러 기록을 검토하면 다음과 같다.

〈표 9〉 임진왜란 개전기 부산진성전투의 개전일과 종전

자료	개전일	종전 시점
『선조수정실록』	4월 14일 새벽	오랫동안 항전
『亂中雜錄』	4월 13일 새벽	얼마 안 가서 함락
『西征日記』	4월 13일 卯刻 포위, 辰刻 공격	
『吉野覺書』	4월 13일 卯刻 배를 대고 즉시 공격	공격 2시간 후
『日本史』	4월 13일 天明 前 3시와 4시 사이	공격 후 3시간

부산진성의 구체적인 전투 시각과 상황에 대해서는 침략국 일본 측의 다음의 기록이 대표적이다.

> 4월 13일의 묘시에 배를 대고 즉시 성을 공격하였다. 성 안에서는 우리를 기다렸다가 활과 화전을 쏘았다. 2시간가량은 세상도 어두워지고 컴컴해졌다. 적은 빨리도 제자리를 떠서 집 틈이나 마루 아래에 숨고, 숨지 못한 자들은 동쪽 문에 몰려 모두 합장을 하고 꿇어 앉아 무슨 말인지 알아들을 수 없는 말로 마노우 마노우라고 하는 것은 살려달라는 말로 들렸다.23)

이처럼 부산진성의 전투시간에 대해 기록에 차이가 있으나, 宋時烈의 「鄭公墓表文」에는 이 날 정오에 공이 탄환을 맞아 전사하고 끝내

---

22) 프로이스, 『日本史』 12, 中央公論社, 221~223쪽.
23) 『吉野覺書』의 정확한 명칭은 『吉野覺書五左衛門覺書』이다. 『續聚書類從』 제20집 하, 378~380쪽 참조.

성은 함락되었다고 하였으며, 일본의 『吉野覺書』에는 여섯 시경에 공격하여 열 시에서 열두 시경에 함락되었다고 하고, 또 『西征日記』에는 여섯 시경에 포위하여 여덟 시경에 함락되었다고 한다. 대체로 부산진성전투는 새벽부터 적군은 군사를 동원하여 거의 한나절, 오전 중에 전투를 끝낸 것으로 보아진다.

(3) 전투의 결과와 의미

임진왜란 시기의 첫 전투였던 부산진성전투는 조선의 패배로 끝났다. 그러나 부산진성의 군관민은 끝까지 격렬한 항전을 하였다. 이로써 일본군의 상륙을 지체시키고, 일본군에도 많은 피해를 입혀 대응책을 마련하게 만들었다. 하지만 일본군은 부산의 해안에 교두보를 마련하였다. 부산진성이 함락될 때의 상황은 다음의 기록에 자세하다.

> 조선인들은 성 안에서 실로 끈기 있게 과감히 저항하여 시간적으로 3시간 계속되었다. 조선인들은 일본인들이 몹시 고생하면서도 성 위에서 침입하기 시작한 것을 보자, 어떤 자는 적을 요격하고 적의 침입을 막기 위해 호에 뛰어 내리기도 하였다. 성 안에서는 재차에 걸친 전투가 전개되었다. 쌍방은 모두가 용감하게 싸웠다. 조선인들은 용감한 전사들이었으며, 국왕에게 충성을 중히 여기는 국민이었기 때문에 거의 전원이 전사할 때까지 싸워 포로가 된 자는 소수였다. 그들 중에서 최초로 전사한 것은 실로 그들의 사령관(부산첨사)이었다.[24]

비록 부산진성전투가 패배였지만, 나름대로 큰 의미를 갖는 전투로 평가될 수 있는 것은 무엇보다도 부산진성의 지휘관이었던 僉使 鄭撥이 군민을 지휘하여 弓矢를 난사하며 죽음을 각오하고 분전하였기 때

---

24) 프로이스, 『日本史』 12, 中央公論社, 221~223쪽.

문일 것이다. 그러나 순식간에 성중은 阿鼻叫喚으로 변하였으며, 彼我間에 장렬한 肉彈戰이 전개되었다. 이에 굳센 항전도 적의 대군 앞에 차례로 많은 희생자를 내었으며, 마침내 僉使 鄭撥이 탄환에 맞아 전사하자[25] 아군의 사기가 급격히 떨어지고 성은 곧 함락되었다.

당시 적의 만행은 극에 달하였다. 먼저 일본 측의 기록에 "성중의 군대는 물론 부녀자, 어린 아이 심지어 개·고양이까지 모두 죽였다."고[26] 하였으며, 또 "남녀 할 것 없이 모두 베어 죽였다."고 하였다.[27] 이런 기록을 통해서 그 참혹상을 짐작해 볼 수 있다. 한편 우리 나라의 기록으로는 정발의 墓賓으로 성에 있다 싸움에 임했던 李庭憲의[28] 사적에 "滿營에 해골이 쌓였다."고 하였으므로 얼마나 많은 전사자를 내었는지를 짐작해 볼 수 있다.

한편 성이 함락되고 나서 아녀자와 아이들은 위장하여 살아남고자 했다. "성 안에는 300여 채의 민가가 있었다. 고귀하고 명예를 중히 여기는 부인들은 그 뛰어난 용모를 감춤으로써 일본군에게서 도망칠 수 있다고 생각하고, 어떤 자는 솥이나 냄비의 숯 검댕을 얼굴에 바르고, 다른 자들은 천하고 가난한 옷을 걸치고 적을 속이려 하였다. 조선의 부인들은 정숙하고 품행방자하며 사려가 깊다는 정평이 있었는데, 그

---

[25] 『亂中雜錄』 1, 壬辰 上, 4월 14일조.
[26] 『吉野日記』; 『續聚書類從』 제20집 하, 378~380쪽.
[27] 『吉野日記』; 『續聚書類從』 제20집 하, 378~380쪽.
[28] 李庭憲은 公州李氏로, 字는 守卿, 進士 李碩幹의 아들로 嘉靖己未(1559) 生이다. 그는 辛卯年 통신사가 일본에서 돌아온 후 왜적이 침입할 것을 두려워하여 조정에서 무사를 중시함에 武科에 응시해 급제한 인물이었다. 그러나 그는 助防將으로 임지로 내려가 축성·보수하던 중 그의 용략함을 알고 정발이 간청하자 부산진성에 와서 鄭撥의 墓賓이 되어 군무를 도왔다. 난이 일어나자 鄭公과 함께 항전하다 사절하였던 인물이었다. 그는 임지가 아닌 곳에서 활약했기 때문에 그의 순절은 뒤늦게 알려졌다.

중에는 이 예기치 않은 너무나 큰 재난을 만난 나머지 하늘을 우러러 소리를 높여 절규하고 눈물을 흘리며 투항하는 자도 있었다. 신분이 높고 용모가 뛰어난 남녀의 어린아이들은 어머니가 가르친 대로 혹은 미친 것 같이 입을 씰룩거렸으나, 일본인에게 거짓이 탄로 나서 일본인에게 사용될 수밖에 없었다."29) 이에 조선인들은 일본의 포로가 되어 일본에 끌려가거나, 전쟁 중의 使役에 이용되었다.

부산진성에서 순절한 정발의 품성과 솔선수범은 자신의 修己에서 비롯된 것이었다.

> 공은 어릴 적부터 독서하기를 좋아하였고 말수와 웃음이 적었다. 『小學』의 내용 중에 "거처할 때에는 부모에게 공경을 지극히 한다."는 말에 깨달음이 있어 종신토록 외우고자 하였다. (중략) 조정에서는 남쪽 지방에 대한 우려가 있어 공을 부산진첨사로 제수하고 준례에 따라 折衝將軍의 품계를 더하였다. 공은 부임하러 떠날 적에 울면서 모부인에게 하직하기를, "이 자식이 벼슬하려는 것은 본래 어버이를 봉양하고자 해서이나, 이미 군주의 신하가 되었으니 또 나라를 위하여 죽어야 할 것입니다. 충성과 효도를 둘 다 온전히 할 수 없으니, 바라건대 어머니께서는 이 자식을 염려하지 마소서." 하니, 모부인은 눈물을 훔치고 등을 어루만지면서 경계하기를, "잘 부임하라. 네가 충신이 되면 내가 무슨 서운함이 있겠는가." 하였다. 공은 무릎을 꿇고서 가르침을 받고 아내를 돌아보고 이르기를, "우리 어머니를 섬기기를 내가 집에 있을 때와 똑같이 해 주시오." 하니, 좌우에 있던 자들이 모두 눈물을 흘렸다. 공은 부산진에 이르러 새벽부터 밤늦도록 갈고 닦아서 결사적으로 지킬 계책을 세웠다.30)

때문에 부산진첨사 정발은 전쟁터에서 피하지 않고 싸우다가 순절하였으며, 휘하의 군졸들도 함께 전사하였다.

---

29) 프로이스, 『日本史』 12, 中央公論社, 221~223쪽.
30) 『藥泉集』 권22, 行狀.

다음 날 새벽 왜적들이 육박하여 성으로 올라오니, 칼날의 기운이 하늘에 번득이고 대포 소리가 땅을 진동하였다. 공은 장병들을 인솔하고 힘을 다해 성을 순행해서 적을 무수히 사살하여 세 곳에 시체가 산더미처럼 쌓였다. 한낮이 되자 성 안에 화살이 떨어지니, 한 비장이 나와서 아뢰기를, '성을 빠져나가 구원병을 기다리소서.' 하였다. 정발은 말하기를, '내 이 성의 귀신이 될 것이니, 감히 성을 버릴 것을 다시 말하는 자가 있으면 목을 베겠다.' 하고, 또 다시 군중에 명령하기를, '떠나고 싶은 자는 떠나라.' 하여 강력히 싸우지 않는 자들을 격발시키자, 장병들이 모두 울면서 감히 떠나지 못하였다.[31]

이처럼 부산진성을 사수하다 순절한 정발의 전공은 일본군에게도 널리 알려졌다. 그 후 秋浦 黃愼이 통신사로 일본에 들어가니, 왜장 평조신이 공의 충성과 용맹함을 극구 칭찬하여 말하기를,

"우리 군대가 처음 바다를 건너 부산진의 성 안에서 크게 기세가 꺾였으니, 만일 그의 병력이 많았더라면 어찌 함락시킬 수 있었겠는가. 부산진 이후로는 감히 우리의 칼날을 막은 자가 없었다." 하였으며, 또 애향이 함께 죽은 일을 말하고 칭찬하여 마지않았다. 그리고 임진왜란 이후에 우리나라에 왕래하는 왜인들 또한 말하기를, "귀국의 장수로는 오직 부산의 黑衣將軍이 가장 두려워할 만하다."[32]

하였다. 이에 정발의 사후 국가에서 포창을 하였다. 우선 1622년(임술, 광해군 14)에 鎭의 병졸이 왕명을 받들고 온 사신을 맞이하여 정발의 義烈을 추후에 드러내어 조정에 보고함으로써 이 일의 전말이 더욱 드러나게 되었다. 인조조에 동래부사가 처음으로 사당을 세우고 동래부사 宋象賢과 함께 모셔 제사를 올렸는데, 忠莊이라는 편액을 하사하였

---

31) 『藥泉集』 권22, 行狀.
32) 『秋浦集』 권3, 鄭撥.

다.33) 그리고 1681년(숙종 신유, 숙종 7)에 동래부사의 상소로 인하여 대신에게 의논해서 좌찬성을 더 추증하였으며, 1683년(계해년)에 또 다시 경연관의 陳啓로 인하여 대신에게 하문하여 정려문을 세웠다.

2) 다대진성전투

(1) 전투의 배경

조선시대에 부산은 국방의 도시였다. 부산에는 경상좌도 수군의 본산인 경상좌수영이 있었으며, 그 관할 아래의 부산진과 다대진은 첨절제사영으로 군사적 방어 거점이었다.34) 조선 전기에 부산 지역은 육군의 경우 경상좌병영의 경주진관에 속하였으며, 수군의 경우 경상좌수사 관할의 부산진과 다대진의 첨절제사영, 해운포영와 서평포영 등의 만호영이 설치되어 있는 군사적 요충지였다.35) 다대진은 임진왜란 이전에 첨절사영으로 승격되었으며, 서평포진이 을묘왜변 이후에 설치되어 있었다. 조선 전기에 다대진에는 9척의 병선과 723명의 수군이 배속되어 있었다.36) 다대포에 堡를 설치한 것은 성종 때였다. 다대포성은 둘레가 1,298尺이고, 동서의 길이가 360척이고, 남북의 너비가 244척이었다. 이 浦로부터 동북으로 동래현까지는 육로로 47리이고, 동으로 부산포까지는 수로로 4息이었다고37) 한다. 1425년(세종 7) 다대진을 방수하는 석성(천마산)봉수대가 설치되었으며, 1481년(성종 12)에서 1530년(중종 25) 사이에 다대포 두송산정에 응봉봉수가 신설

---

33) 『숙종실록』 권17, 12년 12월 21일.
34) 국방부 전사편찬위원회 편, 『임진왜란사』, 1987, 32~35쪽.
35) 김강식, 앞의 논문, 2005, 24~28쪽.
36) 『세종실록』 권150, 지리지 경상도 동래.
37) 『성종실록』 권176, 16년 3월 25일.

되었다.[38]

　1592년(선조 25) 4월 13일 오후 5시경 적장 고니시 유키나가(小西行長)가 이끄는 조선 침략 선봉군 제1번 18,700여 명의 대군이 700여 척의 병선으로 부산포를 습격해 왔다.[39] 이때 황령산 봉화대에서는 즉시 한성으로 보고하였다.[40] 당시 부산첨사는 鄭撥이었다.[41] 4월 13일 일본군은 상륙하지 않고 절영도 근처에서 임시로 정박하고 공격은 하지 않았다.[42] 다만 일몰 무렵 제1군 고니시 유키나가의 부하인 쓰시마(對馬島) 島主 소 요시토시(宗義智)가 약간의 군사를 이끌고 상륙하여 부산진성 부근의 경계 상황을 직접 정찰하고, 선단으로 돌아가 부산진성의 방비가 엄중함을 유키나가에게 보고하였다.[43] 13일 밤을 선상에서 보낸 일본군은 14일 아침 일찍 해안으로 상륙하여 攻城 준비

---

[38] 『신증동국여지승람』 권23, 동래현 관방조.
[39] 임진왜란 초기의 전투 상황에 대해서는 일본의 從軍僧 덴게이(天荊)의 『西征日記』, 마츠라 시게노부(松浦鎭信)의 家臣의 覺書 『吉野日記』, 프로이스 신부의 『日本史』 등에 비교적 자세하게 언급되어 있다. 부산진성·동래읍성·다대진성전투에 대한 우리나라의 기록은 『忠烈祠志』가 기본 사료이다. 『충렬사지』는 1767년(영조 34) 동래부사 嚴璘가 편찬하고, 1808년(순조 8) 吳翰源 부사 때 간행되었다.
[40] 일본 침략군을 발견하고 처음 한성으로 봉수를 올린 곳은 慶尙右道 加德鎭 鷹峰 봉수대였다(李舜臣, 『李忠武公全書』 권2, 狀啓1, 사변에 대비하는 계본 1). 하지만 황령산 봉수대에서도 봉화를 올렸다고(『李忠武公全書』 권2, 狀啓1, 사변에 대비하는 계본 3) 한다.
[41] 鄭撥은 1553년(명종 8)에 출생하여 25세에 무과에 급제하고, 戰雲이 임박한 때에 부산진첨사에 발탁된 인물이었다.
[42] 임진왜란 전투에 대한 일본의 대표적인 연구에서도 다대진성전투에 대한 구체적인 언급은 없다(池內宏, 『文祿慶長の役』 別編 제1, 제1장 제1군에서 제3군까지의 京城 진격, 제2절 제1군의 진격, 吉川弘文館, 1936, 6~12쪽; 日本 參謀本部 編, 『日本戰史 朝鮮役』 제3편 제6장 我軍의 상륙과 전진, 其1 各隊의 상륙 및 전진, 1924, 152~154쪽). 다만 이케우치 히로시는 다대포진이 함락된 날은 부산진과는 같지 않다고 주에서 언급하고 있을 뿐이다.
[43] 국방부 전사편찬위원회 편, 『임진왜란사』 국방부 전사편찬위원회, 1987, 32~35쪽; 최영희, 「임진왜란 첫 전투에 대하여」, 『한국사학논총』 상, 1992, 830쪽.

를 갖추면서 假道를 요구하는 글을 목판에 써 성 밖에 세웠다. 첨사 정발은 이러한 요구를 묵살하고 일전을 불사한다는 굳은 결의를 하고서 전투태세를 공고히 하였다.[44]

그러나 일본군의 대군을 막지 못하고 8시경 정발이 전사하고 난 후 성이 함락되었다.[45] 부산진성 점령 후 일본군은 동래읍성과 다대진성을 공략하기 시작하였다.[46] 사실 다대진성은 낙동강을 통해서 내륙으로 들어가는 관문이었으며, 남해안으로 가는 길목이어서 일본군이 점령하지 않을 수 없는 군사적 요충이었다.[47]

(2) 전투의 전개

부산진성을 함락시킨 고니시 유키나가 군은 승세를 타고 인접 지역의 西平浦와 多大鎭을 공격하였다.[48] 그런데 두 진영의 전투에 대해서는 자세한 기록이 보이지 않는다. 이것은 서평포와 다대포가 모두 부산의 영역이었지만, 부산포보다 군사적 위상도 낮고, 고을 규모가 작으면서도 외떨어진 곳이어서 당시 정황을 전할 수 없었기 때문일 것이다. 또 당시의 다대진첨사 尹興信이[49] 1545년(인종 1)의 乙巳士禍에 연루되어 賜死된 尹任의 아들이었기 때문일 것으로 추정된다. 혹시 이러한 인간관계 때문에 윤흥신이 다대포에 온 것이 아닌가 여겨

---

[44] 鄭撥의 대응에 대해서는 세 가지 설이 있다. 즉 그날 절영도에 사냥 갔다가 적선이 당도함을 확인하고는 황급히 성내로 들어갔다는 설, 일단 바다에 내려가 싸우기도 하고 물러나가도 했다는 설, 처음부터 籠城作戰을 벌렸다는 설이다.
[45] 天荊, 『西征日記』 권1, 天正 25년 壬辰 13일. 日本曆은 조선보다 1일 늦었다.
[46] 정중환, 앞의 논문, 1981, 214~215쪽; 김석희, 앞의 논문, 1992, 13~15쪽.
[47] 부산광역시 사하구, 『사하구지』, 2012, 103쪽.
[48] 정중환, 앞의 논문, 1981, 216~217쪽; 김석희, 앞의 논문, 1992, 16~18쪽.
[49] 尹興信은 본관이 坡平으로 인종 때의 외척으로 권세를 누렸던 尹任의 아들이었다. 그는 鎭川縣監을 거쳐 1592년 다대포첨사로 부임하여 항전·순국한 인물이다.

지지만, 국사에 순국한 사람의 일이 이렇게 알려지지 않음은 안타까운 일이 아닐 수 없다고[50] 하였다. 지금까지 안타깝게도 다대진성전투에 대해서는 당대의 구체적인 기록이 찾아지지 않고 있다.

먼저 임진왜란 시기에 다대진성전투에서 싸운 일본군은 고니시 유키나가 부대의 일부였다. 임진왜란 시기에 선봉부대였던 고니시 유키나가의 부대는 6명의 지휘관인 城主가 각각 거느리고 온 18,700명의 군사로 구성되었는데, 주로 쓰시마(對馬島), 히고(肥後), 히젠(肥前) 지역 출신들이었다. 이 가운데 일부가 다대진성전투에 참여했을 것으로 추정할 수 있다.

〈표 10〉 일본 1번대의 구성[51]

지휘관 이름	거주 城과 직책	군사수
소 요시토시(宗義智)	對馬 府中 城主	5,000
고니시 유키나가(小西行長)	肥後 宇土 城主	7,000
마츠라 시게노부(松浦鎭信)	肥前 平戶 城主	3,000
아리마 하루노부(有馬晴信)	肥前 島原 城主	2,000
오무라 요시아키(大村喜前)	肥前 大村 城主	1,000
고토 스미하루(五嶋純玄)	肥前 福江 城主	700
합계		18,700

다음으로 다대진성전투의 전개과정을 전해주는 자료들을 검토하여 다대진성전투의 시작과 전황을 살펴보기 위해서 관련 자료를 검토하면 다음과 같다.

---

50) 정중환, 앞의 논문, 1981, 216쪽.
51) 『大日本古文書』 毛利家文書 3, 885項, 豊臣秀吉朱印狀 高麗罷渡御人數事.

〈표 11〉 임진왜란 시기의 다대진성전투 관련 기사

자료명	내용
선조실록 25년 4월 13일	왜구가 침범해 왔다. 이튿날 동래부가 함락되고 부사 송상현이 죽었으며, 그의 첩도 죽었다. 적은 드디어 두 갈래로 나누어 진격하여 김해·밀양 등 府를 함락하였는데, 병사 李珏은 군사를 거느리고 먼저 달아났다.
선조수정실록 25년 4월 14일	경상 좌수사 朴泓은 바로 성을 버리고 달아났다. 경주의 왜적이 군대를 나누어 서생포와 다대포를 함락시켰는데, 다대포첨사 尹興信이 대항하여 싸우다가 죽으니 바닷가의 군현과 鎭堡들은 모두 소문을 듣고 도망하여 흩어졌다.
柳成龍 懲毖錄	4월 13일 왜군이 국경을 침범하여 부산포를 함락시키니 첨사 정발이 전사했다. 왜군은 군사를 나누어 서평포와 다대포를 함락시키자, 다대포첨사 윤흥신은 힘껏 싸우다가 적에게 피살되었다.
具思孟 弔亡錄	왜적이 성을 포위하자 역전 끝에 이를 물리쳤다. 그 휘하가 말하기를, 내일에 만약 擧陣하여 와서 공격하면 그 세력을 감당하기 어려우니 나가서 피하는 것만 같지 못합니다라고 함에 윤흥신은 다만 죽음이 있을 뿐이다. 어찌 차마 떠나겠는가 라고 하였다. 과연 이튿날 적군이 크게 닥치니 군졸은 모두 도망쳤지만, 윤흥신은 홀로 종일 싸우다가 성이 함락되어 죽었다.
申炅 再造藩邦志	4월 14일 왜적의 배가 대마도로부터 바다를 덮어 오는데 바라보니 그 끝이 보이지 아니하였다. 적이 병사를 나누어서 서평포를 함락했다.
朴東亮 寄齋史草	13일 일본 국왕 秀吉은 그의 장수 平秀嘉 등을 보내 대거 침범하여 부산과 동래를 함락시키고, 첨사 정발과 부사 송상현 등을 죽이며 성중의 사람들을 도륙하였다. 14일 동래가 함락되니, 부사 송상현과 별장 洪允寬은 모두 전사하였으며, 절도사 李珏과 수사 朴泓은 진을 버리고 도망갔다.
趙慶男 亂中雜錄	平行長이 平義智·平調信 등과 함께 선봉이 되어 병선 4만여 척과 군사 1백 만으로 바다를 덮고 와서는 13일 새벽 안개가 자욱한 기회를 타서 곧장 부산으로 쳐들어 왔다. 14일 왜적이 동래를 함락하였는데, 부사 文科 출신의 通政大夫는 평화시의 예에 따라 파견되었다.
李肯翊 燃藜室記述	임진년 4월 13일 왜선이 부산을 침범하여, 첨사 鄭撥이 죽었다. 13일 巳時에 해상에 荒唐船이 나타났다고 사람들이 말하였다. 14일 새벽에 적군이 성을 육박하여 백 겹이나 포위하고 砲를 비 오듯 쏘았다. 적이 연달아 서평·다대진을 함락했다. 다대 첨사 윤흥신이 힘껏 싸우다가 죽었다.

李庭憲 行狀	적이 먼저 부산을 함락하고 병사를 나누어 동래와 여러 浦를 함락시키자, 첨사 윤흥신도 사절하였다.
洪鍾應 僉使尹公興信 殉節碑	처음에 일본군이 부산을 함락했을 때 군사를 나누어 다대진을 포위하자 공은 힘을 다해 이를 물리쳤다. 그때 부하가 아뢰기를 적이 반드시 모두 몰려올 것이니 피하는 것이 좋겠습니다라고 하자, 공은 그를 꾸짖으며 죽음이 있을 뿐이다라고 하였다. 다음날 적병이 크게 모여들자 군진이 결국 무너졌고, 공은 혼자 종일토록 적을 향해 쏘다가 성이 함락되자 죽었다.
天荊 西征日記	12일 부산에 도착하고, 13일 부산진성 함락 후 즉시 동래로 갔다가 부산진으로 귀환했다.
フロイス 日本史	4월 12일에 부산포에 도착하고, 13일 부산진성 공격한 후 14일에 동래성을 공격하기 위해서 출발했다.

이상의 여러 기록을 종합해 보면 4월 14일에 부산진성이 함락된 후 일본군의 일부 병력이 동래로 향하고, 일본군의 정찰대가 다대포를 포위하였으나 격퇴를 당했다. 이에 다음날 15일 동래성과 함께 다대포성도 적의 대군의 공격을 받아 함락되었으며, 윤흥신도 사절하였다고[52] 여겨진다. 이처럼 다대진성의 1차 교전에서는 승리했지만, 2차본 전투에서는 패배하였다. 일본군은 상륙 이후 경상도 해안 지역의 요충인 부산진과 다대진을 점령함으로써 조선군의 해안 방어세력을 제거하고 해두보를 확보하게 되었다.

마지막으로 보다 구체적으로 다대진성전투의 전개를 파악하기 위해서는 다대진 인근의 봉수대에서 전쟁 발발의 상황을 전한 기록들을 통해서 확인하는 것이 좋을 것이다. 임진왜란 시기의 다대진성전투 상황에 대한 정확한 기록은 다대진의 관할의 경상좌수영, 인근의 경상우수영에서 파악해 보고한 기록이 『李忠武公全書』에 나타나다. 이

---

[52] 정중환, 앞의 논문, 217쪽. 그러나 4월 14일 부산진성을 함락한 일본군이 바로 기세를 몰아 인접 지역의 서평포와 다대포를 공격하여 윤흥신이 전사하고 함락되었다고 파악하기도 한다(국방부 전사편찬위원회 편, 『임진왜란사』, 국방부 전사편찬위원회, 1987, 35쪽).

를 제시하면 다음과 같다.

　　가. 오늘 4월 15일 밤에 도착한 4월 14일 발송된 경상우도 수군절도사 元均의 공문에, 4월 14일 오전 10시에 도착한 가덕진 첨절제사 전응린과 천성보 만호 황정 등의 급보에 의하면, 응봉봉수 監考 서건 등이 아뢰기를 오늘 4월 13일 하오 4시에 왜선 몇 십 척인지 알 수 없으나 대강 본즉, 90여 척이 일본을 출발하여 경상좌도의 추이도를 지나 부산포로 향하는데 멀고 침침하여 척수를 상세하게 헤아려 볼 수는 없으나 연이어 나오고 있다고 보고하므로 첨사는 方略에 의거하여 부산과 다대포의 右邀擊將을 시켜 군사와 전선을 정비하여 바다로 내려가 대비하는 일로 급히 고한다고 하였습니다. 歲遣船일 것이지만, 다만 90여 척이나 많이 나온다는 것은 그 까닭을 알 수 없을 뿐만 아니라 연이어 나온다고 한 것이 심상치 않은 것 같으므로 방비와 망보는 일들에 마음을 다하여 정돈하고 경계하여 밤낮으로 사변에 대비하라고, 소속 각 고을 浦에 급히 통고하여 바다 어귀에서 사변에 대비하는 바로 그날로 장계를 올립니다라고 하는 내용이었다.[53]

　　나. 같은 날 성첩하여 이와 동시에 도착한 수군절도사 원균의 다른 공문에는 당일 하오 4시에 도착한 좌수사의 공문에 의하면, 가덕진 첨사의 급보에 왜선 150여 척이 해운대와 부산포로 죄다 향하고 있다라고 (공백) 하였는데, 반드시 세견선은 아닐 것이므로 극히 염려스럽습니다라고 하였습니다.[54]

　　다. 4월 15일 오전 8시에 발송되어 4월 16일 오전 8시에 도착한 경상도 관찰사 金睟의 공문에, 4월 13일 왜선 400여 척이 부산포 건너편에 와서 닿았는데 적의 세력이 벌써 이렇게까지 되었으니, 극히 염려스러우며 사변에 대비한 모든 일을 차차 전하겠습니다라고 하는 내용이었다.[55]

---

[53] 『李忠武公全書』 권2, 狀啓1, 사변에 대비하는 계본 1.
[54] 『李忠武公全書』 권2, 狀啓1, 사변에 대비하는 계본 1.
[55] 『李忠武公全書』 권2, 狀啓1, 사변에 대비하는 계본 2.

라. 4월 15일 하오 6시에 발송되어 오늘 4월 16일 밤 10시에 도착한 경상우도 수군절도사 원균의 공문에, 4월 14일 밤 8시에 성첩되어 15일 하오 6시에 도착한 우병사의 공문과 이달 4월 14일 성첩되어 15일 하오 4시에 도착한 좌수사의 급보에, 이달 4월 14일 새벽 6시에 황령산 봉수군 裵突伊가 와서 왜적들이 부산포의 우암에서 3패로 결진해 있다가 해 뜰 무렵에 부산포성을 포위하고 접전하는데, 포를 쏘는 소리가 천지를 흔드는 듯하였습니다라고 보고하였는데, 부산포가 그러하거니와 서평포와 다대포는 벌써 길이 막혀 구원병마저 아직 달려가지 못하니, 참으로 안타깝고 민망합니다라고 하였다.56)

마. 14일 오전 10시에 성첩되어 연이어 도착한 것으로 그 도 수사(朴泓)가 보낸 온 기별에는, 왜적들이 당일 부산포를 포위하고 접전하던 상황은 장계하였습니다만 부산진에서 적을 제압하지 못하고 벌써 함락당하였으며, 왜적들이 부산포의 북쪽 5리쯤 되는 唐川에 결진하고 선봉 倭人들이 동래에 이르렀다 하는 바, 즉시 장계를 올리고 우수영으로서도 차례로 급히 기별하였다.57)

위의 자료『李忠武公全書』가~마를 종합해 보면 부산진성이 4월 14일에 함락되었음을 알 수 있다. 그리고 다대진성전투는 부산진성전투 이후에 있었다고 확인된다. 그렇지만 전투의 규모나 시간 등에 대해서 구체적으로 확인할 수가 없다. 이것은 부산진성의 함락 이후 보고 체계가 와해되었기 때문일 것이다.

(3) 다대진성전투의 기억

임진왜란이 끝난 후 임진왜란을 기억하기 위한 작업은 임진왜란에서 전사한 인물들에 대한 謚號 하사와 追贈, 지역사회의 요청에 의한 祠宇와 書院 건립과 賜額, 기록의 편찬 등으로 다양하게 전개되었다.

---

56)『李忠武公全書』 권2, 狀啓1, 사변에 대비하는 계본 3.
57)『李忠武公全書』 권2, 狀啓1, 사변에 대비하는 계본 3.

임진왜란에 대한 전쟁의 기억이 희미해지자 임진왜란의 기억을 재생하여 지역사회에서 사회적 기반을 구축하고 중앙정치에 다시 진출하기 위한 토대를 마련하려는 노력이 전개되기도 했다. 임진왜란의 기억 주체로는 국가, 지역사회, 가문을 들 수 있다. 이처럼 임진왜란을 기억하려는 노력은 국가 차원에서 시작되어 지역사회를 거쳐 개별가문으로 확장되어 나가는 양상이었다.[58] 다대진성전투에서 순절한 윤흥신과 군민에 대해서도 기억을 찾아내어 국가의 추인을 밟는 절차가 지속적으로 이어졌다. 이런 노력을 통해서 잊혀져 있던 윤흥신의 순절과 지역민의 殉死를 확인하게 되었다.

가. 순절의 확인

임진왜란 이후 다대첨사 尹興信과 지역민의 전사에 대한 구체적인 기록이 남아 있지 않아서 이를 확인하는 것이 급선무였다. 이러한 노력은 임진왜란 이후에 동래부사와 다대진첨사를 역임했던 趙曮, 姜必履, 趙鎭寬, 李海文에 의해서 이루어졌다.

〈표 12〉 윤흥신의 순절 관련 기록

자료명	내용
선조실록	왜적에 항거하여 싸우다가 죽었다.
선조수정실록	다대포 첨사 尹興信이 대항하여 싸우다가 죽으니 바닷가의 군현과 鎭堡들은 모두 소문을 듣고 도망하여 흩어졌다.
懲毖錄	다대포첨사 윤흥신은 힘껏 싸우다가 적에게 피살되었다.
再造藩邦志	첨사 윤흥신이 힘써 싸우다가 피살되었다.
弔亡錄	과연 이튿날 적군이 크게 닥치니 군졸은 모두 도망쳤지만, 윤흥신은 홀로 종일 싸우다가 성이 함락되어 죽었다.
燃藜室記述	다대첨사 윤흥신이 힘껏 싸우다가 죽었다.

[58] 김강식, 「조선후기의 임진왜란 기억과 의미」, 『지역과 역사』 31, 부경역사연구소, 2012, 213쪽.

이상의 윤흥신에 대한 순절 기록을 종합해 보면 순절의 사실은 분명해 지는데, 具思孟「弔亡錄」의 기사가 가장 자세하게 기록하고 있다. 이를 구체적으로 살펴보면 다음과 같다.

> 왜적이 성을 포위하자 역전 끝에 이를 물리쳤다. 그 휘하가 말하기를, 내일에 만약 擧陣하여 와서 공격하면 그 세력을 감당하기 어려우니 나가서 피하는 것만 같지 못합니다라고 하자, 윤흥신은 다만 죽음이 있을 뿐이다. 어찌 차마 떠나겠는가라고 하였다. 과연 이튿날 적군이 크게 닥치니 군졸은 모두 도망쳤지만, 윤흥신은 홀로 종일 싸우다가 성이 함락되어 죽었다.

나. 후대의 기억

임진왜란 이후에 전후와 관련된 인물을 기억하는 방식은 지역에 따라 다양하였다.[59] 첫째, 다대진성전투에 대한 기록을 비문을 세워서 공식화하였다. 그 과정에는 많은 사람들의 지속적인 노력이 있었다. 다대진성전투에 대한 최초의 확인 기록은 1757년(영조 33) 동래부사를 역임한 副提學 趙曮의 다대포첨사「尹公戰亡事蹟敍」이다. 이를 소개하면 다음과 같다.

> 내가『징비록』을 본 바에는 다대포 첨사 윤공신이 힘써 싸우다 전사하였다 하고, 또『재조번방지』에는 왜적이 分兵하여 서평을 함락하고 다대포를 침입하자 첨사 윤공신이 역전하여 피살되었다 하였는바,『징비록』은 선조 때의 相臣 柳成龍이 찬한 것이며,『재조번방지』도 東陽尉의 胤子 申灵이 찬한 바로 당시의 문헌을 고증하였을 것이니 믿을 만한 것이다. 임진난 후 영조 33년 본인이 동래에 부임하여 충렬사에 배향한 즉, 송 府史·정 僉使만 배향하고 있고 심지어 향리·노예까지 모시고 있으나, 윤공 혼자만 참여되어 있지 않음을 이상하게 느껴 邑誌를 상고하고 변두리인 本浦를 방문하였으나 세월이 오래되어

---
59) 김강식, 앞의 논문, 2012, 213~235쪽.

밝히지 못하였고, 後裔 또한 알 수 없으니 아무도 아는 사람이 없다.[60]

이처럼 다대진첨사 윤흥신의 순절은 분명한 사실이었지만, 趙曮이 동래부사로 부임하기 전까지는 사실이 제대로 알려지지 않았다.[61] 조엄은 1757년(영조 33) 동래부사로 부임하여 충렬사를 참배했는데, 윤흥신이 神主에서 빠져 있는 것을 의아하게 여겼다. 조엄은 윤흥신의 사적을 찾지 못하다가 1761년(영조 37) 경상감사가 되었을 때 윤흥신의 贈職을 議政府에 狀請하였다.[62] 1763년 조엄이 일본에 통신사로 갈 때 李海文이 수행원으로 따라갔다. 이때 조엄이 이해문에게 윤흥신의 사적을 알려 주었는데, 이해문은 일본에서 돌아와 다대포첨사가 되었다.

1766년(영조 40)에 다대진첨사 이해문이 부제학 조엄에게 순절비를 세우지 못한 것을 안타까워 하면서 윤흥신의 사적을 써 줄 것을 부탁하여 「多大浦僉使 尹公戰亡事蹟敍」를 조엄이 지어 주자 벽에 걸었다. 이 내용은 구사맹의 「조망록」 死節條에 나오는 내용을 토대로 하고 있다.[63]

1764년(영조 40)에는 동래부사였던 姜必履도 「尹公死節記」를 지어 다대포첨사였던 윤흥신 첨사의 전공이 밝혀지지 않음을 애석히 여기고 있었음으로 임진왜란 후 영조 연간까지는 윤흥신의 사적이 제대로 알려지지 않았음을 알 수 있다.[64] 동래부사 姜必履는 금정산 범어사

---

[60] 『충렬사지』 권3, 尹公遺事, 다대포첨사 윤공 전망사적서.
[61] 최해군, 「임진왜란 관련 선열과 유적」, 『항도부산』 9, 부산시사편찬위원회, 1992. 8~11쪽.
[62] 『충렬사지』 권3. 허선도, 「壬亂劈頭 동래(부산)에서의 여러 순절과 그 숭양사업에 대하여(상); 「부산진순절도」, 「동래부순절도」 및 「부산진·다대진순절도」를 중심으로」, 『한국학논총』 10, 국민대 한국학연구소, 1988, 113쪽.
[63] 『충렬사지』 권3, 尹公遺事, 다대포첨사 윤공 전망사적서.

소장의 「國朝戰亡人施食册」을 발견하여 인용하였다고[65] 한다. 다만 당시의 전투 상황에 대해서 姜必履는 항전 끝에 성이 함락된 것을 「윤공사절기」에서 15일로 보고 있으나 단정할 수 없다고 하였다.

> 금년 봄에 금정산 범어사에 갔다가 국조 전망인의 施食册子를 보니, 다대포 첨사 윤공의 이름이 송·정 두 公의 밑에 쓰여 있었다. (중략) 근래에 이해문이 윤공이 사절한 땅에 출진하여 감회를 일으켜 一律을 지어 조문하고, 또한 부제학 조엄에게 서문을 요구하였다. (중략) 이정헌의 행장에 적이 먼저 부산을 함락하고 병사를 나누어 동래와 여러 浦鎭를 함락시키자, 첨사 윤흥신도 사절하였다라고 하였고, 또 살펴보건대 부제학 조엄의 서문에 인용한 구사맹의 조망록에는 왜적이 성을 포위하자 윤공이 역전 끝에 이를 물리쳤으며, 이튿날에 적군이 크게 닥쳐 성이 함락되어 죽었다고 하였다. 이제 행장과 조망록을 참조하면 본부 양진이 함락 당한 것은 모두 모두 같은 때의 일이었다. 부산은 곧 임진 4월 14일이요, 본부는 15일이니, 또한 다대포의 함락이 더불어 같은 날인지 알지 못하겠다. 같은 날이 아니라면 그 익일이니, 요컨대 15·16일을 넘지 않을 것임은 의심이 없다고 하겠다.[66]

그런데 이해문은 순절비를 세우지 못하고 다대포를 떠났다. 그러나 조엄은 순절비에 대한 내용을 아들 趙鎭寬에게 전하였다. 헌종 때 이조판서가 된 조진관은 동래부사 洪鐘應에게 부탁하여 1841년(헌종 7)에 홍종응이 '僉使尹興信殉節碑'를 세우게 되었다. 이 비명의 전반부는 이조판서 趙鎭寬이 撰하고, 후반은 1841년 4월 洪鍾興이 첨가하여 書하였다.[67] 한편 殉亂士民碑도 1834년 8월에 세워졌으며, 義士尹興

---

[64] 김석희, 앞의 논문, 1992, 60~62쪽.
[65] 『충렬사지』 권3, 윤공유사, 尹公死節記.
[66] 『충렬사지』 권3, 윤공유사, 尹公死節記.
[67] 부산광역시 편, 『부산시금석문』 윤흥신순절비, 2002, 118쪽.

悌의 비도 건립되었다.(68)

　1782년(정조 5)에 찬한 洪鐘應의 「僉使尹公興信殉節碑文」에 당시 전투상황을 보다 자세하게 살펴볼 수 있다. 비문을 소개하면 다음과 같은데, 다대진성에서는 이틀에 걸쳐 전투가 있었음을 확인할 수 있다.

　　부산진성을 함락한 왜군이 군사를 나누어 그 선봉군이 다대를 포위하였다. 이에 첨사는 힘써 싸워 적을 격퇴하였다. 그 때에 휘하의 한 군사가 말하되, 머지않아 적이 반드시 대거 침공해 올 것이니 피하는 것밖에 도리가 없을 것 같습니다라고 아뢰니, 공이 꾸짖어 말하기를 오직 죽음이 있을 뿐이다라고 대답하고 결사의 뜻을 피력하였다. 그 다음날 드디어 적의 대군이 침략하여 오니 첨사는 휘하의 군사를 이끌고 동생 尹興悌와 함께 적군에 뛰어 들어 분투를 거듭하다가 장렬한 전사를 함에, 이에 성도 함락되었다.(69)

　둘째, 사당에 배향되고, 旌閭되고 관직을 추증하였다. 1766년(영조 42)에 동래부사 강필리가 경상감사에게 윤흥신을 충렬사에 추향하도록 청하였으나 받아들여지지 않았다. 1772년(영조 48)에는 조엄의 계청을 쫓아서 윤흥신을 충렬사 정전에 추향하였다.(70)

　　비국 당상 조엄이 말하기를, "임진년에 다대포첨사였던 윤흥신이 절개를 지켜 죽은 사적이 『징비록』·『藩邦誌』·『弔亡』 등의 책자에 실려 있는데, 일찍이 先朝에서 旌閭하고, 병조참판으로 추증한 일이 있었습니다. 동래부에 忠烈祠가 있는데, 곧 임진년에 본부의 부사였던 宋象賢을 腏享한 곳으로 그 당시 순절한 사람들도 또한 모두 따라서 享祀하고 있습니다. 그런데 유독 윤흥신은 경내의 관장으로서 절개를 지켜 죽은 사람인데도 참여하지 못하고 있습니다.

----
(68) 부산광역시 편, 위의 책, 2002, 310~314쪽.
(69) 부산광역시 편, 위의 책, 2002, 118쪽.
(70) 『충렬사지』권3, 충렬사에 추향하는 禮曹의 關文;『승정원일기』1325책, 영조 48년 1월 경술조;『신증동국여지승람』권23, 경상도 동래현 祠院.

마침 임진년이 거듭 돌아온 때를 당하여 만약 충렬사에 아울러 향사하도록 명하시면 진실로 風聲을 수립하는 도리가 될 것이니, 대신들에게 하문하여 처리하심이 마땅하겠습니다."하였다. 대신들이 모두 아울러 향사하게 하는 것이 마땅하다고 하니, 임금이 그대로 따랐다.71)

셋째, 尹公壇을 마련하여 다대진에서 독자적으로 제향을 올렸다. 1765년(영조 41)에 이해문 첨사는 윤공단을 客館 옛 연못 터 전망처에 세우고 음력 4월 15일 제사를 첨사영에서 지냈다.

단은 다대진 객관 동쪽에 있다. 본진은 본부에서 50리나 서로 떨어져 있으며, 성민들도 어리석어 능히 당시의 일을 말하는 자가 없었다. 1761년(영조 37) 경상감사 조엄이 포상을 狀請하였고, 4년 뒤 이해문이 단을 쌓고 제사하였다. 전망일을 알지 못하여 송공단과 같은 날에 제사를 거행한다.72)

이때 서단도 별도로 마련하여 군민을 위로하였다.73) 한편 宋公壇에도 추향하게 되었다. 4월 15일 돌아간 날 저녁에 동쪽 단에 배열하고 비석을 깎아 세워 이름이 송·정 다음에 가게 하자, 秩序가 있게 되었다고74) 하였다. 이에 동래부사 강필리가 윤흥신을 송공단에 추향하는 제문을 지었다. 강필리가 윤흥신 추향을 계기로 송공단을 개축하여 位次를 정하고 비를 세우게 했다.75)

넷째, 題詠을 남겨 추모하기도 하였다. 윤흥신을 흠모하는 제영을 남긴 사람은 다대진첨사 이해문, 前奉事 元重擧, 울산부사 趙載選, 동

---

71) 『영조실록』 권118, 48년 1월 14일.
72) 『충렬사지』 권11, 윤공단.
73) 『충렬사지』 권11, 윤공단, 西壇祝文.
74) 『충렬사지』 권11, 윤공단, 송공단에 추향할 때의 축문.
75) 『충렬사지』 권9, 단을 개축하고 비를 세우고 位次를 정하다.

래부사 姜必履, 관찰사 鄭存謙, 성현찰방 姜俒, 金濟潤 등이었다.[76]

다섯째, 다대진성전투를 기록한 전투도가 그려졌다. 1834년(순조 34)에 동래부 軍器監官 李時訥이 그린 「壬辰戰亂圖」가 완성되었다.[77] 이시눌의 「임진전란도」는 부산진성전투와 다대진성전투를 임진왜란 243년 이후에 그린 그림이다.[78] 그림의 하단에 그려진 다대진을 중심으로 살펴보면, 이 그림의 특징은 일본군은 크게 그려진 반면 조선군은 작게 그려 군사적인 강약을 견주어 이미지화 하였다고[79] 한다. 아울러 다대진의 치열한 전투 현장뿐만 아니라 현창사업의 의미가 있는 제단의 위치, 碑와 壇의 내용을 기록하고 있다. 윤공단에는 비의 배치도 아래에 윤공단의 설치 내력과 제사일을 명기해 두었다.[80] 특히 다대진성 안에 윤흥신이 전사한 것으로 알려진 연못을 그려 넣어 기록을 충실하게 반영하고 있다고[81] 한다. 이시눌의 「임진전란도」는 동래지역에서 임진왜란에 대한 숭앙사업이 책으로서 집대성된 것이 1808년의 『忠烈祠志』의 간행이라면, 시각 이미지로서의 집대성은 1834년에 그려진 이시눌과 卞崑의 「임진전란도」라고[82] 평가되고 있다.

한편 철종 연간에는 윤흥신에게도 諡號가 내려지도록 요청하였지만 받아들여지지 않았다.

---

76) 『충렬사지』권11, 윤공단, 題詠.
77) 규장각 한국학연구원 소장,「임진전란도」.「임진전란도」하단에 萬曆壬辰後 二百四十三年 甲午六月日 畫師 本府軍器監官 李時訥이라는 畫記가 있다.
78) 규장각본,「임진전란도」주기.
79) 안휘준,「규장각 소장 회화의 내용과 성격」,『한국문화』10, 서울대 한국문화연구소, 1989, 345쪽.
80) 부산광역시 편, 김기혁,『부산고지도』2008, 200~201쪽.
81) 이현주,「기억 이미지로서의 동래지역 임진전란도-1834년작 변곤의 「동래부순절도」와 이시눌의「임진전란도」를 중심으로-」,『한국민족문화』37, 부산대 한국민족문화연구소, 2010, 302~303쪽.
82) 이현주, 위의 논문, 2010, 306쪽.

그 하나는, 동래부 忠烈祠의 殉節한 여러 신하 가운데 증 참판 윤흥신과 趙英圭에게 특별히 正卿을 加資하고, 자손을 녹용하며 시호를 내리는 일입니다. 윤흥신과 조용규 두 사람의 뛰어난 일은 처음에는 드러나지 않았다가 결국에 밝게 드러났으며, 이미 징험할 만한 문헌이 있는데 포상하여 기리는 것이 宋鳳壽, 鄭撥과는 차이가 있으므로 참으로 賞典에 있어 흠이 됩니다. 該曹에서 다시 사실에 의거하여 품지하여 시행하게 하소서.[83]

이후에도 다대진성전투에 대한 추념은 계속되었으며, 역사적 변화와 추이 속에서 많은 어려움이 있었지만 계속 이어졌다. 1895년(고종 32)에 다대진이 廢鎭되자 제향 때 소재지의 면장이 제향을 맡아 주관하였다. 1910년(융희 2) 경술국치 이후에는 윤공단의 보존과 제향에 일제의 방해가 심해졌다. 1970년에는 도시화의 진행과정에서 윤공단을 다대진영지에서 後山 산정으로 옮기게 되었다.[84] 1981년에는 윤흥신 장군의 석상을 동구 초량동에 세웠다.

3) 부산포해전

(1) 부산포해전 이전의 상황

임진왜란 시기의 부산포해전과 의미를 올바르게 이해하기 위해서는 부산포가 일본군에 장악된 실상을 이해할 필요가 있다. 그것은 부산진성전투를 통해서 일본군이 부산포를 처음으로 장악하여 사용하였기 때문이며, 일본군은 이후 계속 부산포를 점령하고서 침략 거점 내지 병참기지로서 부산포를 차지하여 이용하였기 때문이다.

---

[83] 『備邊司謄錄』 241책, 철종 5년 12월 21일, 慶尙左道 暗行御史 朴珪壽의 別單에 대해 回啓하는 備邊司의 啓.
[84] 부산직할시, 『충렬사정화지』 1980.

부산포는 부산진성전투의 패전으로 일본군이 부산포를 점령하여 교두보 내지 보급기지 등으로 부산포를 이용하였다. 1592년(선조 25) 4월 13일 오후 5시경 적장 고니시 유키나가(小西行長)가 이끄는 조선 침략 선봉군인 제1군은 700여 척의 병선으로 부산포를 내습해 왔다.[85] 이때 황령산봉화대에서는 즉시 서울로 일본군의 침략을 보고하였다.[86] 당시 釜山僉使는 鄭撥이었다.[87]

이날 일본군은 상륙하지 않고 절영도 전방에서 假泊하고 공격은 개시하지 않았다. 다만 일몰 무렵 제1군 고니시 유키나가의 막료인 쓰시마 島主 소 요시토시(宗義智)가 약간의 군사를 이끌고 상륙하여 부산진성 부근의 경계 상황을 직접 정찰하고는 선단으로 돌아가 부산진성의 방비가 엄중하다는 것을 유키나가에게 보고하였다. 이에 13일 밤을 선상에서 보낸 일본군은 14일 아침에 해안으로 상륙하여 攻城 준비를 갖추면서 假道를 요구하는 글을 목판에 써 성 밖에 세웠다고[88] 한다. 僉使 鄭撥은 이러한 요구를 묵살하고 성의 방비에 힘을 다하였다.

당시 부산진성은 경상도 해안 지방에 설치된 水軍僉節制使의 진영

---

[85] 부산진성전투의 전황에 대해서는 『西征日記』, 『吉野日記』란 일본 측 기록에 자세히 언급되어 있다. 한편 부산진성전투에 관한 기록은 『忠烈祠志』가 기본 사료이다. 『忠烈祠志』는 동래 충열사의 安樂書院에 합사되어 있는 분들에 대한 기록으로 英祖 34년(1767) 부사 嚴璘壽가 편찬하고, 간행은 純祖 8년(1808) 吳翰源 부사 때 이루어진 책이다.
[86] 일본군의 침략을 발견하고 한성으로 봉수를 올린 곳은 경상우도 加德鎭 鷹峰 봉수대였다(李舜臣, 『壬辰狀草』).
[87] 鄭撥의 당일 행동에 대해서는 세 가지 설이 있다. 하나는 絕影島에 사냥 갔다가 적선이 당도함을 확인하고는 황급히 성내로 들어갔다고 하고, 또 다른 설은 일단 바다에 내려가 且戰且退하였다고 하고, 마지막으로는 처음부터 籠城作戰을 벌였다고 한다.
[88] 『선조실록』 권26, 25년 4월 13일.

인 부산포진, 다대포진, 가덕진, 미조항진 등 4개 진 가운데 경상도 제1의 해상관문으로서 일본군들이 조선 땅에 상륙할 때는 반드시 거쳐야 할 요충이었다.[89] 그리고 부산포진에서 조금 떨어진 곳에는 倭館이 설치되어 있어서 일본인들의 제한적인 출입이 유일하게 허용되고 있었다. 따라서 다수의 일본인들이 체류하기도 하였으므로 쓰시마에서 차출된 소오군은 비교적 부산의 지리에 익숙해 있었다.

鄭撥은 부임 후 일본군의 침입에 대비하여 성곽을 보수하는 등 방어태세를 강화시켰다. 그래서 부산진성은 우리나라의 관문을 지키는 중요한 성으로서 당시 비교적 견고하였다. 이런 사실은 耶蘇會의 선교사가 쓴 『日本西敎史』에서는 海濱에서 성에 이르는 사이에는 방어를 목적으로 말뚝을 쳐놓고 있었으며, 성벽 주위에는 塹濠가 설치되어 있었다고 하였으며, 또 『吉野日記』에는 성은 이중삼중으로 城址를 둘러놓고 또 牛리 등의 도구도 구비하고 있었다고 되어 있다.

이튿날 적은 예측대로 부산포의 우암에서 삼분하여 결진하고는 배를 포구 안에 붙여 차례로 상륙하여 성을 공격하였다. 이때는 6시경이었다. 일본군은 서문이 쉽게 돌파되지 않자, 조선군의 후방인 북쪽의 방어가 허술하다는 것을 알고 북쪽을 집중적으로 공격하였다. 마침내 적군은 북쪽 성벽을 넘어 성으로 난입하였다.

이때 僉使 정발은 군민을 지휘하여 궁시를 난사하며 죽음을 각오하고 분전하였다. 그러나 순식간에 성중에서 피아간에 장렬한 육탄전이 전개되었다. 이에 굳센 항전도 적의 대군 앞에 차례로 많은 희생자를 내었으며, 마침내 첨사 정발이 탄환에 맞아 전사하자[90] 조선군의 사기가 급격히 떨어지고 성은 함락되었다. 당시 적의 만행은 극에 달하

---

[89] 『經國大典』 권2, 兵典 外官職條.
[90] 『亂中雜錄』 권1, 임진, 4월 14일조.

였으니, 성중의 군대는 물론 부녀자, 어린 아이 심지어 개와 고양이까지 모두 죽였다고[91] 하였으며, 또 남녀 할 것 없이 모두 베어 죽였다고 하였다.[92] 한편 조선 측의 기록으로는 정발의 幕賓으로 성에 있다 싸움에 임했던 李庭憲의 사적에 滿營에 해골이 쌓였다고 하였으니, 얼마나 많은 전사자를 내었는지를 짐작해 볼 수 있다.

아무튼 부산진성전투는 임진왜란 시기에 조선군이 적을 맞이하여 처음 치른 싸움으로서, 적군의 수와 무기 면에서 적과 비교하여 현저한 열세였음에도 불구하고 군·관·민이 나라의 관문을 지키기 위해 결사·항전했다는 점에서 길이 남을 만한 전투였다. 때문에 적군도 鄭撥使 등의 용전분투함을 찬양하면서 임진왜란 때 가장 용감한 장수는 부산의 黑衣將軍이라고[93] 하였다. 그렇지만 일본군은 상륙 당일로 부산포진을 점령함으로서 조선군의 해안 방어 세력을 제거하고 조선 침략을 위한 海頭堡를 확보하게 되었다고 할 수 있다. 이후 일본군은 부산포를 수군의 기지 내지 병참의 기지로서 사용하게 되었다.

한편 임진왜란이 발발하자 조선은 수군은 방어체제에 따라서 해당 지역을 방비해야 했다. 그러나 초기에 경상도의 방어체제가 순식간에 무너짐으로써 항전다운 항전을 하지 못하고, 일본군이 부산포를 점령하여 사용할 수 있도록 만들었다. 특히 경상좌수영과 우수영의 대응이 미흡하였다.

---

[91] 天荊, 『西征日記』.
[92] 『吉野日記』의 정확한 명칭은 『吉野覺書五左衛門覺書』이다. 『續聚書類從』 제20집 하, 378~380쪽.
[93] 鄭撥이 黑色 戰服을 입고 진두에서 용감하게 싸운 늠름한 기상을 적장들이 '귀국의 장수 가운데는 부산의 흑의장군이 가장 두려운 장수였으니, 만일 성이 더욱 견고하고 병력이 더욱 많았더라면 우리가 끝내 함락하지 못하였을 것이다'라고 한 데서 나왔다(『尤菴集』 권116, 東萊南門碑).

부산진과 해운포는 경상좌수사 관할, 다대포는 우수사 관할이었다. 임진왜란 직전의 경상도의 군사제도는 전국의 변화 추이를 보여주었다. 방어체계는 鎭管體制에서 乙卯倭變 이후 制勝方略體制로 전환되었으며, 인구수의 지속적인 증가에도 불구하고 실제 군액은 감소하고 있었다. 우선 지역방위를 중시하였던 진관체제 하의 경상도의 수군 방어체계는 다음과 같다.

〈표 13〉 조선 중기 경상도의 수군 진관체제[94]

직책	관할 구역	소재지	관할 진관	관할 지역
좌수사	경상좌도	동래	부산포진관	두모포 감포 해운포 칠포 포이포 오포 서생포 다대포 염포 축산포
우수사	경상우도	거제	제포진관	옥포 평산포 지세포 영등포 사량 당포 구조라 적량 안골포

조선 전기의 진관체제는 世祖 연간에 거의 정비되었는데, 경상도의 경우 내륙지방과 연해지방이 확연히 구분되어 있음을 알 수 있다. 수군의 경우 경상도는 좌수영과 우수영으로 나누어지고, 각각에는 부산포진관과 제포진관이 있었다. 이러한 진관체제의 특징은 군사방어 조직이 생활권역을 중심으로 편제되었다는 점이다. 이 점은 지금까지의 전통적인 방어체계가 무엇보다도 생활권역을 중심으로 설정되었는데, 조선 초기에 완성된 모습을 보여준 것으로 역사적 의의는 매우 크다.[95] 그렇지만 군사수의 부족으로 진관체제가 제승방략체제로 바뀌면서 문제가 발생하였다.

그런데 문제는 1592년 4월 13일 일본의 침략이 있자, 경상도의 해안

---

[94] 『經國大典』 권4, 兵典. 이후 수군의 경우 일본에 대한 대비책으로 강화되면서 中宗 연간에 부산포진관, 가덕진관, 미조항진관으로 개편되었다.
[95] 김강식, 『임진왜란과 경상우도의 의병운동』, 혜안, 2001, 49~52쪽.

방비를 책임지고 있던 慶尙左水使 朴泓은 부산진성이 함락되자, 狀啓를 올린 다음 언양 쪽으로 도망해 버렸다.96) 慶尙右水使 元均도 먼저 상륙한 적의 기세가 큰 것을 보고 적의 기세에 눌려 아예 출격도 하지 않고, 전함 100여 척과 火砲·軍器를 모두 해중에 격침시켜 버리고, 脾將 李英男·李雲龍 등과 4척의 전함에 나누어 타고는 곤양 海口로 도망해서 육지에 내려 적을 피하고자 했다. 이에 수군 10,000여 명이 해산되고 말았다.97) 이처럼 부산포를 관할하는 경상좌·우도의 수사들이 임진왜란 초기에 도망 내지 패주함으로써 남해안 최남단의 수군 방어선은 수군 자체적으로 방어다운 방어를 하지 못하고, 적의 수중으로 넘어가고 말았다.

이처럼 수군이 스스로 무너진 것은 일본군의 상륙을 용이하게 한 요인이 되었다. 특히 경상좌도의 좌수사 박홍은 관할 해역을 벗어나 버려 이후 자신의 주도하에 제대로 된 전투 한 번 못 치르고 말았다. 이 점은 일본군이 부산 점령 이후 기장 등을 거치면서 진격하고, 좌수사 관할의 해역을 마음대로 활동하면서 이용하는 계기가 되었다. 비록 원균도 전쟁 초기에 도망하였지만, 관할 해역 자체를 벗어나지 않았기 때문에 원균의 요청과 수군의 전열을 정비하여 다시 남해안 지역에서 전투를 치른 것과는 대비되는 모습이다.

경상우도의 수군들은 元均의 도피행위에 대해서 栗浦萬戶 李英男과 玉浦萬戶 李雲龍이 원균에게 이곳을 버리면 전라도와 충청도도 위태로울 것이라고98) 항의하면서 호남의 원병을 청해 와서라도 이곳을

---

96) 『懲毖錄』 권1, 狀啓; 『燃藜室記述』권1. 宣祖朝故事本末 壬辰倭亂 大駕西狩 4월 17일조.
97) 『懲毖錄』 권1.
98) 『李忠武公全書』 권13 부록.

사수할 것을 역설하였다. 이에 원균과 이운룡은 노량에 물러나 있고, 이영남이 전라좌수사 李舜臣에게 달려가서 원군을 요청하였다.

경상도로부터 구원 요청을 받자 李舜臣은 휘하 장수를 소집하여 이를 의논하였다. 그런데 이 자리에서 낙안군수를 비롯한 대부분의 장수들은 경상도의 출격에 대해 전라도의 수군은 마땅히 본도를 지켜야 할 것이며, 영남에 들어온 적을 친다는 것은 우리의 책임이 아니라는 관할론을 내세워 반대하였다. 그러나 光陽縣監 魚泳潭, 軍官 宋希立, 鹿島萬戶 鄭運 등은 경상도도 조선의 국토이며, 일본은 나라의 적임을 주장하면서 참전할 것을 주장하였다.[99] 이러한 의견에 접한 이순신은 지휘관들의 의견을 들은 후 참전을 결정하였다.

> 적의 기세가 마구 뻗쳐서 국가가 위태롭게 된 이 때, 어찌 다른 道의 장수라고 핑계하고 물러나 자기 경계만 지키고 있을 것이냐. 내가 시험 삼아 물어 본 것은 우선 여러 장수들의 의견을 듣고자 하는 것이었다. 오늘날 우리가 할 일은 다만 나아가서 싸우다 죽는 것밖에 없다. 감히 반대하는 자가 있으면 목을 베리라.

한편 이순신은 4월 29일에 경상우수사 元均으로부터도 적선 500여 척이 부산·김해·양산강·명지섬 등 여러 곳에 정박하여 제 마음대로 육지에 올라가서는 연안을 점령하자, 각 고을과 포구, 우리 병영과 수영이 거의 다 함락되어 봉화가 끊어진 것이 분통하며, 본영도 이미 함락 되었으므로 이제는 두 도가 합세하여 적선을 공격하면 육지의 왜적들이 뒤를 염려하게 될 것이라고 주장하면서 군선을 남김없이 거느리고 당포 앞바다로 직접 나와 달라고 요청하였다. 이 점이 원균에

---

[99] 『朝野僉載』「白沙集」.

대해서 평가할 때 임진왜란 전체의 승패와는 상관없이 평가되어야 할 부분이다.

이처럼 경상도 원균의 수군도 전라도에 원군을 청할 무렵에는 군사활동을 다시 시작하고 있음을 알 수 있다. 이에 이순신은 4월 30일 출동하려 하였으나, 경상도의 전황이 함대를 움직이기에 극히 불리하여 출동을 부득이 연기하였다. 그 후 이순신은 5월 4일 전라좌수영인 여수를 출발하였다. 그리고 옥포·적진포·당포·당항포 등에서 대승을 거두고, 7월 6일 한산도에서 임진왜란기의 전세를 역전시킬 대전과를 거두었다.[100]

한산도에서 패전의 소식을 접한 加藤淸正은 7월 14일 수군의 장 脇坂安治를 질책하고는 거제도에서 축성하여 수군의 九鬼嘉隆, 加藤嘉明 등과 같이 수비하라는 명령을 내렸다. 이처럼 당시 일본의 수군은 조선 수군과의 전쟁을 피하고 해안 포구에서 대기만 하고 있을 정도로 수세의 위치에 놓여 있었다.[101] 그래서 거제도·김해·창원 등지는 그 지방에 있던 육군과 상륙한 일본의 수군 패잔병이 군집하여 이곳 주민들을 약탈하면서 만행을 저지르고 있었다. 반면에 이순신은 한산도해전에서 돌아온 후 다음의 전투를 위해 1,000여 석의 군량을 확보하여 다음의 전투에 대비하고 있었다.[102] 이처럼 부산포해전 이전에 이미 일본 수군은 부산포 인근에 집중되어 있었기 때문에 임진왜란사 전체의 전황을 바꾸기 위해서는 부산포를 치는 것은 절대적인 과제가 되었다.

---

[100] 국방부전사편찬위원회, 『임진왜란사』, 1987, 117~138쪽.
[101] 정진술, 「한산도해전연구」, 『임란수군활동연구논총』, 해군군사연구실, 1993.
[102] 『李忠武公全書』상, 권2, 「移劃軍糧狀」.

(2) 부산포해전의 전황

전라수군이 한산대첩에서 일본 수군의 대군을 섬멸하자, 남은 적의 주력 수군은 부산포에 집결하고 있었다.[103] 일본군의 입장에서는 명나라의 참전과 의병의 활약으로 남쪽으로 후퇴하면서 진주성을 공략하려 하였기 때문이었다. 하지만 일본군은 일본군이 진주를 칠 경우 조선군이 부산에는 방비가 허술할 것이라고 여겨 일본의 보루를 칠 것이라고 판단하였다.[104] 그리고 일본군의 수군은 閑山島와 安骨浦에서의 대패 이후 소극 전법을 취하면서 거의 모두가 부산포에 집결해 있었다. 특히 일본군은 도요토미 히데요시(豊臣秀吉)의 명령과 강화협상이 시작되면서 소극적인 모습을 보였다. 이에 일본군의 주력은 10,000명가량의 육군과 8,000여 명의 수군, 그리고 500여 척의 배를 거느리고서 주로 해상보급만을 맡고 있었다. 당시 일본군은 부산진성을 크게 보수하고, 민간 집 300여 호에도 土壁을 높이 쌓고 나누어 기거하고 있었다고[105] 한다.

한편 이순신 군은 한산도대첩 후 8월 26일 남은 수군을 중심으로 全羅右水使 李億祺의 군과 합류, 여수 앞바다에서 전라좌우 수군의 연합함대를 구축하였다. 당시 편성된 함선 수는 板屋船 74척, 挾船 92척 전체 166척이었다.[106] 이때 경상우도순찰사 金睟로부터 내륙으로 쳐올라갔던 적군들이 포획한 물건들을 가지고 낙동강을 통해 도망가려고 한다는 通牒이 전달되었다.[107] 이 공문을 받은 이순신은 일본군의

---

[103] 국방부전사편찬위원회, 『임진왜란사』1987; 이형석, 『임진전란사』 상중하, 신현실사, 1976.
[104] 『毛利秀元記』 권3.
[105] 『李忠武公全書』 상, 권2, 「釜山破倭兵狀啓」.
[106] 이순신, 『임진장초』 만력 20년 9월 17일자 계본.
[107] 『이충무공전서』 상, 권2, 「부산파왜병장계」.

해상 퇴로를 차단하기 위해서 8월 24일 부산 방면으로 출동을 결정하였다.[108]

8월 24일 우수사 李億祺와 함께 이순신의 수군이 여수를 떠나 남해의 관음포에 이르렀다. 8월 25일 사량 앞바다에서 경상우수사 元均을 만났다. 이순신과 원균은 작전을 상의하고 당포에 도착하여 정박하였다. 8월 26일 견내량 앞바다에 나아가서 전라좌수사 이억기, 순천부사 權俊 등과 함께 작전을 협의하였다. 이 날 저녁 배를 옮겨 角呼寺 앞바다에 정박하였다. 8월 27일 이순신이 칠천도에 이르자 웅천현감 李宗仁이 와서 왜의 머리 35급을 베었다는 이야기를 하였다. 다시 전라우수사와 작전을 협의한 후 함대를 거느리고 어두운 밤을 이용하여 안골포에 나아가 부근의 제포 뒷바다인 院浦에서 밤을 지냈다. 8월 28일 원포에서 이순신은 陸戰 體探人으로부터 고성·진해·창원·병영 등지에 주둔하고 있던 왜적이 24일과 25일 모두 도망하였다는 새로운 정보를 입수하였다. 이 보고에 접한 이순신은 이른 아침 함대를 거느리고 행동을 개시하여 수색작전을 펴면서 양산강 김해 등지로 향하였다.

그때 마침 창원 九谷浦에서 전복잡이를 한다는 鮑作 丁末石이 적에게 포로 되었다가 탈출해 와서 김해강에 정박해 있던 적이 몰운대 밖으로 도망을 하고 있음을 알려 주었다. 이순신은 대부분의 전함을 가덕도 북쪽 서편에 엄폐시키고, 李純信과 魚泳潭으로 하여금 가덕도 외양에 잠복케 한 후 探望船으로 하여금 양산 등지의 왜선을 정찰토록 하였다. 그러나 종일 적정을 살폈으나 별다른 일이 없었다.[109] 이

---

[108] 부산포 전투상황은 『이충무공전서』 상, 권2, 「부산파왜병장계」 및 기타 문헌을 참고하였다. 그렇지만 이 기록들은 이순신의 전라좌수군에 관한 것이 주가 되고 있어 전라우수군과 경상우수군에 대해서는 자세히 알 수 없다.

[109] 일본군은 한성에서 철수하면서 진주성 공략을 위해 병력은 김해, 물자는 낙동강 수로를 이용하여 부산으로 운반하였다. 이러한 일본의 전략을 초기에 조선에서

에 따라 일단 天城 선창으로 함대를 집결시켜 밤을 새웠다.[110]

8월 29일 천성을 출발한 조선 연합 수군은 날이 밝을 무렵 남아 있는 적이 출현한다는 양산강과 김해강 하구 앞바다에서 대선과 소선 6척에 분승한 잔적 30여 명이 조선 수군을 보고는 배를 버리고 육지로 달아나는 것을 보았다. 이에 경상우수군의 전함과 좌별도장인 이순신의 虞侯 李夢龜 등이 추격하여 작은 배 4척과 큰 배 1척을 불태웠다. 이와 같은 전과를 올린 조선 함대는 좌우로 나누어 두 강으로 진격하였으나, 강 입구가 협소하여서 판옥선으로는 싸울 수 없었다. 아울러서 날도 어두워져 함대는 가덕도 북방으로 돌아와 밤을 새웠다. 이 날 밤 이순신은 이억기 원균과 함께 밤을 새워 가면서 부산포의 일본 수군을 쳐서 해상활동의 근거지를 무력화시키기로 작전을 세웠다.

1592년 9월 1일 조선 수군은 가덕 북방을 출발하여 부산포로 향하였다. 당시 부산권역에 접어 들고난 후 아침 8시경 몰운대를 지나자 바람이 일어 간신히 함대를 정비하여 花樽龜尾에 이르렀다. 여기서 일본군의 대선 5척, 다대포에서 8척, 서평포에서 9척을 쳐부수고, 절영도에 이르러서는 대선 2척이 기슭에 줄지어 정박해 있었으므로 3도 수사 휘하의 여러 장수와 助防將 丁傑 등이 합심하여 적의 배를 부수고, 배에 실린 일본군의 군량과 戰具를 배에 실은 채 격파해 버렸다.[111]

이러한 조선군의 함대에 기세가 꺾인 일본군은 감히 대항하지 못하고 산으로 도망해 버려 다 살해하지는 못했다. 다시 조선 수군은 절영도 안팎을 뒤져보았으나, 일본 선박은 발견되지 않았다.

는 일본군의 철수로 이해하여 이순신의 연합함대에 정보가 전달됨으로써 부산포해전 초기의 작전에 다소 차질을 빚었다고 보아진다(『난중일기』 임진년 8월 24일~28일; 『이충무공전서』 상, 권2, 「부산파왜병장계」).
[110] 이순신, 『임진장초』 만력 20년 9월 17일자 계본.
[111] 이순신, 『임진장초』 만력 20년 9월 17일자 계본.

이후 조선 수군은 작은 探望船을 부산 앞바다로 파견해 수색케 하였는데, 얼마 후 부산진성 동쪽 산기슭에서 3군으로 나누어 진을 치고 있던 일본군의 함대 500여 척 중 선봉 4척이 草梁項에서 마주 나오고 있다는 보고를 받았다. 이때 적선이 500여 척이란 정보는 아군을 흥분케 하였다. 곧 이순신은 李億祺와 이 일을 협의하고는 여러 장수에게 조선 수군의 위세를 가지고 지금 만일 치지 않고 그대로 돌아간다면 적은 반드시 조선 수군을 멸시하는 생각이 들 것이라고 하고 사기를 고양시키면서 결전의지를 표방하였다.

이에 조선 수군은 독전기를 날리고 북을 치면서 부산의 선창으로 돌진하였다. 우부장 녹도만호 鄭運, 귀선돌격장 군관 李彦良, 前部將 방답첨사 李純信, 중위장 순천부사 權俊, 좌부장 樂安郡守 申浩, 그리고 전라우수군과 경상우수군의 부대들이 맨 먼저 돌진해 들어가 적의 선봉선 4척을 격파하였다. 그러자 배에 타고 있던 적병들이 헤엄쳐 육지로 도망하였다. 뒤에 있던 조선의 함선들은 이때를 타서 長蛇陣으로 돌진하였다.

이때 일본 수군들은 부산진성 동쪽 한 산에서 5리쯤 되는 언덕에서 3군으로 나누어 진을 치고 있었는데,[112] 적함의 수는 대·중·소를 합하여 470여 척이나 되었다. 이곳의 왜선들은 조선 함대의 위세에 눌려 어찌할 바를 몰랐다. 여기에 조선 함대들이 곧장 쳐들어가자 배안 성안 산 위의 굴속에 있던 일본군은 총과 활을 가지고 산으로 올라가서 6군데로 나누어 진을 치고 내려다보면서 탄환과 화살을 퍼부었다. 당시 일본군이 片箭을 쏘는 것은 우리나라와 같고, 큰 鐵丸을 쏘기도 하였는데, 크기는 木瓜만 하였다. 또 水磨石을 던졌는데, 크기가 주먹덩

---

[112] 片野次雄, 『李舜臣과 秀吉』 新光社, 1986, 182~184쪽.

이만 하였다. 이처럼 부산포해전 당시 일본의 저항도 만만치 않았다. 부산포해전의 본격적인 싸움은 9월 1일의 조선 수군의 이동항로를 고려하면 해가 질 무렵이었다.[113]

그러나 한 가지 통분할 일도 있었다. 그것은 적군 속에 附逆者가 섞여 있었다는 사실이다. 또 이 싸움에서 조선이 노획한 물품 중에는 長箭 9개, 地字 玄字銃筒 각 2門, 낫 1개, 大砲口 1門 등도 있었는데, 그것은 적들이 조선의 것을 노획하여 사용했던 것이라 생각된다.

조선 수군들은 더욱 분발하여 죽음을 무릅쓰고 돌진해 들어가 天字銃筒 地字銃筒, 將軍箭 皮翎箭 長片箭, 彈丸 등을 쏘면서 종일토록 접전하였다. 이때 우부장인 녹도만호 鄭運은 최선봉에서 적의 함선을 부수고 있었는데, 산위에서 쏘는 적탄에 맞아 전사하였다.[114] 이에 이순신은 좌별도장 尹思恭을 假將으로 삼아 공백이 없도록 조처했다.

아무튼 부산포해전은 고지에 있던 강한 적을 바다 위에서 대항하면서 적선을 격파하였으므로 지세상 지극히 불리한 상황이 될 수밖에 없었다. 그러나 三道의 장병은 용전을 거듭하여 浦內에서 적선 100여 척을 격파하였다. 또 당시 우리나라의 총과 화살에 사살되는 적의 수도 헤아릴 수 없이 많았다. 그렇지만 이 전투에서는 적을 사살하는데 주력하기보다는 적선을 깨뜨리는 데 주력하였다. 이에 당시 적들은 토굴 속으로 들어가기에 바빴으며, 적들의 다른 배들은 기슭에 정박

---

113) 安邦俊, 『隱峰全書』 권7, 釜山記事.
114) 정운은 용맹한 장수였는데, 1592년 9월 1일 부산포해전에 참전하면서 몰운대를 지날 때 몰운대의 雲과 이름자의 運이 음이 같아서 죽음을 각오하고 싸우겠다고 하였다『鄭忠壯公實記』 권1과 권2; 『宣祖中興誌』 권2; 『東國新續三綱行實忠臣圖』 권1, 本國判官鄭運). 안타깝게 부산포해전에서 전사하자 이후 전공으로 折衝將軍으로 超授하였는데, 正祖 22년에 忠壯이라 시호를 받았다(『隱峰全書』 권8, 湖南義錄).

한 채 겁을 내어 바다로 나오지도 못하였다.

　승전을 거듭한 아군은 계속 적을 토벌하려 하였으나 중지하고 말았다. 그 이유에 대해서는 李舜臣의 狀啓「釜山破倭兵狀」에서 지적하고 있는 바와 같이 적은 騎兵을 가진 반면 조선 수군은 軍馬도 갖지 못하였으며, 병력의 숫자도 열세였으며, 거기에다 장기간에 걸친 항해로 종일토록 항전했기 때문에 군사들이 피로하여 육지에서 전투를 계속하기가 어려웠으며, 날도 저물었기 때문이었다.

　따라서 적의 육지의 소굴과 남은 적선을 완전히 소탕하지 못한 채, 이순신은 다음에 다시 파손된 전함을 수리하고 군량을 넉넉히 준비하여 경상도 감사군과 수륙 양면으로 진격 섬멸하겠다는 견해를 밝히고, 아쉬움을 가진 채 9월 1일 가덕도로 되돌아와 밤을 새웠다. 다음날 아침 연합함대를 해체하고 이순신의 전라좌·우 수군은 여수 본영으로 돌아갔다.115) 이로서 부산포해전은 조선 수군의 승리로 막을 내렸다.

(3) 부산포해전의 결과와 의미

　임진왜란 해전사에서 부산포해전이 차지하는 위상은 상당한 것이다. 지금까지의 연구 성과를 토대로 하면서 부산포해전의 분석을 통해 몇 가지 측면을 보완 언급하고자 한다.

　먼저 부산포해전에 동원된 군사수와 군선의 규모이다. 부산포해전 참전의 양국 지휘관을 살펴보면 대부분 조선군의 경우 이순신의 전라좌수군을 중심으로 언급되고 있다. 그런데 부산포해전의 참전부대는 조선군의 경우 연합함대였기 때문에 주력은 이순신의 전라좌수군이

---

115) 『임진장초』 만력 20년 9월 17일자 계본.

중심이었다고 하더라도, 전라우수군과 경상우수군도 참전하였다. 때문에 조직상으로도 이억기와 원균의 부대도 언급되어야 한다. 전라우수군과 경상우수군에도 지휘관들이 활약하고 있었기 때문이다.

〈표 14〉 부산포해전에 참전한 양국 지휘관[116]

조선군			일본군
직함	이름	전직	이름
전라좌수사	이순신		
전라우수사	이억기		毛利輝元
경상우수사	원균		藤堂高虎
中衛將	權俊	순천부사	脇坂安治
左部將	申浩	낙안군수	淺野左京大夫
右部將	鄭運	녹도만호	堀內氏善
龜船突擊將	李彦良	군관	桑山一晴
助防將	丁傑		九鬼嘉隆
前部將	李純信	방답첨사	淺野彈正少弼
中部將	魚永潭	광양현감	伊達正宗
左別部將	尹思恭	전 만호	杉谷氏宗
後部將	裵興立	흥양현감	加藤嘉明
遊擊將	黃廷祿	발포만호	井上伯耆守
捍後將	金大福	전 봉사	
捍後將	李汝恬	사량권관	
斥候將	金仁英	여도권관	
左別將	李夢龜	군관	

다음으로 군사 수는 조선 수군의 경우 전라좌·우 수군과 경상우수군을 합한 수였다. 반면 일본은 해상병력 8,000명, 육상병력 10,000명이었다. 일본의 수군은 일본 본국으로부터 보강된 기이(紀伊) 수군과 비젠(備前) 수군이 각 4,000명이었다. 육군은 성주에서 남하한 하시바 히데카츠[羽柴秀勝]의 8,000명과 伊達·井上·淺野의 추가군사 2,000으

---

[116] 이형석, 『임진전란사』 상중하, 신현실사, 1976 참조.

로 10,000명이었다. 이렇게 보면 수적으로 조선 수군이 1/4~1/5 정도의 열세였다.

부산포해전에 동원된 조선과 일본의 군선수를 비교하면, 부산포해전은 조선의 함대 수가 일본수군에 비해 3분의 1밖에 안 되었으며, 또 적은 높은 곳에 위치하고 있었기 때문에 아군에게는 아주 불리한 여건이었다. 그렇지만 조선 수군의 연합함대는 참전 규모가 어느 전투보다도 가장 컸다는 의미가 있다.

〈표 15〉 부산포해전 참전 군선수[117]

조선군		일본군	
종류	척수	종류	척수
판옥선	74	전함(대)	24
협선	92	전함(대)	470
		전함(소)	2
합계	166	합계	500

마지막으로 부산포해전에 사용된 무기이다. 당시 일본군은 片箭, 鐵丸, 水磨石이었다. 이 외에 조선에서 노획한 물품 長箭, 地字 玄字 銃筒, 大砲口 등도 있었다. 반면에 조선 수군은 天字銃筒·地字銃筒, 將軍箭·皮翎箭·長片箭, 彈丸 등을 사용하였다.

한편 구체적으로 부산포해전의 의미를 분석해 보면, 부산포해전은 임진왜란의 흐름을 바꾼 해전으로서 의미가 있다. 무엇보다도 일본군의 수송력을 약화시켜 일본군의 활동을 부산 해역으로 제한시켰다는 점이다.

---

117) 이순신,『壬辰狀草』만력 20년 9월 17일자 계본. 일본 수군의 전선은 부산포 일원에서 마주친 전선을 포함시켰다. 한편『毛利秀元記』권3에서는 조선 수군을 대선 708척이라고 하였다. 일본군의 상황판단이 조선 수군의 공격에 당황하여 흐려져 있음을 알 수 있다.

먼저 조선군의 함대 수가 일본군에 비해서 적었으며, 병사들도 오랜 항해로 지쳐 있었음에도 불구하고 용감하게 싸워 이긴 임진왜란 해전사에서 몇 안 되는 승첩 중의 하나였다고 평가할 수 있다. 그렇지만 부산포해전은 적진 속으로 뛰어들어 물리적으로나 정신적으로 일본군에게 많은 피해를 주었다. 특히 전술적으로 적군을 사살하기보다는 적선을 깨뜨리는데 주력하여 적선 100여 척을 부순 대첩이었다. 때문에 부산포해전 이후로 일본의 수군은 거의 대부분 와해되고 말았으며, 본국과의 보급로 확보에만 주력하였다.

다음으로 부산포해전은 전라좌·우 수군과 경상우수군이 연합하여 싸워 승리를 거둔 전투였다는데 의의가 있다. 부산포대첩은 李舜臣의 탁월한 지휘력이 중요한 요인이기도 하지만, 전라우수사 이억기와 경상우수사 원균과의 협조와 논의를 통한 연합된 힘이 뒷받침되었다. 또 휘하에는 鄭運 등과 같은 군사에 노련하고도 뛰어난 장수들이 있었으며, 군의 사기도 충만되어 있었기 때문이었다. 말하자면 상하가 혼연일체가 되어 불리한 조건을 극복하면서 일사분란하게 항전해 거둔 전승이었다.

이러한 승리는 조선 수군의 연합함대가 수행하였던 연합훈련이 있었기 때문에 가능하였다. 부산포해전이 있기 20일 전에 전라좌·우 수군은 합류하여 연합훈련을 거듭하여 합동공격과 전술을 익혔다고[118] 하였다. 그리고 실제 부산포해전에서는 長蛇陣을 구사하면서 좁은 항구 내에서도 일본군에게 일시에 타격을 가할 수 있었다.[119]

조선 수군의 승리는 일본군의 수군 본거지를 직접 공격한 점에서 다른 전투와는 차별성을 갖는 전투였다. 이후 일본 수군은 일본과 부

---

[118] 『임진장초』 만력 20년 9월 17일자 계본.
[119] 장학근, 『조선시대해양방위사』, 창미사, 1988, 226쪽.

산의 주보급로 확보에만 전력하면서 수세에 몰려 기지의 보호에만 급급하였다. 부산포해전 이후 오랫동안 남해에서는 해전이 거의 없었다. 이는 일본 수군이 조선 수군, 곧 이순신 함대와의 접전을 회피하였기 때문이다.[120] 이후 일본군은 해안에 축성한 후 육상에서만 조선 수군을 대하려는 현상이 나타났는데, 이는 육군화된 수군이라고 할 수 있다.[121] 이런 현상은 조선 수군의 입장에서 보면 전투 영역의 축소를 가져와 이후 일본군에 대한 대응이 한결 용이해지는 계기가 되었다.[122]

마지막으로 부산포해전에서 조선군의 피해는 녹도만호 鄭運의 전사를 비롯하여 전사 6명, 부상 25명이었다.[123] 반면 일본군의 인명 피해도 상당하였다. 일본군은 부상을 입고 바다에 뛰어들거나 토굴 속으로 피하여 달아난 숫자가 많았다고[124] 한다.

2. 임진왜란 시기의 해항

1) 강화 사절의 내왕

조선은 유사 이래로 일본을 倭寇라고 경멸하여 이들을 금수와 같은 존재로 취급하고, 이적인 이들을 대상으로 한 일체의 타협이나 굴복은 조선인의 자존심을 손상시키는 치욕으로 여겼다. 더욱이 그들의

---

[120] 『李忠武公全書』 상, 권2, 「釜山破倭兵狀啓」.
[121] 김종기, 「부산포해전」, 『임란수군활동연구논총』 해군군사연구실, 1993.
[122] 『난중일기』 계사년 2월 10일, 12일 등.
[123] 『임진장초』 만력 20년 9월 17일자 계본.
[124] 片野次雄, 『李舜臣과 秀吉』 新光社, 1986, 187쪽.

일방적인 침략행위로 말미암아 야기된 임진왜란을 계기로 하여 이와 같은 조선의 대일 감정은 극도로 고조되는 결과를 가져왔다.

그러나 명나라에서는 전쟁 당사국인 조선의 입장을 전혀 고려하지 않은 채, 되도록 조기에 화의를 성립시켜 자국의 안전을 보장하려는 의도 하에 단독으로 강화 회담을 강행함으로써 조선을 자극하였다.[125] 이에 조선 조야에서는 배일 감정 못지않게 명을 배척하려는 의식이 은연 중에 고조되었다. 이와 같은 국내의 여론을 대변하여 국왕 선조는 임진왜란이 발발한 이듬해 3월 24일에 의주에서 평양으로 남하하여 제독 李如松을 접견한 후, 조선 조정의 대일 정책 기본 방침을 전달함으로써 조선은 절대로 일본과의 화의를 수락할 수 없다는 의사를 확고하게 천명하였다.[126]

이와 같이 조선 측이 일본군과의 강화를 완강히 거부하고 최후의 일전을 불사하겠다는 결의를 불태우고 있을 때, 일본군은 남하 도중인 6월에 진주성을 공격하여 군관민 60,000여 명을 대량 학살하는 만행을 저질렀다. 이때는 명군 측에서 파견한 謝用梓와 徐一貫 일행이 일본에 도착하여 일본 조정을 상대로 한 강화 회담을 진행하고 있었음에도 불구하고 도요토미 히데요시는 진주성에 대항 야만적인 학살을 자행하도록 명령한 것이었다.[127]

화의 교섭이 진행되던 도중에 저질러진 일본군의 이러한 만행은 조선 측의 대일 감정을 더 한층 거세게 자극하였을 뿐 아니라, 조속히 강화를 성립시켜 원만하게 전쟁을 종결 짓기를 희망하던 명나라 내부

---

[125] 대표적으로 평양성회담, 안변회담, 용산회담, 함안회담, 서생포회담, 나고야회담 등이 있다.
[126] 『선조실록』 26년 3월 26일.
[127] 국방부전사편찬위원회, 『임진왜란사』 1987, 169~174쪽.

에도 적지 않은 반발을 야기했다. 이에 명나라 조정에서도 조선 측의 입장을 옹호하는 세력이 대두하는 계기를 제공하였다.[128]

명나라 조정 내부에서 조선을 지지하는 여론이 고조됨에 따라, 명나라 측의 독단적인 강화 교섭을 반대하는 조선의 대외적인 입장이 한층 강화되었을 뿐 아니라, 전쟁 수행 능력도 전란 초기에 비하여 크게 제고되어 조선은 전쟁을 주체적으로 해결하려는 노력을 기울일 수 있게 되었다. 이에 조선은 독자적인 대일 강화 교섭을 통하여 조선의 입장을 확고히 천명할 필요성을 절감하고 주체적인 입장에서의 강화 교섭을 추진할 수 있었다.

그런데 이러한 명과 일본의 강화사절들은 부산에서 출항하였다. 부산은 전쟁 중이었지만 해항으로서의 역할을 나름대로 계속 하였다.

> 경상좌도 관찰사 洪履祥이 馳啓하기를, "중국 上使의 행차가 22일에 길을 떠나려 한다는 내용은 전에 이미 장계하였습니다. 21일에 사신이 일행의 여러 將官들과 미리 冬至賀節禮를 거행하므로 신이 접반사 金睟, 問慰使 許晉 등과 班次를 따라 예를 행한 뒤에 같이 꿇어앉아서 淸賊이 물러가지 않으니 가벼이 적영에 나아가서는 안 된다는 뜻을 말하자, 답하기를 '陪臣들이 머물기를 청하는 의사는 내가 이미 알고 있다. 그러나 벌써 결정하였으니 지금 그만 둘 수 없다.' 하였습니다. 그리고 근자에 전해 듣건대, 중국 사신이 渡海한 뒤에 부산에 배를 대고 기다릴 왜를 그대로 머물러 두어 통행에 편리하게 한다 하므로 신이 놀라움을 견디지 못하여 김수와 의논하고서 사유를 갖추어 중국 사신에게 呈文하였으나 별도로 회보가 없으니, 조정에서 속히 의논하소서.[129]

이에 대해서 정문이 내렸는데, 부산에 왜인을 머물러 두게 하는 것

---

128) 국방부전사편찬위원회, 위의 책, 197~198쪽.
129) 『선조실록』 28년 12월 3일.

이 회담 진행에 편리하다고 하여 그렇게 시행하였다.

　　조선국 陪臣 경상도 관찰사 洪履祥은 聖諭를 받드는 일로 말씀드립니다. 원래 약속한 세 가지 이외에는 다시 달리 요구하지 않고 한 명의 왜인도 남지 말아야 冊封使가 가서 봉하라는 明旨를 받들었으니 이를 삼가 준행하는 것 이외에는 다시 의논할 여지가 없습니다. 卑職이 듣건대, 부산에 배를 대고 기다리는 왜인을 머물려 두어 통행에 편리하게 하려 한다 합니다. 비직이 전해 들은 말을 조회해 보니, 다 믿을 수는 없었으나, 이쪽 강토와 저쪽 경계에는 본래 定限이 있어 關津과 河海에 각기 주관하는 자가 있으므로 책봉사가 도해한 뒤에 公差로서 일본에 간 조선의 선장은 대마도에 도착하였다가는 즉시 돌아오고 공차로서 일본에서 돌아오는 대마도 선장도 부산에 도착하였다가는 즉시 돌아가는 것인데, 어찌 반드시 부산에 왜인을 머물려 둔 뒤에야 통행에 편리하겠습니까. 더구나 우리를 대마도에 머물려 두면 저들이 반드시 좋아하지 않을 것인데, 저들을 부산에 머물려 두는 것을 우리가 어찌 좋아하겠습니까. 우리 종족이 아니면 혐극이 생기기 쉬운 법이니 근원을 뽑아버리는 것은 바로 이때에 달려 있습니다. 바라건대, 老爺는 유격 심유경에게 공문을 보내어 만일 왜적이 과연 이러한 요구를 한다면 明旨를 遵奉하여 의의에 의거해서 바로 끊어버려서 뒷날의 재앙을 끼치지 말도록 하는 것이 진실로 편익하겠습니다. 경계와 關津에 관계되는 중대한 일이므로 갖추어 呈文합니다.[130]

　하나의 사례로서 강화회담이 진행되자 조선에서는 통신사로 돈령부 도정 黃愼과 전 府使 朴弘長을 각각 通信正使와 부사로 삼았다.[131] 당시 沈惟敬 등은 우리 사신도 동행할 것을 여러 번 재촉하였으나, 국왕 선조는 오랫동안 이를 허락하지 않고 있었다. 이때 대신과 비국의 신하들이 '사신이란 호를 붙이지 말고, 다만 두 사령을 가려 뽑아 '跟隨'라는 이름을 붙여 딸려 보냄이 온당하다.' 하여 여러 번 계청했으므

---

[130] 『선조실록』 29년 6월 6일.
[131] 『선조수정실록』 29년 6월 1일.

로 선조가 허락하였다. 황신이 그때 심유경을 접반하면서 倭營에 있은 지 2년이었다. 조정에 있는 名官들은 모두 접반에 차임되는 것을 꺼리고 회피했었다. 그래서 황신을 정사로 삼아 계급을 통정대부로 올리고 직책을 돈령부 도정에 제수했으며, 영남의 武人인 전 부사 박홍장으로 부사를 삼아 군중에서 發途하였다.

이에 국왕 선조가 '황신이 어떤 사람이냐'고 묻자, 대신 柳成龍 등이 '황신은 총명하고 민첩하며 담력이 있을 뿐 아니라 순탄하든 험난하든 두 마음을 품지 않는다.'고 답하였다. 선조는 황신이 노모의 곁을 떠나 오랫동안 바깥에서 고생하는 것을 민망하게 여겨 처음에는 보내고 싶지 않았으므로 이렇게 물은 것이다. 황신이 명을 받았을 때 명나라 사신은 우리에게 국서와 國幣를 반드시 지닐 것을 강력히 요구하면서 '사신으로 가는데 맨손으로 갈 수 있느냐.'고 따졌으므로, 조선 조정이 하는 수 없이 그대로 따랐다. 황신 등은 국서와 국폐를 가지고 명나라 사신을 뒤따라 後行으로 떠났으며 그대로 通信使라 칭하였다. 이는 당초의 조정 의논과는 다른 것이었다. 어쨌든 임진왜란이라는 전쟁 중에도 강화사절은 해항 부산을 이용하여 일본으로 건너갔다 왔다 하였다.

2) 부산왜성

(1) 부산왜성의 이문화 혼종

임진왜란 시기에 일본군은 강화회담이 진행되자, 남해안에 倭城을 쌓아 주둔하였다. 이때 쌓은 왜성 가운데 부산의 대표적인 왜성은 부산왜성이었다. 이러한 부산왜성에서는 일본군의 장기간 주둔으로 크게 두 가지 측면에서 이문화의 혼종이 진행되었다.[132]

먼저 일본이 부산에 왜성을 축조하자 조선 성곽과 일본 성곽 문화가 공존하게 되었다.133) 전쟁 후에 부산왜성은 부산진성의 본성으로 사용되었다. 임진왜란 때 일본군은 明軍이 강화회담에 주력하는 전쟁 소강상태에서 전력을 재정비하면서 침체된 국면을 타개하기 위한 새로운 전기를 마련하고자 하였다. 이때 일본군이 축조한 것이 倭城이었다.134) 일본군은 남해안에서 거점으로 이용하기 위하여 일본에서 기술자와 농민들을 데리고 와서 축조하였는데, 인근 지역의 조선 민들은 부역에 동원되어 혹사를 당하였다. 구체적으로 일본군은 임진왜란 동안에 甑山倭城을 중심기지로 삼아 울산의 鶴城에서부터 순천의 倭僑城까지 30여 개의 왜성을 축조하여 군사를 주둔시켰다. 왜성에 머물고 있던 일본군의 수효는 서생포에 5천, 임랑포에 3천, 기장에 3천, 동래에 1천, 부산포에 1만, 양산의 구법곡에 3천, 좌수영에 3백, 김해에 1만 8천, 안골포에 2천, 가덕에 7백, 웅천·제포에 4천, 거제에 7천여 명이었다.135) 즉 일본은 築城을 하여 조선에서 장기전에 대비하려는 전략을 추진하였다고136) 한다.

그런데 釜山倭城은137) 일본 기록에 釜山浦城으로 불렸다.138) 부산

---

132) 부산왜성 부분의 서술은 김강식, 『문화교섭으로 본 임진왜란』, 도서출판 선인, 2014, 230~250쪽의 내용을 본 저서에 맞게 재인용하면서 다소 수정하여 전재한 부분임을 밝힌다.
133) 이 책에서 부산왜성의 구조와 축성에 대한 부분은 나동욱의 논문(「부산왜성에 대한 고찰」, 『博物館硏究論集』 19, 부산박물관, 2013)을 참고해 작성하였음을 밝혀둔다.
134) 부산대학교 한일문화연구소, 『慶南의 倭城趾』, 1961; 黑田慶一, 『韓國の倭城と壬辰倭亂』, 岩田書院, 2004.
135) 『선조실록』 권49, 27년 3월 병신.
136) 『선조실록』 권60, 28년 2월 계유.
137) 지금까지 두 왜성을 별개로 보았다. 하지만 왜성의 경우 입지상 산상의 內城部와 평지의 강가나 해안가에 위치한 外城部로 나뉘는 경우가 많다. 따라서 부산왜성의 경우 증산왜성이 내성부에 해당되며, 자성대왜성이 외성부에 해당한다

왜성은 1592년(선조 25) 4월 14일 鄭撥 僉使와 함께 본성인 부산진성이 함락된 후 倭將 모리 데루모토[毛利輝元]와 모리 히데모토[毛利秀元] 부자가 왜성을 쌓았다. 조선 측에서는 凡川 甑山城,[139] 고바야가와小早川성으로 불렀다. 한편 부산왜성의 支城으로 알려진 자성대왜성은 부산진성이 함락되자, 별도로 조선 전기 부산진성의 동남쪽 丸山이라 불렀던 지금의 자성대공원 일대에 부산왜성의 지성으로 축조하였다고[140] 한다.

임진왜란 때 부산 지역은 일본의 나고야[名護屋], 잇키[壹岐], 쓰시마[對馬]와 일본군의 최전방을 잇는 보급 및 연락의 병참기지였다. 다시 말해 부산은 일본군 병력의 충원, 물자의 보급과 관리, 도요토미 히데요시[豊臣秀吉]의 본진인 나고야[名護屋]성과의 연결 등 전선에서 가장 중요한 교두보로서의 위치를 차지하고 있었다. 따라서 증산왜성은 임진왜란 때 축성된 18개 성 가운데 가장 먼저 축조되었다. 그러나 개전 초기의 증산왜성은 일본군이 거처할 건물과 간단한 방어시설을 갖춘 정도였지만,[141] 1592년 9월 1일 부산포를 공격한 李舜臣의 장계에 보면 이미 關白인 도요토미 히데요시가 머물기 위해 만든 집으로 天守閣이 완성되어 있었다.

> 부산진성 안에 있던 관사는 모두 철거되고, 흙을 쌓아 집을 만들어 새집처럼 이룬 것이 백여 호에 이르며, 성 밖의 동서쪽 산기슭에 담과 지붕이 연달아

(나동욱, 앞의 논문, 2013). 때문에 부산왜성이란 증산왜성과 자성대왜성을 합쳐서 말하는 것이다. 이 책에서는 두 성을 합친 개념으로 부산왜성이라 사용하였다.
[138] 倭城址研究會, 『倭城』, 1976, 28·29쪽.
[139] 『東萊府誌』 권18, 城郭條.
[140] 忠烈祠 安樂書院編(1978), 『忠烈祠志』, 附錄, 萬公壇事蹟.
[141] 『加藤嘉明公譜』, 文祿 元年 四月.

있는 집이 300여 호이다. 이것은 왜인들이 스스로 지은 집인데, 그 가운데에서 큰집은 층층의 축대와 희게 바른 벽이 마치 절과 같았다. 그 소행을 따져보면 극히 통분합니다.[142]

이러한 증산왜성의 축조는 부산진성을 함락한 직후에 시작되었지만, 1593년(선조 26) 2월 27일경부터 본격적으로 시작되었으며, 2차 진주성 공격 때문에 왜장의 배치가 바뀌었다고[143] 한다. 이때 부산왜성의 토목공사 담당자로서 아사노[淺野長政·幸長] 부자, 다테 마사무네[伊達政宗], 오다 히데토미[織田秀信], 마시타 나가모리[增田長盛] 등 장병 1만 2천 6백 명을 배치하였다.[144] 그런데 아사노 나가마사[淺野長政]에게 온 도요토미 히데요시 공문서를[145] 보면, 부산왜성의 주변에는 오다 히데토미의 기이[岐阜] 군 일부가 몇 개의 端城을 쌓아 항구를 수비하고 있었다. 이때 나가마사와 나가모리에게는 병참의 임무도 겸하게 하였기 때문에 실제로 부산왜성의 토목공사에 동원된 인원은 1만 명으로 추정된다.[146] 그리고 임진왜란 이후 직접적인 축성 기사는 보이지 않지만, 모리 데루모토[毛利輝元]와 교대한 히데모토[秀元]와 후임자 이나다 모토키요[稻田元淸, 元就의 4남]에 의해 성곽의 增補와 改修가 계속 진행되었다고[147] 한다.

한편 강화회담이 진행되자 교대근무를 위한 부대를 제외한 각 장수

---

142) 『壬辰狀草』, 萬曆 20年 9月 17일 啓.
143) 나동욱, 「부산왜성에 대한 고찰」, 『博物館硏究論集』 19, 부산박물관, 2013, 93쪽.
144) 도요토미 히데요시의 『朝鮮國在陣衆』이란 주인장에서 항구인 축성을 위해 땅을 선택하거나 토목공사를 하고, 또 조오소가베 모토치카[長宗我部元親]를 파견할 것을 명령하였다고 한다.
145) 「淺野家文書」 85號, 文錄 2年 4月 22日.
146) 倭城址硏究會, 앞의 책, 1976, 51쪽.
147) 나동욱, 「부산왜성에 대한 고찰」, 『博物館硏究論集』 19, 부산박물관, 2013, 94쪽.

들은 순차적으로 철수하였으며, 고니시 유키나가[小西行長]와 이시다 미쓰나리[石田三成] 등도 명의 사절과 함께 귀국했다. 때문에 그동안 교대근무를 한 것은 소[宗], 아리마[有馬], 마쓰우라[松浦] 등 규슈의 세력들이 잔류부대로 충원되었다.

정유재란 이후의 부산왜성 축성에 관해서는 『海東繹史』에도 자세하게 기록되어 있다.

> 1597년 2월 1일에 小西行長이 부산에 원래부터 있던 柵과 房을 나무를 베어다가 수축하면서 안에다가 높다란 누각을 세웠으며, 밖에는 3층 깊이의 垓字를 판 다음 주위에 木柵을 둘러쳐 오랫동안 주둔해 있을 계획을 하였다.[148]

1597년 2월 21일에는 부산왜성에 대한 도요토미 히데요시의 공문서와 「高麗陣陣立書」에서 교대근무 장군으로 고바야가와 히데아키[小早川秀秋]를 임명하였다. 이후 1597년 9월에 모리 요시나리[毛利吉成], 1598년 1월에 모리 히데모토[毛利秀元], 히데아키, 요시나리 등으로 전황에 따라 교체되었다. 그렇지만 기본적으로는 모리가[毛利家]의 다이묘[大名]가 부산왜성에는 배치되어 있었다.

부산왜성의 廢城은 1598년 8월 18일 도요토미 히데요시의 죽음으로 일본군의 철수가 시작됨에 따라서 이루어졌다. 당시 조선의 각 왜성은 폐기되고, 여러 일본 장수들은 부산에 집결하여 귀국길에 올랐다. 11월 23일 시마즈[島津] 군이 부산에 도착했을 때에는 이미 가토 기요마사[加藤淸正]에 의해 부산왜성이 불타고 일본군이 철수한 뒤였다. 따라서 부산왜성은 정유재란 최후까지 사용되다가 없어졌다고[149] 할

---

[148] 『海東繹史』 권63, 備禦考 3.
[149] 나동욱, 앞의 논문, 2013, 112쪽.

수 있다.

　다음으로 임진왜란 중에 부산진성에서는 이문화의 혼종이 구체적으로 여러 측면에서 진행되었다.150) 무엇보다도 왜성은 점령지역을 확보하기 위한 군사기지였기에 당연히 주변 주민들에게 가혹한 폭력을 행사하였다. 왜성의 지역 점령, 축조와 존속은 많은 조선민의 살육을 수반하였다. 그러나 주위를 無人 지역으로 만든다면 왜성 자체도 존속할 수 없다. 이 때문에 왜성은 조선민을 통치하는 거점으로서의 성격을 띠게 되었다.151)

　임진왜란 개전 후 반년 정도가 지난 1592년 11월 10일에 도요토미 히데요시는 조선에 주둔 중인 고바야가와 다카카게[小早川隆景]에게,

> 내년 봄에는 내 자신이 반드시 건너갈 것이니, 반란을 일으키는 자들은 모조리 죽여서 지역을 평정해 두어라. 그것에 대비하여 주둔하고 있는 성뿐만 아니라 본성에서 떨어져 요충지에 쌓은 성에 이르기까지 충분히 신경을 써서 兵糧을 비축하고 요충지를 견고하게 해 두도록 하라.152)

고 지시하였다. 또 같은 날에 수군 장수인 와키자카 야스하루[脇坂安治] 앞으로 보낸 朱印狀에서는, "'반란을 일으키는 자들'이란 부분이 '반란을 일으키는 자들의 감시선 이하'로 되어 있는데, 설령 적선이 쳐들어오더라도 상륙해서 군사행동을 벌일 수 없도록 성을 견고하게 확보해 두도록 하라."고153) 지시하였다.

---

150) 村井章介, 「왜성을 둘러싼 교류와 갈등」, 『한일 교류와 상극의 역사』, 경인문화사, 2010, 140~151쪽; 太田秀春, 『朝鮮の役と日朝城郭史の研究−異文化の遭遇・受容・變容−』, 淸文堂, 2006; 福島克彦, 「都市を指向した倭城」, 『倭城の研究』 3, 1999.
151) 村井章介, 앞의 책, 경인문화사, 2010, 140~151쪽.
152) 『小早川家文書』 1, 307~308쪽.

개전 초기에 일본군은 신속한 진격으로 도요토미 히데요시는 나고야[名護屋]에 도착한 후 곧바로 조선으로 건너가 바로 明으로 향할 작정이었지만, 다이묘[大名]들이 간언하여 말렸다. 게다가 어머니 오만도코로[大政所]가 위독하다는 보고를 받고서 일단 오사카[大坂]로 돌아가지 않을 수 없었다. 어머니의 장례를 마치고 나고야로 돌아온 11월 1일, 조선으로 건너갈 결의를 다시 한 번 굳히고 준비작업을 서둘렀다. 가장 기본적인 것이 倭城을 거점으로 저항하는 자들은 모두 죽여버린다는 나데기리[撫切] 전술이었다.[154] 이것은 히데요시가 일본 국내의 통일전쟁에서 반란세력을 진압했던 방법을 그대로 적용한 것이었다. 그러나 조선으로 건너가려 한 히데요시의 계획은 결국 실행되지 못하였다. 이후 전쟁이 장기화되자 일본의 목표는 이미 장악한 지역인 조선의 동남부를 사수하는 것으로 바뀌었다. 이에 왜성은 일본군의 주둔 거점으로서 더욱 중요해졌는데, 부산왜성의 모습을 살펴보면 다음과 같다.

첫째, 부산왜성은 조선 인민을 통치하는 거점으로서의 성격을 띠었다. 이러한 모습에 대해서는 임진왜란 중에 국가 권력의 중추를 맡게 된 備邊司가 1594년 1월에 선조에게 바친 啓에서 경상우도 방어사 金應瑞가 올린 보고를 인용하여 다음과 같이 倭城에 대해서 기록하고 있다.

> 비변사가 아뢰기를, "軍威의 선비 李顯民이 防禦使 金應瑞의 장계를 가지고 올라왔습니다. 그의 말에 의하면, 근일 오랫동안 慶州에 있으면서 동래와 부산을 정탐하였으므로 賊情을 상세히 안다고 합니다. 대략 5백여 척의 倭船이 海口에 와서 정박하였는데, 그 배에서 내린 군졸들이 다섯 개의 軍陣으로 나뉘어

---

153) 『兵庫縣史』, 사료 편, 중세1, 「脇坂文書」 1, 195쪽.
154) 나동욱, 앞의 논문, 2013, 112~115쪽.

부산·동래 등지로 들어갔다고 합니다. 또 해변에는 가을보리를 많이 심고 마늘도 많이 심었는데, 우리나라 사람으로서 적에게 투항한 자들을 왜적이 분류하여 屯落을 만들고, 우리나라에서 투항한 자를 屯長으로 삼아 其瓜이라고 명명하였습니다. 이것은 우리나라의 勸農官과 같은 것으로서 각 둔락에 잡혀 와 있는 백성들을 주관하게 한다고 합니다. 하나의 둔락에 왜적 수십 명을 섞어 두었는데, 기올이 올 적마다 왜장이 대우를 극진히 하고 음식을 장만하여 대접하는가 하면, 출입할 때에는 붉은 색 말의 꼬리로 만든 갓을 쓰고 두 마리의 말이 끄는 수레를 타기 때문에 의젓한 관원의 모양입니다. 비록 왜인이라 하더라도 그 둔락 내에 있는 자는 모두 기올로 하여금 다스리게 하므로 왜인도 두려워한다고 합니다. 이 몇 조항은 장계에 기재되어 있지 않으나, 퍼져 있는 적세를 대략 알 수가 있습니다. 흉악하고 간교하기가 이와 같으니 매우 우려스럽습니다.[155]

이처럼 일본군의 치하에 놓인 동래와 부산은 일본군의 상륙지이며, 부산 본성을 중심으로 同子城·東萊城·椎木嶋城·迫門口城으로 이루어진 왜성들이 긴밀한 연대 속에 배치되어 있었다. 그리고 부근의 해변에는 농장이 만들어져 왜인과 조선인의 혼성으로 구성된 屯落이라는 조직이 경작을 담당하고 있었다. 其瓜이라 불리는 屯長에는 조선인이 기용되어 자신의 둔락에 소속된 자들을 왜인도 포함하여 지휘하였다. 이때 사역되는 조선인의 대부분은 왜성 주변의 일반주민들로 협박을 받아 적군에게 투항한 백성들이었을 것이다. 그러나 그 가운데에는 적극적으로 일본군에 접근하여 둔장으로 발탁되어 권세를 휘두른 투항자도 있었다. 이처럼 일본군은 임진왜란 때에 조선인을 죽이기만 한 것이 아니라 왜성 주변 지역에서는 통치자로서 군림하였다.

둘째, 부산왜성의 주변 지역은 농업 생산의 공간이자, 동시에 교역

---

155) 『선조실록』 권47, 27년 정월 을사.

의 거점으로서 역할을 하고 있었다.

> 전해 듣기에 동래·부산과 김해 등지에서 들녘에 넘치도록 경작하고 있는 자들 중 2/3는 우리나라 백성들입니다. 이따금 머리를 깎고 이를 물들여 왜의 풍속에 따르는 자들까지도 있습니다. 또한 먼 지방에서 장사 목적으로 오는 자들도 있는데, 각각 물품을 가지고 왕래하며 적진에서 교역하고 있습니다. 거의 막을 수 없는 상황으로 한심하기 그지없습니다.[156]

이처럼 전쟁 중에 왜성 주변에서 생활하는 조선 백성은 생존을 위해 왜성의 유지에 관련된 일에 종사하였으며, 또한 일본인들에게 잘 보일 수 있는 풍속이나 행위를 선택하여 생활하였다. 그리고 전쟁 중에 왜성의 출현은 일부 사람들에게는 교류의 기회로 여겨졌다. 이러한 모습은 전쟁으로 문화혼종이 구체적으로 진행된 사례이다.

이에 조선 정부의 왜성에 대한 인식은 기밀누설을 막는다는 군사적 관점에서 왜성에 드나드는 것을 금지했지만, 실제 왜성의 아래 지역에 살고 있는 조선인들에게까지는 미치지 못하였다. 1595년 11월에 訓鍊主簿 金景祥은 부산성을 정탐한 결과를 다음과 같이 보고하였다.

> 이전에 있던 적은 철수를 마쳤고, 그 자리에 고니시 유키나가(小西行長)가 진을 옮겼습니다. 유키나가는 수하에 6인의 武裝을 거느리고 있는데, 각 무장이 수천 명의 병력을 가지고 있으며, 또한 砲手와 劍手 천여 명도 거느리고 있습니다. 배의 숫자는 680여 척입니다. 또 중국 사신을 영접하는 倭人 正成이란 자가 동쪽에 들어가 살고 있는데, 병을 핑계하고 나오지 않으며, 사신이 부산에 이른 지 거의 10일이나 되었는데도 와서 뵙지 않았다 합니다. 새롭게 쌓은 성은 주위가 6~7리로 시장을 개설하여 왜적의 남녀와 우리나라의 인민들이 날마다 물자를 교역하고 있습니다. 東平으로부터 凡川에 이르기까지 우리나라

---

156) 『선조실록』 권61, 28년 3월 갑술.

사람으로서 해안에 걸쳐 왜적과 섞여 사는 조선인들의 집이 3백여 호나 되며, 왜성 근처에는 전복을 채취하는 어민들이 백여 호 섞여 살고 있습니다. 主山 위에는 石城을 쌓아 3층의 궁전을 만들었습니다. 왜적이 사람들의 출입을 금지하여 내부를 보지 못하게 하고 있습니다. 조선인에게 그 이유를 물어보니, 병기 등의 물자를 들여놓았기 때문에 사람들이 보지 못하도록 하는 것입니다 라는 대답이었습니다.[157]

여기서 산 위에 있는 主城이란 정상부에 있는 부산왜성의 本城이며, 새롭게 쌓은 성이란 본성 동쪽의 저지대에 돌출되어 있는 작은 구릉에 자리 잡은 子城이다. 부산왜성의 본성과 자성은 전략적으로 배치되어 있지만, 동시에 축조되었던 것이 아니라 자성은 1595년 무렵에 새롭게 축조되었음을 알 수 있다고[158] 한다. 이처럼 부산왜성의 본성 북쪽의 범천에서 동평에 걸쳐 왜인들과 섞여 살던 어민들은 왜성과의 연관 속에서 장사를 하거나 어업을 하면서 살고 있었다.

셋째, 부산왜성은 강화회담 준비의 장소로 이용되었다. 임진왜란 중 강화회담 때에 宋 經略이 어제 謝用梓와 徐一貫에게 명령하면서 그들에게 각각 參將·遊擊의 관명을 임시로 주어 倭奴를 따라 일본에 가게 하였고, 沈 遊擊은 부산진까지 갔다가 돌아오게 하였다.[159] 또 강화기간 중에 부산에는 明의 사절이 1596년 6월 일본을 향해 출항할 때까지 수행 인원을 합하여 400여 명이 1년 몇 개월 동안 체재하였다.

넷째, 부산왜성의 성벽 축조 수법과 구조는 일본 성곽이었다.[160] 부산왜성의 성벽은 대체로 자연 割石을 이용하여 잔돌 끼워 亂積 쌓기

---

[157] 『선조실록』 권69, 28년 11월 경오.
[158] 村井章介, 앞의 논문, 2010, 151쪽.
[159] 『선조실록』 권37, 26년 4월 병술.
[160] 나동욱, 앞의 논문, 2013, 103·108쪽.

를 하였다. 성벽 모퉁이는 石材를 엇갈리게 조합하여 쌓는 算木積을 하였고, 門地인 虎口 부분은 비교적 큰 석재를 사용하였다. 자성대왜성의 성내 출입은 主櫓 내로 통하는 정문은 북쪽 枡形의 門地로 추정되며, 해안가 방향인 남쪽에도 平形의 문지를 내었다. 자성대왜성과 관련하여 조선 후기에 부산진성이 1607년(선조 40) 부산진을 왜인이 쌓은 성을 좇아 이설하였다는 기록을[161] 볼 때 조선식 성을 새로 쌓은 것이 아니라 기존에 있던 왜성을 문지 주변이나 성내 관아시설만 조선식으로 하고 성벽은 그대로 이용한 것으로 보인다고[162] 한다.

이처럼 증산왜성과 자성대왜성의 축조와 관련하여 1592년 4월의 "새롭게 요새를 마련했다"라는 곳은 시기적 상황으로 볼 때, 임진왜란 때 일본군이 상륙할 당시 본거지가 되었던 丸山의 땅, 즉 자성대왜성으로 보는 것이 타당하다고 한다. 이 공사에는 아사노[淺野] 부자[長政・幸長], 마시타 나가모리[增田長盛] 등이 중심이 되었다. 이후 성지의 확대와 함께 李舜臣 장군의 장계에서 볼 수 있는 것처럼 높고 멀리 보이는 증산왜성을 축조하였다고[163] 볼 수 있다. 따라서 증산왜성이 축조되었을 때에는 이미 자성대왜성에도 천수에 상당하는 높은 망루도 세워져 있었던 것으로 보인다.

한편 부산왜성은 임진왜란 발발 직후 기본적인 축성이 있었으며, 본격적인 축성은 선조 1593년(선조 26) 3월부터 8월 사이에 있었던 것으로 보인다. 이때 증산왜성과 자성대왜성 사이의 유기적인 관련이 고려되어 외곽선[總構]을 가진 하나의 성으로서 크게 왜성이 축조된

---

[161] 『선조실록』 권212, 40년 6월 신해.
[162] 羅東旭, 「부산의 명칭 유래에 대한 고찰-부산진성을 중심으로」, 『박물관연구논집』 16, 2012.
[163] 나동욱, 앞의 논문, 2013, 111쪽.

것으로 보인다. 그리고 서생포왜성, 웅천왜성, 기장왜성처럼 산 정상의 내성부와 산 아래의 외성부가 竪石垣처럼[164] 외곽선으로 묶여져 있던 것을 本城과 子城, 또는 支城으로 나누었을 가능성이 있다. 특히 북쪽 석축의 연장선상에 증산왜성의 북단, 또 증산왜성의 남단과 해안 부근이 석축선으로 연결되었던 것으로 보면, 기록이나 도면상의 연장거리의 차이가 이해될 수 있다. 따라서 산상의 증산왜성과 해안의 자성대왜성을 翼狀으로 연결함으로써 광대한 평탄지를 확보하여 전략상의 방어시설로서, 또 병참기지로서의 기능을 충분히 발휘할 수 있었다고[165] 한다.

그리고 부산왜성의 성벽 축조수법은 산 위의 증산왜성과 해안의 자성대왜성으로 이루어져 있다. 전체적으로 부산포의 항구 확보를 크게 의식한 翼狀의 구조이다. 그 가운데 증산왜성은 입지상으로는 산성형으로, 자성대왜성은 해안형 왜성이었다. 증산왜성은 전체적인 평면구조로 볼 때 크게 산의 정상부에는 主郭인 제1곽을 중심으로 동쪽과 서남쪽, 그리고 북쪽으로 제2곽과 제3곽 등을 배치하여 輪郭式이며, 동쪽과 남쪽 능선상으로 이어진 성벽을 따라 일부 곽이 조성된 延郭式으로 두 형식이 공존하는 복합식이었다. 자성대왜성의 경우는 주곽을 중심으로 제2곽과 3곽이 둘러싸는 輪郭式이었다고[166] 보아진다.

---

[164] 登石垣이라고도 한다. 용어상으로는 '경사지에 축조된 석축 성벽'으로 풀이되지만, 왜성에 있어 주로 산정에 있는 주곽의 아래쪽으로 일정한 공간을 확보하기 위하여 수직 또는 능선을 따라 성벽을 두른 일종의 外郭을 말한다(나동욱, 「남해안지역 왜성의 竪石垣에 관한 연구」, 『靑村論叢』 9, 2008, 세종문화사).
[165] 나동욱, 앞의 논문, 2013, 112~114쪽.
[166] 부산대학교 한일문화연구소, 『慶南의 倭城趾』, 1961, 33~34쪽.

(2) 부산왜성의 혼종 모습

임진왜란 중에 일본군이 일본식으로 축성했던 부산왜성은 임진왜란 이후에도 문화혼종의 장소로 계속 이용되었다. 먼저 조선 후기에 부산진성은 本末이 顚倒된 현장이었다. 조선 후기에 부산진성은 일본 성곽 문화의 혼종성을 보여주는 현장으로서 조선 전기의 부산진성의 子城이 本城으로 사용되었다. 이렇게 된 이유는 두 가지 점을 지적할 수 있다. 첫째, 바다와 바로 접하였기 때문에 수군 기지로 이용하기에 편리하였기 때문이었다. 둘째, 임진왜란 때 일본군이 쌓은 왜성의 장점을 그대로 활용할 수 있었기 때문이었다.

사실 임진왜란 이후 국가적으로 왜성의 장점을 이용하고자 하였다. 전쟁으로 인한 문물의 교류와 문화혼장의 장면이었는데. 국왕 宣祖의 인식에 나타난다.

> 적의 성은 우리나라 성의 제도와 너무 다르다. 우리나라는 서쪽에 있는 城砦가 극히 볼 것 없으니, 우리나라 사람은 智謀가 없다고 하겠다. 왜인을 우리나라 사람과 비교하면 하늘과 땅처럼 차이가 있다.[167]

아울러 領議政 柳成龍도, "우리나라의 山城은 대다수가 산중턱에 쌓아 적들이 굽어보고, 그 虛實을 엿볼 수 있으므로 쳐부수기가 쉽다. 그런데 왜놈들은 반드시 산꼭대기를 가려 험한 곳에 웅거하여 요해지를 지킨다."고 파악하였다. 이후 왜성의 장점을 이용하도록 하는 각종의 조처가 마련되어 진행되었는데 降倭를 이용하였다.

병조가 아뢰기를, "북도의 城制를 한결같이 倭城에 의해 개축하라고 承傳하

---

[167] 『선조실록』 권109, 32년 2월 임자.

였습니다. 포로가 되었다가 나온 사람들이 전후로 많지 않은 것은 아니나, 그 중에도 전 佐郎 姜沆, 部將 孫文彧, 무안 사는 武出身 丁夢鱮가 오랫동안 왜중에 있었으니, 또한 필시 일본의 城池와 기계에 대해 상세히 알 것입니다. 이 사람들에게 북병사의 군관이란 칭호를 주어 내려 보내 여러 鎭을 출입하면서 가르치게 한 연후 만약 성과가 있으면, 그대로 본도의 邊將으로 차임하여 그 노고에 보답함이 어떻겠습니까." 하니, 윤허한다고 전교하였다.168) 왜성의 형지를 아는 사람을 들여보내 성을 쌓도록 전일에 允下하였습니다. 이제 얼음이 풀렸으니 즉시 들여보내는 것이 마땅하겠으나, 본도 감사의 장계에 '본도는 鞨鞨과 접경 지역으로서 조석으로 사변에 대비하고 있기 때문에 성이 무너진 채 수축하지 않은 곳이 없다. 다만 慶源의 防垣城 등이 다른 곳에 비하면 규모가 매우 넓고 그 밖의 각 堡로서 梁永·造山·阿山 같은 성은 고쳐야 할 곳이 한두 군데가 아니다.169)

특히 부산왜성은 조선 후기에 군사적 요충으로 사용되면서 부산진성으로 사용되었다. 조선 전기에 경상좌수영의 수군 편제는 관할에 한 개의 僉使營과 10여 개의 萬戶營이 있었다. 그러나 임진왜란 이전에 다대포영이 첨사영으로 승격되고, 해운포영·염포영·오포영 등이 폐지됨으로써 임진왜란 이후에는 2개의 첨사영, 8개의 만호영이 있었다. 임진왜란 이후 전쟁에 실패한 전철을 밟지 않기 위해서 해상방어의 요충지인 부산에 두모포영, 개운포영, 포이포영, 감포영, 축산포영, 칠포영을 옮겨와서 각기 상당한 군비를 갖추게 되었다.170) 그러나 수심이 얕아서 좌수영의 移設 문제가 논의되어 수영 남촌으로 이전하였으며, 이 과정에서 좌수영 관할의 감포, 축산포, 칠포가 혁파되고 조선 후기에 좌수영에는 7鎭 체제가 확립되었다.171) 이에 경상좌수영

168) 『선조실록』 권127, 33년 7월 을축.
169) 『선조실록』 권133, 34년 1월 병오.
170) 김강식, 「17·18세기 부산의 행정과 관방」, 『항도부산』 10, 1993, 25쪽.

관할 하의 전 병력은 부산에 모두 집결되었으며, 부산은 국내 최대의 수군 군항이 되었다. 그러나 수군의 집결은 수백 연간 부산 지역민들을 괴롭히고 수탈하였다고[172] 한다.

이처럼 조선 후기에도 부산진성은 군사적으로 중요한 곳이었다. 부산진은 滿浦·白翎 등에 의거하여 邊地例로 시행하되, 세 진의 僉使는 부임한 지 1년이 되기 전에는 다른 관직으로 옮기지 못하도록 명하여 규정하였다.[173] 그리고 경상좌수영 관할의 부산진관의 軍額은 監官 1, 船將 1, 知轂官 4, 都訓導 1, 土射夫 36, 敎師 10, 砲手 48, 能櫓軍 290명, 分防射夫 112명, 防軍 1,640명이 소속되어 있었다. 부산진관의 상비군으로는 僉使 1, 軍官 36, 鎭吏 30, 知印 17, 使令 22, 軍牢 15명이었다. 그리고 兵船으로는 戰船 2, 兵船 2, 거북선 1, 伺候船 4척이 있었다고[174] 한다.

다음으로 조선 후기에 부산진성은 일본 성곽 문화의 혼종성을 보여주는 현장으로서 사용되었다. 조선 후기에 부산진성의 위치는 동래부에서 17리쯤에 부산진이 있는데, 성곽이나 여염이 고을과 비슷하며, 永嘉臺와 開雲鎭은 관아를 지나는 길에서 보인다고[175] 하였다. 부산진성에서의 문화혼종의 모습은 다음과 같은 측면에서 지속되었다.

첫째, 부산진성은 通信使 使行 6船이 출발하는 곳이었다. 통신사가 출발할 때 부산진의 僉使 및 支應하는 관원들이 와서 작별하였다.[176] 그런 모습은 경상도 관찰사 鄭賜湖가 치계에 나타난다.

---

171) 『영조실록』 권73, 27년 정월 을묘.
172) 김강식, 위의 논문, 1993, 26쪽.
173) 『國朝寶鑑』 권61, 영조 5, 15년 11월.
174) 김강식, 앞의 논문, 1993, 34쪽.
175) 『日槎集略』 地, 3월 26일.
176) 『奉使日本時聞見錄』 乾, 무진년(영조 24) 2월 병인.

신이 순시하여 부산에 이르렀습니다. 평시에는 부산은 서쪽에 있고, 왜관은 동쪽 5리쯤 되는 곳에 있었는데, 지금 釜山鎭이 倭人이 쌓은 성을 왜관의 옛터 옆으로 옮겨 쌓았으니 바로 동쪽입니다. 이번에 짓는 왜관도 서쪽 5리쯤 되는 곳에 있어서 부산과의 거리가 평시와 일반이니 옛터이냐, 새터이냐는 논할 바가 아닌데, 저들이 어찌 감히 원망하는 마음을 내겠습니까. 이는 염려할 것이 못됩니다.177)

그리고 부산진성 주변의 해안에는 船艙이 있어 대일 교섭의 창구 역할을 하였다. 대신과 備局 堂上을 인견하여 입시하였을 때에 영의정 許積이, "요전 경연 중에 무신 李相勛이 부산의 船艙에 관한 일을 진달하였다. 權大載가 巡撫使로 있을 때 선창이 메워진 것을 보고, 이상훈을 시켜 편리한 방법대로 파내게 하였다. 그러자 영가대 북편은 모래로 다 메워졌으나, 서편은 다 메인 지경은 아니어서 부산진의 두 전선과 개운포·두모포 등의 전선을 정박시켜 둘 수 있었다. 비변사에서 부산첨사에게 분부하여 속히 파내도록 하라." 하였다.178) 그리고 永嘉臺에서 海神에게 기도하였는데, 전례에 따른 것이었다고 한다. 영가대의 모습에 대해서는 "臺는 부산성 서쪽 큰 바다 위에 있었다. 높은 언덕이 10여 길인데, 웅장한 閣이 공중에 솟아 있었다."고179) 하였다.

둘째, 부산진성은 대일 관계 임무를 수행하는 현장이었다. 우선 일본 사신이 闕禮를 행하는 곳이었다. 부산진의 객사에서 행하게 하기를 한결같이 궐내의 의례대로 하게 하여 부산성 밖에 이르러서는 말에서 내려 걸어서 뜰 가운데의 자리에 들어오게 하였는데, 예를 행하게 한

---

177) 『선조실록』 권212, 40년 6월 신해.
178) 『備邊司謄錄』, 숙종 3년 1월 29일.
179) 『海遊錄』 上, 6월 정미.

지 수십 년 이래로 감히 어기지 못하였다.180) 이에 부산첨사는 接倭使라고 하며, 또 釜營大將이라고도 하였다. 그리고 對馬島 太守가 書契를 보낼 때는 반드시 東萊釜山兩令公閤下라고 일컫는데, 일본으로부터도 부산진성은 중시되었다. 이처럼 부산진첨사는 왜인들이 중시하는 직위였으며, 通信使의 幕裨는 왜인들이 귀하게 접대하지 않을 수 없었다고181) 한다.

또 부산진성은 일본인에게 필요한 땔감을 제공하는 곳이었다. 왜인에게 지급하는 땔나무와 숯은 처음에는 경상 좌·우도의 각 鎭으로 하여금 땔나무를 베고 숯을 캐어 부산진에 수납케 하고 부산진이 받아두었다가 지급하였다.182) 경상감사 鄭昌順이 東萊府가 바치는 倭供의 柴炭은 邊門이 견디기 어려운 폐단이 되었다고 보도하였다. 이에 小通事 등이 營門에 等訴하여 왜공의 시탄은 釜山鎭에서 마련하여 계산해 주었는데, 최초에는 1疋의 木을 대신한 것으로 炭은 7石 반, 柴는 150束이었다고183) 한다.

아울러 일본에 대한 외교적인 禮物을 담당하였다. 부산진에서 연례적으로 왜인에게 주는 禮單·雜物 값은 처음에는 東萊府에서 요구를 담당했다. 한 예로 1687년(숙종 13)에 道臣이 부근 고을의 儲置米를 劃給해 주도록 주청했는데, 이때 備局에서 동래부의 稅銀에서 매년 2백 50냥씩 획급하도록 복계하여 그대로 遵行하였다.184)

셋째, 일본과의 접촉이 잦은 곳이어서 문제점이 나타기도 했다. 하지만 이런 모습은 양국의 접촉 과정에서 나타난 자연스러운 문화혼종

---

180) 『增訂交隣志』 권3, 地, 倭使肅拜式.
181) 『海槎日記』 1, 계미년(영조 39) 8월 정미.
182) 『증정교린지』 권3, 地, 柴炭支給.
183) 『日省錄』, 정조 10년 9월 계미.
184) 『비변사등록』, 영조 13년 5월 28일.

의 과정이었다. 부산진은 對馬島와 서로 마주하고 있어서 출입의 방비를 엄히 하지 않을 수 없었다. 이에 주관하고 단속하는 책임은 오로지 부산진첨사에게 있었는데, 첨사 申景澄은 모리배를 많이 불러 모아 국법을 무시한 채 山獺을 멋대로 무역하도록 놓아두고, 그들과 이익을 분배하기까지 하였다.[185]

또 왜관의 일본인이 난동을 부리는 현장이었다. 예를 들면 代官倭 셋이 從者인 왜인 90여 인을 거느리고 왜관 문을 뛰쳐나와 몽둥이와 칼을 함부로 휘두르므로 성문을 지키던 자가 금할 수 없었고, 부산진에서도 막지 못하여 왜인이 곧바로 동래부로 달려갔다. 이튿날 아침에야 타일러서 왜관으로 돌아가게 할 수 있었다고[186] 한다. 그리고 부산첨사 李延禎을 獄吏에게 내렸는데, 이유는 부산진의 軍官 丁宗彌이 왜인들과 밀무역을 하다가 발각되었기 때문이었다고[187] 한다.

3) 절영도 임시왜관

임진왜란이 끝난 후 조선과 일본의 관계는 쉽게 회복되기 어려운 상황이었다. 임진왜란으로 조선은 너무나 큰 물적·인적인 피해를 입었으며, 의주까지 피난을 갔던 국왕 선조와 지배층에게는 돌이키기 어려운 큰 상처였다. 그럼에도 불구하고 전쟁이 끝나고 10년이 지난 후 조선과 일본은 다시 단절된 국교를 회복하였다.[188]

임진왜란 이후 국교 재개 노력은 일본에서 먼저 시작하였다. 도요

---

[185] 『선조실록』 권215, 40년 8월 계미.
[186] 『효종실록』 권9, 3년 9월 신묘.
[187] 『현종실록』 권20, 13년 6월 정유.
[188] 국사편찬위원회,『신편 한국사』 29, 조선 중기의 외침과 그 대응, 일본의 통교요청과 기유약조, 1992.

토미 히데요시가 사망한 후 일본 막부를 장악한 도쿠가와 이에야스(德川家康)는 새로운 정권의 정통성을 국제무대에서 인정받고, 새로운 문화 수용을 위해 조선과의 관계 회복에 적극적이었다. 對馬島主에게 지시를 내려 단절된 국가 관계를 회복하도록 하였다. 대마도주 또한 임진왜란 때 선봉에 서서 조선을 침략했지만, 조선과의 무역은 대마도 경제에 영향을 끼치므로 조선과의 국교 재개를 중요한 문제로 여겼다. 1599년 막부의 위임을 받은 대마도주는 부산진첨사에게 서계를 보내 이러한 뜻을 전달하고, 1600년에는 160여 명의 피로인(임진왜란 때 끌려간 조선의 일반 백성)을 돌려보냈다. 이러한 과정에서 일본 사절들이 부산에 왔다가 돌아가는 일이 증가하였다.

그런데 임진왜란 이전에는 일본 사절이 왜관에 도착해서 잠시 머물다 서울에 가는 일정이었지만, 전쟁 후에는 서울은 갈 수 없었다. 그러므로 사절의 숙소 및 관련 시설이 있는 왜관이 반드시 지정된 포구에 세워져야 했다. 임진왜란 후에도 제포와 염포는 왜관 부지로 선정되지 못하고 부산포 한곳에만 왜관을 두는 방안이 논의되었다. 또한 전쟁 전에 사용하던 부산포왜관 부지는 이미 조선의 군영이 들어서 있어 군사기밀 때문에 왜관을 다시 조성할 수 없었다. 특히 전쟁의 두려움이 채 가시지 않은 상황에서 왜관을 민가와 가깝게 둘 수도 없었다. 이에 새로운 왜관은 육지 맞은편 섬, 절영도에 들어섰다.

1601년 대마도에서 강화교섭사로 온 사절 다치바나 도모마사(橘智正)가 일본 사절로서 정식으로 대접을 받게 되었는데, 그 공간이 절영도왜관이었다.[189] 절영도왜관은 현재 영도구 대평동 2가 일대라고 알려져 있다. 지금의 중구 남포동과 좁은 바다를 사이에 두고 마주하는

---

[189] 金在勝, 「絕影島倭館의 存續期間과 그 位置」, 『동서사학』 6·7합집, 한국동서사학회, 2000, 23~35쪽.

위치이다. 1607년 回答兼刷還使로 일본에 가기 위해 부산에 체류하고 있던 慶暹의 『海槎錄』에서 절영도왜관의 위치를 찾을 수 있다.190)

1607년 2월 19일에 경섬이 쓴 일기를 보면, 그는 다대포에 있는 몰운대에 유람 갔다가 돌아오는데, 절영도왜관 앞을 지나자 배 위에서 다치바나 도모마사를 불러보고 밤이 되어서 돌아왔다. 회답 겸 쇄환사가 일본에 가기 전에 머물던 곳은 동래부 동헌 주변 또는 부산진성 내의 공간이었다. 그러므로 몰운대에서 부산진성 쪽으로 가려고 하면 현재의 남포동과 영도 사이의 좁은 바닷길을 지나야 하고, 배 위에서 왜관 안에 있는 일본인을 부를 정도면 왜관이 바닷가에 위치하고 있었음 유추할 수 있다. 또한 대평동에는 임진왜란 때 일본군이 만든 '사츠마보리'가 있어 배를 정박할 수 있었다는 점에서도 왜관터를 짐작할 수 있다고191) 한다.

그런데 절영도왜관은 7년 정도 짧은 기간에 있었던 왜관이므로 규모나 왜관 내 시설 등을 알 수 있는 자료가 거의 없다. 1720년 간행된 『通文館志』의 「왜관」 조항에 수록된 내용을 보면 '혹 말하기를 절영도에도 또한 왜관 터가 있다고 하나 그것을 세우고 없앤 것에 대해서는 근거로 할 만한 것이 없다'라고 하였다. 17세기 당시 왜관이 절영도에 있었지만, 건립 시기나 문을 닫은 시기 등 구체적인 것은 알려지지 않았다는 것이다.

다행히 조선왕조실록에 절영도왜관을 알 수 있는 기록이 있다. 『宣祖實錄』의 1606년 9월 17일 기록에는 일본 사절이 조선에 왔을 때 전례대로 절영도에 있게 하는 것은 그들이 바라지 않을 것이라고192) 하

---

190) 『해사록』 7월 초4일조.
191) 김재승, 『그림자섬(影島)의 숨은 이야기』, 도서출판 전망, 2005, 184~186쪽.
192) 『선조실록』 권65, 38년 9월 17일.

였다. 1606년에는 조선과 일본의 양국 사절이 왕래하면서 국교 회복의 가능성을 열던 시기였다. 그러므로 이 무렵에 온 일본 사절을 전과 같이 계속 절영도에 두면 안 될 것이라는 논의였다. 다시 말해 절영도에 일본 사절의 숙소가 있었고, 사절을 접대하는 공간이 있었다는 뜻이다.

그러나 절영도왜관은 계속 존속되기가 어려웠다 1606년에 이미 새로운 접대 장소를 만들어야 한다는 의견이 나왔으며, 1606년 9월에는 왜관 부지 선정을, 10월에는 옛 부산진 근처에 몇 칸의 집을 빨리 지으라는 지시도 내려진 바 있었다.[193] 실제 새로운 왜관을 짓는 공사는 이듬해부터 시작되었다. 1607년 6월이 되면 왜관을 새로 짓고 있고, 숙소는 이미 공사를 마쳤으며, 일본 사절에게 연회를 베푸는 宴饗大廳은 기둥을 세우는 공사를 하고 있었다. 새로 조성될 왜관이 공사 중이었기 때문에 여름에 온 일본 사절은 전과 같이 절영도왜관에 체류해야 했다. 1607년 7월의 상황을 보면 절영도왜관의 시설들은 이미 많이 훼손된 상태였다.

당시의 기록에 보면 '일본인(일본 사절) 다치바나 도모마사가 절영도에 왔는데, 옛날에 사용하던 관사는 낡고 무너지고 초가집은 보잘 것이 없고, 사절에게 제공하는 물품들이 좋지 않았다. 그래서 일본인이 화를 내고 일본으로 돌아가려고 한다.'라고[194] 기록되어 있다. 이를 통해서 살펴보면 절영도왜관 내에는 공적으로 사용하던 관사 건물이 있고, 주위에 초가집 들이 들어서 있었는데, 왜관을 조성한 지 7년이 지나자 왜관이 많이 무너진 모습이었다고 볼 수 있다.

이처럼 절영도 임시왜관은 1601년부터 1607년까지 존속기간이 짧았

---

[193] 『선조실록』 권204, 39년 10월 을묘.
[194] 안종복, 『海東繹史』 권65, 本朝備禦考 5, 倭館始末.

지만, 일본 사철이 체류하고 사절을 따라 일본 상인도 절영도에 계속 왔음을 알 수 있다. 정식으로 조선과 일본이 국교를 회복하지 않았던 때였지만, 무역품을 주고받는 시장인 開市가 열렸다. 이보다 앞서 국교 재개를 위해 입국하던 일본 사절은 총과 창, 黑角 등 조선에서 필요로 하는 군수품들을 가지고 왔다. 이 물품들은 조선 역시 군사력 확충에서 필요한 물품들이었으므로 조선 조정에서도 무역 재개에 대한 논의를 시작하였다. 이러한 분위기 속에서 1603년에는 이미 두 나라 상인들의 거래가 활발함을 알고, 조정에서는 정식으로 무역시장을 허락하였다. 절영도왜관의 개시에 참석하기 위해 서울 상인들이 모두 내려갔다고[195] 할 정도로 두 나라 거래는 활발하였다. 이렇게 전쟁 이후에 바로 조선과 일본의 문물교류가 진행되고 있었다.

1606년(선조 39)에는 왜사 다치바나 도모마사의 강화요청으로 왜관의 정식 설치가 가닥을 잡아나갔다.

> 이형욱이 비변사의 말로 아뢰기를, "橘倭(왜사 橘智正)가 일본의 서계를 가지고 나오면 전처럼 절영도에 맡아 두는 것은 미안할 듯하니, 부산 구진 근처에 몇 칸의 집을 빨리 지어라는 내용으로 이미 계하여 경상감사와 수사에게 행회 하였습니다. 이제 전계신 등의 말을 들어보면 아직도 거행하는 형지가 없다 하니 반드시 문서가 지체되어서 그럴 것입니다. 입접할 처소를 튼튼하게 만들지 않고 경솔히 이쪽을 맡아두면 사람들과 섞여 있어서 기밀이 누설 될 걱정이 없지 않으니, 우선 전대로 절영도의 관사에 맡아두고 공구만 특별히 조치하게 하소서. 그리고 접위관을 시켜 관사가 미처 만들어지지 않아서 옮겨 갈 수 없다는 연유를 가지고 잘 타일러서 서운한 생각이 없게 하는 것이 마땅하겠습니다. 감히 아룁니다." 하니 윤허한다고 전교하였다.[196]

---

[195] 『선조실록』 권152, 35년 7월 기묘.
[196] 『선조실록』 권204, 39년 10월 을묘.

한편 절영도왜관의 위치는 1607년(선조 40) 회답 겸 쇄환사로 일본에 다녀 온 조선통신사의 부사 慶暹이 쓴 사행록 「海槎錄」 7월 4일의 기록에서 살펴볼 수 있다. 부산에 머물렀다. 사람과 말이 고르지 못하여 서울 출발이 연기되었다. 왜사 橘智正은 절영도에 체류하였다라고 하였다. 즉 왜사 다치바나 도모마사는 대마도를 떠나 부산에 오면 절영도에서 유숙하고 있음을 기록하고 있지만, 왜관의 위치에 대해서는 기술하고 있지 않다.

그러나 1598년 12월부터 1606년 11월 2일까지 21차례에 걸쳐 대마도에서 온 일본 사절단이 타고 온 선단을 정박하였던 위치는 임진왜란 중에 일본인들이 자유로이 절영도를 드나들며, 그들의 은거지로 삼았던 곳이었을 개연성이 있다.

또한 도회군 황말춘이 일본군에 포로가 되어 절영도에 끌려갔다가 그곳에서 왜인들이 나무를 베어다가 집을 짓고, 운반해 온 양곡을 100여 곳에 분산하여 쌓아 놓은 것, 대마도에서 양곡을 실은 배가 계속 들어오고 있는 것, 그리고 부산 해구에 시장을 열고 물건을 매매하는 것, 매우 화려하게 지은 기와집을 보았는데, 이 집은 일본의 대상관이 머무를 것이라고 한 내용을 울산군수 金太虛의 비보에 의해 여러 도의 순찰사 金命元이 馳啓를 올린 것으로 기록하고 있다.[197] 뿐만 아니라 1596년(선조 29)의 우참찬 李恒福의 서장은 단오날에 小西行長 등이 잔치를 베푼다는 핑계로 절영도에 자리를 마련하고, 부사(동래부사)를 대마도로 납치할 계책을 세운 내용을 기록하고[198] 있다. 때문에 1593년(선조 26)과 1596년(선조 29)에는 절영도가 이미 일본인 거점으로 둔갑되어 있음을 기록으로 확인할 수 있다.

---

[197] 『선조실록』 권40, 26년 7월 갑자.
[198] 『선조실록』 권75, 29년 5월 병술.

그런데 1825년 대마도 사람 小田省吾가 쓴 『草梁畫集』에 의하면, 임진왜란 때 일본 수군들이 해안을 준설하고 그들의 군선을 정박시킨 곳을 倭浦라고 불렀다고[199] 기록하고 있다. 이른바 절영도를 일본 수군의 주둔지로 삼은 사실을 기록으로 전하고 있다. 다른 한편 『釜山府使原稿』를 집필한 일본인 都甲玄卿은 『부산부사원고』 제4권 제2장에서 조선 측의 사료인 『東萊漁基監董謄錄』과 대마도 자료인 『초량화집』의 기록을 이용하여 '절영도 왜관지는 薩摩窟(사츠마보리)의 동남 일대의 구릉에 있었던 것 생각된다.' 고 처음으로 절영도 왜관지를 구체적으로 밝히고 있다. 따라서 사츠마보리의 위치만 확인하게 되면, 절영도 왜관지의 위치도 찾을 수 있을 것으로 생각하는 것이 옳을 것이다.

근래에는 "절영도 서남해안 구릉지대는 임진왜란 중 사츠마번 수군들이 군선을 숨기기 위해 만든 포구가 있었다는[200] 주장이 대두되었다. 그들은 해안의 갯벌을 파서 군선이 정박할 수 있도록 인공 정박지로 만들었던 것이다.[201] 임진왜란 후 대마도의 첫 강화 요청사가 절영도로 들어오게 된 것은 부산포 내 육지 해안은 아직도 왜인들에 대한 적개심이 높아 상륙이 불가능했고, 또 조선 정부에서도 대마도 상인들이 건너오는 것을 철저히 막고 있었기 때문에, 신변 안전상 무인도로 남아 있는 절영도 사츠마보리 해안을 입항지로 택한 것이다."라 하였다. 그는 대마도에서 파견한 밀사 성격을 띤 왜사들의 선박이 정박하고 머무른 곳을 일본인 都甲玄卿의 기록과 같이 사츠마보리로 파악하였다.[202]

---

[199] 『釜山府使原稿』권2, 민족문화, 1963, 218쪽.
[200] 영도에서는 待風浦라고 알려져 있는 곳이다.
[201] 김재승, 앞의 책, 2005, 180~181쪽.

임진왜란 때의 일본 수군의 은거지 사츠마보리는 동래 주민들이나 관(동래부)의 세찬 눈초리에서 벗어나 일본 사절의 안전을 도모할 수 있는 곳으로서는 최상의 장소였을 것이다. 임진왜란 후 강화 요청사들은 이곳 해안에 임시 건물을 짓고 부두시설도 만들었다. 그리고 조선 정부로부터 정식으로 왜관(두모포 왜관) 설치가 허락되는 1607년까지 倭浦라 불렀었다고[203] 한다.

이런 추정이 가능하다면 제1차로 부산포로 잠입한 밀사선의 정박지를 사츠마보리로 정하고, 이곳 위치를 잘 알고 있는, 그리고 부산포로 항해한 경험이 있으면서 조선말에 능한 선주를 뱃길 안내자로 동원하였을 것이다. 일본에 납치되어 갔던 조선인 포로들이 본격적으로 사츠마보리로 속속 송환해 들어오자, 이들이 고향으로 돌아갈 때까지의 임시 숙소로서 사용되면서 그 규모가 확대되었을 것이므로 일본인들의 거주지역(임시왜관)은 더욱 넓어졌을 것이다. 그리고 일본으로 끌려갔다 소환되어 온다는 소식을 들은 포로인 가족들이 혈육을 찾기 위해 이곳을 빈번히 출입하게 되자, 이곳이 왜포로 널리 알려지게 되었을 것이다.

1934년(소화 11) 발행 「부산항지도」를 참고하면, 대풍포를 매축하면서 만든 피항을 사츠마보리라고 기록하고 있다. 이것을 현재의 지도에서 찾아보면 대평동 폐선계류장이다. 일제강점기인 1916년부터 1926년까지의 대풍포 매립 이후에 생긴 섬 속의 호수가 지금은 폐선계류장으로 변해 있는 것이다.[204] 이곳이 임진왜란 이후 조선과 일본의 임시 교류 현장이었다고 할 수 있다.

---

[202] 『釜山府使原稿』 권2, 민족문화, 1963, 217~218쪽.
[203] 『釜山府使原稿』 권2, 민족문화, 1963, 218쪽.
[204] 김재승, 앞의 책, 2005, 182~183쪽.

제3장
조선 후기의 부산항

제3장 조선 후기의 부산항

1. 조선 후기의 군항

1) 방어체제 변화 속의 수군

　조선 후기에는 정치·사회·경제상의 변화상을 반영하여 군사제도의 대대적인 개편이 있었다.[1] 이러한 추이는 부산의 경우에도 예외가 아니었으며, 지리적인 여건상 부산 지역은 어느 지역보다도 국방문제가 중시되었다.[2] 임진왜란을 겪은 후 부산 지방은 국방의 요새로서 자기 모습을 드러내기 시작하였다. 그것은 이 지역이 일본과 가까운 거리에 있어 일본군의 침입로가 되기 때문이었다. 그러므로 부산 지방에는 장차 또 있을지도 모르는 일본군의 침입에 대비하기 위하여

---

[1] 대략적으로는 군사력 강화의 노력과 訓鍊都監의 창설, 防守體制의 강화와 지방군의 束伍軍의 성립, 중앙의 五軍營制의 성립을 둘러싼 정치세력간의 갈등과 대립, 英·正祖代의 都城守備體制와 壯勇營의 경영으로 나타났다; 陸軍本部, 『韓國軍制史』 近世朝鮮後期篇, 陸軍士官學校 韓國軍事研究室, 1977과 李泰鎭, 『朝鮮後期의 政治와 軍營制變遷』, 한국연구원, 1985 참조.

[2] 조선시대의 군사조직은 조선 전기의 중앙의 五衛制度와 지방의 鎭管 및 制勝方略 체제에서 후기의 五軍營制와 束伍軍制로 바뀌어 나갔다. 이는 양난이후의 변화로서 전기의 군제를 보완하고 사회경제적인 변화를 반영하여 합리적인 방향으로 재편한 것이라고 볼 수 있다.

많은 군사시설이 갖추어지고 방비태세가 한층 더 심화되었다.3) 조선 후기에 부산의 군사체제는 크게 두 가지 방향에서 추진되었다.

먼저 육군의 경우이다. 첫째, 이는 군사조직과 체계의 개편으로 나타났다. 조선 후기 지방군은 鎭管體制에4) 바탕을 둔 束伍軍이 근간을 이루었다.5) 조선 전기에 동래부의 군사권은 경상좌병영 휘하의 경주 巨鎭의 僉節制使인 慶州府尹이 장악하고 있었다. 그러나 양란을 겪고 난 후 동래부의 군사적인 중요성이 재인식되면서 孝宗 때에 독립진으로의 승격되었다. 즉 1655년(효종 6)에는 종전까지 경상좌병영 관할 하의 慶州鎭管에 속해 있던 여러 진 중의 하나였던 동래진을 경주진관에서 떼내어 獨鎭으로 승격시켜, 인근의 양산군과 기장현 소속의 군사까지 통합하여 지휘할 수 있게 하였다.6) 동래부사는 무관직인 첨

---

3) 『邑誌』에 기록되어 나타나는 關防條를 통해서 단적으로 알 수 있다. 동래부지의 관방조에는 좌수영, 부산, 해운포, 다대포, 서평포, 두모포, 개운포, 감포, 포이포의 군선과 군관이 언급되고 있다. 그러나 관방은 이외에도 방어체계를 포괄하는 국방체계 전체로 파악할 수 있다고 생각한다. 한편 각종의 읍지에서 관방이 중시되는 것은 임진왜란 직후의 향촌사회의 와해 속에서 나타난 현상 중의 하나이다. 이에 대해서는 楊普景, 「16~17世紀 邑誌의 編纂背景과 그 性格」, 『地理學』 32, 1983을 참조. 또 조선 후기의 관방시설의 변화 실상에 대해서는 車勇杰, 「朝鮮後期 關防施設의 變化過程-壬辰倭亂 前後의 關防施設에 대한 몇가지 問題-」, 『韓國史論』 9, 국사편찬위원회, 1981.
4) 鎭管體制는 행정단위인 邑을 군사단위인 鎭으로 편성하고, 각 도에 兵營과 水營을 설치하여 兵馬節度使와 水軍節度使로 하여금 각기 육군과 수군을 지휘케 한 것이다.
5) 속오군은 훈련도감의 操鍊·習陣의 감독하에 지방감사가 책임을 지고 각 면, 각 촌마다 훈련교장을 만들어 哨를 단위로 조련하고 일단 유사시에는 전문적인 무관에 의해 통제되었다. 이는 향촌조직인 면리제와 긴밀한 연관하에 실시되었다고 한다. 尹用出, 「壬辰倭亂 시기의 軍役制의 동요와 개편」, 『부대사학』 13, 1989.
6) 조선 전기에 東萊縣은 진관체제 하에서는 울주·양산·영천·흥해·정하·영일·장기·언양현과 더불어 울산에 있던 경상좌병영 관하의 경주진관에 속하였다. 당시 경상도에는 전국의 16개의 병영과 수영 중에서 각각 병영과 수영이 3개씩 관할하게 되었다. 3개의 병영 중에서 1개는 대구에 監營을 두고 있는 관찰사가

절제사직을 겸직하면서 경주부윤으로부터 군사지휘권을 인수하였다. 이런 제도는 진관이 해체되는 1895년까지 지속되었다.

동래독진은 1690년(숙종 16)에는 동래부사 李衡祥의 狀請으로 동래에 종2품의 防禦使를 두어 부사의 임무를 겸하게 하다가, 1692년(숙종 18)에는 이를 폐지하였으며, 1739년(영조 15)에는 부사 具宅奎의 건의에 따라 부사가 東萊守城將을 겸임하여 독진의 군사를 지휘하고 군사사무를 처리하였다.

둘째, 임진왜란 이후 부산의 국방도시로서의 중요성이 인식되었으며,[7] 군사시설 확충과 군기의 저장·보관을 통해 알 수 있다. 조선시대의 군사시설의 대종을 이룬 것은 城이었다.[8] 조선 후기 동래부의 관방시설은 왜구의 주접근로가 남해안과 낙동강 하류라는 것을 감안하여 계획되었다. 관방 제1선은 수영에서 다대포에 연하는 해안선을 방어하는 것으로서 경상좌수영은 좌수영성, 부산포진은 부산진성지성, 다대포진은 다대포성이 중심이 되어 각 진보를 방어하였다. 관방 제2선은 동래부를 방어하기 위한 것으로 동래읍성과 금정산성이 있다. 이들 두 성은 천연적인 장애물과 지리적인 이점을 이용한 石城으로서 동래부를 지키는 최후의 보루라고 할 수 있다. 관방의 제3선은 내지를 방어하는 것으로 동래 금정산성, 성주 독용산성, 문경 조령산

통제하고, 나머지 2개는 울산에 병영을 둔 慶尙左道兵使와 창원에 병영을 둔 慶尙右道兵使가 각각 관장하였다.

[7] 임진왜란 이후 동래부는 조선왕조실록에 '南邊之關額'이나 '倭寇之要衝' 등으로 묘사되어 나타나고 있다.

[8] 조선 전기의 關防계획은 軍倉을 가진 山城이 內地, 沿邊邑城이 그 외방, 沿邊鎭堡가 다시 그 외방을 차단하도록 되어 있었다. 그러나 임진왜란을 겪으면서 소규모의 외침에 대비하였던 연변방어체제가 무의미함이 입증되어 內地까지 침입한 적을 제압하는 방법은 산성에 淸野入堡하는 전통적인 방법이 가장 효과적이라는 것이 재인식되었다. 이런 것은 柳成龍 단계에서부터 인식되고 있었던 것이다(「해제」, 『東萊史料』 1·2·3, 여강출판사, 1989).

성, 선산 금오산성, 칠곡 가산산성, 진주 촉성산성 등 6개의 산성으로 구성되는 방어체계를 말한다.

다음은 水軍의 경우이다. 이는 경상좌수영과 그 관할 하의 각 鎭을 통해서 방어체계를 갖추어 나갔는데,[9] 이 경상도 수군의 집중화로 나타났다. 경상좌수영성은 경상좌도 수군의 총사령부라 할 수 있는 主鎭이다.[10] 원래 좌수영은 동래 戱蠻夷浦에 있었는데, 태종 때 울산 開雲浦로 옮겼다가 1592년에 다시 동래 南村으로 옮겼다고 하지만, 그 연대는 확실하지 않다. 그 후 1635년(인조 13)에 絲川의 홍수로 말미암아 선창의 수로가 매몰되어 뱃길이 통하지 않게 되어 다시 감만이포로 옮겼다. 그러나 이곳은 倭館과 가까운 곳이라서 군사상의 기밀이 누설될 우려가 있다 하여 1652년(효종 3)에 다시 동래 남촌으로 옮겼다.[11] 그 후 좌수영은 군역법 시행 후 수군 군량미의 부족으로 관할진이 10진에서 7진으로 줄어들었으며, 1895년 7월에 군제개혁으로 좌수영이 폐지될 때까지 이곳에 있었다.

한편 조선시대에 경상도에 있었던 3개의 수영은 병영과 마찬가지로 관찰사가 1개의 수영을 통제하고, 나머지 두 개의 수영은 동래에 좌수영, 거제에 우수영을 두어 수군절도사로 하여금 수군을 지휘하게 하였다. 경상좌수사의 관할 하에 있는 부산 巨鎭의 경우 부산첨사가 수군을 관할함에 따라 동래에 위치하고 있는 豆毛浦・海雲浦・包伊浦・

---

[9] 조선시대 수군의 편제는 육군의 경우와 같이 진관체제였다. 그리하여 수군절도사, 첨절제사, 만호 아래에 각 浦鎭 소속의 수군을 편성했다; 방상현, 『朝鮮初期 水軍研究』, 민족문화사, 1991.
[10] 이의 정확한 명칭은 경상좌도수군절도영인데, 현재의 남구 수영동에 있었다. 좌수영성에 대해서는 『慶尙左水營城址』, 부산대학교 한국문화연구소, 1990을 참조. 조선 후기 전국 수군의 편제는 조선 전기의 수군의 편제를 계승한 것이었다.
[11] 이에 대해서『燃藜室記述』「官職典故」, 水軍節度使篇에는 仁祖 乙亥年에 다시 감만이포로 옮겼다가 효종 임진년에 다시 동래로 옮겼다고 되어 있다.

多大浦 등의 萬戶는 부산첨사의 관할하에 들어갔다.

경상좌수영의 편제는 주장으로서 경상좌도 수군절도사가 있었다. 경상좌수사는 정3품의 무관으로서 첨사, 만호, 권관을 두고 海防을 지휘하였다. 그의 임기는 2주년 교체를 원칙으로 했으나 잘 지켜지지 않았다. 당시 좌수영의 소재지가 동래부의 관할지역에 있었기 때문에 동래부사(문관 정3품)와 세력을 겨루어 비협조적이거나 불화한 경우가 많았다고[12] 한다. 이것은 조선시대의 일반행정과 군사행정이 분리되지 않은 미숙성을 보여주는 것이다. 그리고 수사의 부관으로는 무관 정4품의 虞侯가 있었으며, 그 밖에 帶率軍官 6, 畵師 1, 寫字 1, 營吏 30, 鎭撫 37, 通引 25, 官奴婢 10, 使令 26, 軍率 23명이 있어 좌수사의 공사생활에 사역되었다.

좌수사의 업무는 일반 행정체계와 같은 양상이었다. 좌수영의 사무는 좌수사의 지휘를 받아 이방·호방·예방·병방·형방·공방의 6房이 있어 각기 사무를 집행하였다. 虞候에게는 中營이라 하여 虞侯衙門이 별도로 설치되어 관제와 시설이 따로 마련되어 있었다. 이런 모습은 수령의 조직과 비슷하며, 이를 통해 일반·군사행정이 혼효되어 있음을 알 수 있다.

수사가 있는 좌수영성은 1692년(숙종 18)에 좌수사 文希聖의 중수를 거쳐 조선 왕조의 말기에 이르렀다. 성 안에는 수사가 집무하는 水使營(上營)과 우후가 집무하는 中營이 별도로 설치되어 있었으며, 객사인 영파당과 동헌인 관운당, 우후의 집무처인 세검헌을 비롯하여

---

[12] 『東萊府先生案』이나 『慶尙左水營先生案』을 살펴보면 동래부사와 경상좌수사가 서로 세력을 겨루다가 파직된 예가 적지 않음을 통해서도 알 수 있다. 한편 수사와 첨사의 교체실태에 대해서는 李源鈞, 「朝鮮後期 地方武官職의 交替實態」, 『부대사학』 9, 부산대학교사학회, 1985 참조. 여기서 씨는 수사와 첨사의 임기가 지켜지지 않은 점과 그것이 징계 때문이었음을 밝히고 있다.

비장청인 백화당, 원문인 수항루, 주사대변소로서 척분정, 주사장대로서 연무정과 군기고, 화약고, 호고, 보군고, 영수고, 공고, 관청고, 지창, 수성청 등 많은 관아와 창고가 있었다.[13]

또 성 밖에는 어구정과 장대가 있었는데, 어구정은 군사들에게 사격 훈련을 시키던 곳이요, 장대는 매년 10월 1일에 수사가 직접 무사들에게 무예를 시험하던 곳이다. 장대의 시험에 합격하면 좌수사 명의로 된 합격증을 받아 선달이 되었다. 이 밖에도 평상시에 병선을 정박시키기도 하고, 혹은 바다에 풍랑이 심할 때 병선을 대피시키기도 하는 上營船所와 中營船所가 있었으며, 그 주위에는 적을 탐망하는 覘夷臺와 望景臺가 있었다.

한편 경상좌수영은 관할지역 안에 兵庫와 封山을 두고 있었다. 병고는 병기고로서 좌수영 관할 하의 7진과 기장·울산 등지에 27개소를 두었다. 봉산은 배를 만드는 목재의 조달을 위해서 나무의 벌채를 법으로 금지하는 산을 말한다. 여기에는 동래의 上山, 東邊山, 西邊山, 雲水山과 다대포의 沒雲山, 頭松山, 金峙山이 해당된다. 울산, 기장, 경주, 장기, 영일, 흥해, 밀양, 양산 등지에도 봉산이 있었다.

경상좌수영의 수군편제는 원래 한 개의 僉使營(부산진)과 10여 개의 萬戶營(동래 多大浦營·海雲浦營·西平浦營, 기장 豆毛浦營, 울산 開雲浦營·西生浦營·鹽浦營, 장기 包伊包營, 경주 甘浦營, 영덕 烏浦營, 영해 丑山浦營, 흥해 漆浦營)이 있었다. 그러나 임진왜란 이전에 다대포영이 첨사영으로 승격되고, 해운포영·염포영·오포영 등이 폐지됨으로써 왜란 이후에는 2개의 첨사영, 8개의 만호영이 있었다.[14]

그 후 임진왜란에 실패했던 전철을 밟지 않기 위해 해상방어의 요

---

13) 『東萊營誌』 公廨條, 『輿地圖書』 경상도 좌수영 공해조.
14) 『비변사등록』 204책, 순조 14년 2월 5일조.

충지인 부산 지방에 두모포영, 개운포영, 포이포영, 감포영, 축산포영, 칠포영을 옮겨와서 각기 상당한 군비를 갖추게 되었다. 그러나 이후에도 수심이 얕아서 이설문제가 자주 논의되었으며, 이 과정에서 좌수영 관할 하의 감포, 축산포, 칠포가 혁파됨으로써 조선 후기에 좌수영에는 7진체제가 확립되었다.15) 이에 경상좌수영 관할 하의 전 병력은 사실상 부산에 총 집결되어 있었으며, 부산은 국내 최대의 수군기지가 되었다.16)

〈표 16〉 조선 후기 좌수영 관할의 진과 군관17)

지역 직군	부산 첨사영	다대 첨사영	서평포 만호영	두모포 만호영	개운포 만호영	포이포 첨사영	감포 첨사영	축산포 첨사영	칠포 첨사영
首將	僉使	첨사	萬戶	만호	만호	만호	만호	만호	만호
軍官	36	14	8	8	18	18			
鎭吏	30	24	6	11	11	10			
知印	17	13	3	10	10	9			
使令	22	10	2	5	5	2			
軍牢	15	8							

조선 후기에 경상좌수영 관할 하의 모든 진영 군사기관의 부산 집결은 부산의 수군력을 강화시킨 조치였다. 한편으로는 조선 후기에 경상좌수영 관할 하의 모든 진영의 부산 집결은 수백 년 동안 부산 지역 민중들을 괴롭히고 수탈하는 곳이 되게 하였다. 그것은 부산 지역의 민들이 고역이었던 수군과 관련된 부담을 져야 했기 때문이었다.

---

15) 『영조실록』 권73, 27년 정월 신축, 을묘.
16) 김강식, 앞의 논문, 1997, 45쪽.
17) 『東萊府邑誌』 鎭堡, 釜山鎭條; 『嶺南鎭誌』 등을 참고하여 작성하였다.

2) 수군과 전선

조선 전기의 兵農一致의 국민개병제는 임진왜란을 이후 訓鍊都監의 설치와 함께 傭兵制的 給料兵制로 전환하였으며, 이와 함께 군역은 良人에게만 부과되는 良役으로 변화하게 되었다. 이에 軍資를 마련하기 위해서 良丁에게 군역을 면제해 주는 대신 軍布를 징수하였는데, 이 양역은 각종 폐단을 야기하였다.[18] 조선 후기의 군역제는 상품화폐경제의 발달과 함께 병농분리와 모병제의 추진으로 전개되었으며, 군역도 物納의 군역세로 개편되었다. 이 때문에 조선 후기 군사문제에서 가장 중요한 것은 군역자원의 확보와 조달이었다.

먼저 육군의 군액을 동래부의 군액을 중심으로 살펴보면 다음의 사실을 알 수 있다. 첫째, 군사시설의 확충은 군액을 크게 증가시켰다는 점이다. 1740년(영조 16) 동래부의 軍摠은 장관·장교·군졸을 합하여 7,401명이었다. 여기에 기타 身役 부담자를 합치면 모두 10,275명이 되었다. 이런 경우 문제가 된 것은 양역의 폐단이었다. 즉 당시 동래부의 인구수와 비교하여 '軍多民少'의 현상이 나타난 것인데,[19] 이것을 해결하는 것이 조선 후기 군역에서 해결해야 될 선결과제였다.

둘째, 지방군의 핵심은 속오군과 牙兵, 수군임을 알 수 있다.[20] 이것은 조선 후기의 군사조직이 지방에서는 속오군이 중심이었음을 보여주며,[21] 해안 지역의 방어 면모를 보여주는 것이며, 특수병이 지역

---

[18] 車文燮,「壬亂 以後의 良役과 均役法의 成立」(上·下)『史學研究』10·11, 1961과 朴廣成,「均役法施行 以後의 良役에 對하여」,『省谷論叢』3, 1972.
[19] 正祖 즉원년(1776) 동래부의 役摠은 12,450명이었다;『正祖實錄』권2, 正祖 즉위년 9월 庚寅.
[20] 조선 후기 지방군의 편제는 보통 將校가 2인인 경우 束伍 1, 牙兵 1명으로 되어 있는 것이 일반적이었다.
[21] 경상좌도 東萊守城將 아래의 속오군은 哨數 11초에 保人數는 1,375명이었다(『增

에 따라 편제되기도 했음을 보여주는 것이다.22) 즉 속오군은 賤隷가 중심이 되어 편성된 군대이고, 어떠한 귀속처가 있어 番上이나 留防을 하지 않기 때문에 각 지방의 사정에 따라 잡다한 목적으로 편성된 군대들이었음을 알 수 있다. 그러나 이들은 거의가 명목상이었을 뿐이고, 사실상은 良役의 收布軍으로서 地方營의 營需를 충당하는 구실 밖에 못하였다. 이 경우 私募屬이라는 額外役이 나타나게 되어 각종 폐단을 낳았다. 사모속이 가장 일반적으로 행해진 것은 軍官·牙兵·匠人이었다.23) 한편 僧軍作隊는 산성수호를 위해서 1713년(숙종 38)에 판결사 李正臣의 건의로 설치되어 산성을 수호하였으며 이후로도 계속 존속되었음을 알 수 있다.

셋째, 水軍役 변화를 알 수 있다. 종래 수군역은 역명의 천함과 역의 고중함으로 七般賤役 중의 하나로 간주되었으며, 조선 후기에는 雇立制로 운영되었다. 이에 수군역의 경감은 并保制의 실시로 나타났으며,24) 경상도 수군의 경우 布 2필을 받쳤다.25) 이후 수군역은 균역법으로 이어졌지만 역폐는 없어지지 않았으며, 納布軍을 중심으로 군액이 증가하였다. 동래부의 경우 1740년(영조 16) 保人까지 합쳐 1,375명이던 수군의 액수가 17776년(정조 즉위년)에는 3,391명으로 증가하고 있다.26)

補文獻備考』 권118, 兵考 10·11).
22) 속오군이 지방군의 핵심이긴 하지만 그 자체가 바로 지방군의 전체는 아니었다. 지방군에는 속오군과 성격이 비슷한 잡다한 이름의 군대와 지방군이 지방적 특성에 따라 무수히 널려 있었다고 한다(車文燮,「束伍軍研究」,『朝鮮時代 軍制研究』, 단대출판부, 1973).
23) 鄭演植,「17·18세기 良役均一化 政策의 推移」,『한국사론』 13, 서울대학교 국사학과, 1985.
24) 鄭演植,「앞의 논문」, 1985를 참조.
25) 『承政院日記』 445책, 숙종 34년 11월 25일 丁酉.
26) 『정조실록』 권2, 즉위년 9월 경인.

군역의 증가는 疊役의 폐단을 낳았으며, 많은 문제를 유발하였다.
　조선 후기에 수군역은 역명의 과다함과 그 고중으로, 나아가 변장의 침탈 등으로 인하여 많은 폐해를 야기하고 있었다. 수군은 대개 고립제로 운영되었으므로 대부분의 수군은 납포만 하고, 실질적인 立役은 해상 토졸들이 雇立價를 받아 담당하기 때문에, 원래 수군은 고립수군의 보인과 같은 역할을 맡았다. 물론 산군의 수군과 연읍의 육군의 차정이라든지, 현종대부터 시행되기 시작한 3남과 경기도의 병보제 등의 수군역 완화 조치가 있었지만, 실질적인 피역은 되지 못했다. 그러다가 숙종 연간에 釐正廳의 설치 후, 수군포가 2필로 경감되면서 원수군으로부터 받은 납포로 고립수군의 급료와 변장의 급료, 육물가 등을 해결하고, 나머지는 비변사로 이송하였다. 그 후에 양역 폐단의 대폭적인 개선을 기도한 균역법 시행 단계에 가서 1필역으로 감액되지만, 실제로는 잦은 영진의 부조와 축역, 조선역 등이 잇따라서 여전히 수군역은 고전을 면치 못하였다. 숙종조의 경우 수군역은 1년에 수포 3필을 납포하고, 入防軍으로서 1朔씩 노군, 사부, 포수로 입번하는데, 대개 鎭下居民이 차정되어서 고립하였다. 즉 12번 교대제가 실시된 셈인데, 이 과정에서 직업 수군이 등장하게 되었다.[27]
　다음으로 수군의 군액을 좌수영성과 관할 하의 守城軍과 군선을 살펴보면 다음과 같다. 경상좌수영 수성군의 편대는 좌우 2司로 나누고, 또 전후 좌후에 각각 2哨의 군사를 배치하였다. 전후좌우의 哨隊에는 수첩군관 각 125명과 假倭軍[28] 25명이 배속되어 있었다. 좌수영 직속의 병선으로는 전선 4척, 병선 5척, 거북선 1척, 探船 1척, 伺候船 12척

---

[27] 鄭演植, 앞의 논문, 서울대학교 국사학과, 1985.
[28] 가왜군은 간혹 쓰시마의 受職倭軍을 말한다고 하지만, 글자대로 훈련을 위한 가상 왜군을 말한다.

이 있었다. 그 중에서 가장 주가 되는 전선 4척에 소속된 병원은 감관 2명, 선장 2명, 지구관 8명, 훈도 1명, 도훈도 1명, 교사 20명, 군기감군 1명, 포수 96명, 토사부 72명, 능로군 601명, 분방사부 424명, 분방군 1,040명, 방군 2,160명이나 되었다.

첫째, 慶尙左水營의 직할 군사수와 군선을 살펴보면 아래와 같다.

〈표 17〉 조선 후기 경상좌수영 직할의 군사수와 군선[29]

병선	監官	船將	知殼官	都訓導	軍器別監	敎師	砲手	土射夫	能櫓軍	分防射夫	分防軍
營1船	1		2	1	1	5	24	18	166	106	1,400
營2船	1		2	1		5	24	18	145	106	800
營3船		1	2			5	24	18	106	106	800
營4船		1	2			5	24	18	145	106	560

둘째, 조선 후기에 부산 지방에 있었던 경상좌수영 관할 하의 여러 진영의 군액을 살펴보면 다음과 같다.

〈표 18〉 조선 후기 경상좌수영 관할의 군액[30]

지역 직군	부산 첨사	다대 첨사	서평포 만호영	두모포 만호영	개운포 만호영	포이포 만호영	감포 만호영	축산포 만호영	칠포 만호영
감관	1	1	1	1	1	1	1	1	1
선장	1	1							
지구관	4	4	2	2	2	2	2	2	2
도훈도	1								
토사부	36	36	18	18	18	18	18	18	18
교사	10	5	5	5	5	5	5	5	5
포수	48	48	24	24	24	24	24	24	24
능로군	290	290	145	145	145	145	145	145	145
분방사부	112	112	106	106	106	106	106	106	106
분방군	1,640	1,600	800	800	800	800	800	800	800

---

[29] 『東萊府邑誌』 鎭堡, 釜山鎭條; 『嶺南鎭誌』 등을 참고하여 작성하였다.

셋째, 조선 후기에 경상좌수영 관할 하의 여러 진영의 군선수를 살펴보면 다음과 같다.

〈표 19〉 조선 후기 경상좌수영 관할의 군선수[31]

지역 병선	부산 첨사영	다대 첨사영	서평포 만호영	두모포 만호영	개운포 만호영	포이포 첨사영	감포 첨시영	축산포 첨사영	칠포 첨사영
전선	2	2	1	1	1	1	1	1	1
병선	2	2	1	1	1	1	1	1	1
거북선	1	1							
사후선	4	4	2	2	2	2	2	2	2

위의 표를 통해서 다음의 사실을 알 수 있다. 첫째, 군액의 규모이다. 좌수영성의 직할 수성군은 4,787명이며, 예하부대의 병력은 11,952명이었다. 이는 같은 시기의 다른 지역과 비교하여 많은 인적 규모임을 알 수 있다. 한편 조선 후기 수군역은 고역으로서 많은 폐단을 야기하였으며, 수군은 고립제로 운영되었다. 이 과정에서 입방군으로 노군, 사부, 포수 등이 입번하였다. 이들은 직업군인으로 군액의 거의 대부분을 차지하였다. 이 외에 城丁軍이 따로 있었음을 알 수 있다.

둘째, 군역자원의 조달문제이다. 조선 후기의 군역제의 실시과정에서 알 수 있듯이, 조선 후기의 국방문제에서 가장 중요한 문제는 국방재원의 확보와 인적 자원의 조달이었다. 실제 당시 주군인 防軍은 다른 읍의 櫓軍으로 대신하게 하였는데, 이들이 방군의 수포만 받아먹고 노역은 면하려고 해서 많은 문제가 되었다. 이러한 변화는 인근의 군인을 편입시켜 부병케 함으로써 여러 날이 소요되는 폐단을 낳기도 했다. 또 이를 통해 방군 이외의 모든 군사는 모두 영진에서 충당하였

---

30) 『東萊府邑誌』鎭堡, 釜山鎭條; 『嶺南鎭誌』 등을 참고하여 작성하였다.
31) 『東萊府邑誌』鎭堡, 釜山鎭條; 『嶺南鎭誌』 등을 참고하여 작성하였다.

음을 알 수 있다. 이에 국가는 부족한 閑丁을 수괄하기 위해서는 里定法을 실시하기도 하였다고32) 한다.

셋째, 전병선체제를 유지한 조선 후기의 군선체제는 조선 후기의 경우 1전선, 1병선, 2사후선을 모체로 하고, 본영의 경우에는 각 선이 추가되는 것이 일반적이었다.33) 좌수영 관하의 병선은 전선 15척, 병선 15척, 사후선 30척, 탐선 1척이었다. 이는 대·중·소형의 선박을 적절히 조화·배치하여 일사불란한 전투를 수행할 수 있게 한 것으로 볼 수 있다고34) 한다. 전병선체제를 유지한 조선 후기의 군선체제는 통상 1전선, 1병선, 2사후선을 모체로 하고, 본영의 경우에는 여기에 각 선이 추가되는 것이 일반적이었다.

한편 각 군선의 경우를 살펴보면, 전선은 판옥선을 전신으로 한 것으로 주력 전투선이다. 여기에 해상에서의 접전에서 유리한 전력을 지녔던 龜船은 전선의 개조 형태로 보면 된다. 兵船은 1510년(중종 5) 삼포왜란 때부터 새로이 등장한 소형의 쾌선이며, 사후선은 각종 무장선의 시중을 들고 정찰 및 연락 등을 행한 무장이 전혀 없는 소형선이다. 이 외에 좌수영에는 해적선이 고종 연간에 등장하는데, 원래 영조 연간 전라좌수사 田雲祥에 의하여 개발된 특수 군선으로 『萬機要覽』에서는 전라우수영과 海西營에서만 나타나는데, 이 시기에 경상좌수영에도 배치된 점은 특이하다고35) 한다.

---

32) 자연촌락의 성장에 따라 그것의 독자적인 기능을 인정하는 면리제가 이루어지고, 또한 촌락 내에서 농민층의 입장도 강화될 때에 里定法은 시행되었다고 한다; 金俊亨, 「18세기 里定法의 展開-村落의 기능 강화와 관련하여-」, 『震檀學報』 58, 1986.
33) 朴丙柱, 「朝鮮王朝 軍船定額 變遷에 관한 연구」, 『학위논총』 8, 원광대, 1982.
34) 金在瑾, 『朝鮮王朝軍船硏究』, 일조각, 1979.
35) 부산대 한국민족문화연구소, 『경상좌수영성지』, 태화출판사, 1990, 21~22쪽.

구체적으로 경상좌수영 관할 하의 각 선의 승선 인원을 살펴보면, 숙종대의 「兩南水軍變通節目」에서는 수사선이 180명, 부산상선 178명, 전선 164명, 귀선 108명, 정탐선이 79명, 병선 17명, 사후선 5명이었다. 그런데 실제 해상에서 활동할 때에는 이 밖에 선장과 대장, 각종 군관 등이 함께 승선했으므로 실제 수는 이보다 많다고 보아야 한다. 실제로 각 선별로 승선 인원이 점차 증가하는 부분을 확인할 수 있는데, 이것은 군선의 크기가 점차 커지는 것이기도 하다. 그러나 한편으로는 조선 후기에 들어서 각종 세곡의 운송 등이 부진을 면치 못하자, 이른바 전병선 조운 변통의 시행과도 상관을 지닌 것이라고 볼 수 있다.

넷째, 좌수영의 군사에서도 군관과 군사의 분화를 알 수 있다. 특히 경상좌수영 관할 하의 주군은 능로군, 분방사부, 분방군임을 알 수 있다. 그 가운데 일부는 직업군인이었는데, 이는 조선 후기 군제의 발전적인 측면이라고 할 수 있는데,36) 군역의 직업군인화를 반영한 것이었다.

마지막으로 전선의 건조와 개삭에 대해서 좌수영의 경우를 살펴보자.37) 경상좌수영은 관할 각처에 선소를 설치·운영하여 이에 대비하였다. 18세기 말엽의 「嶺南湖南沿海形便圖」에 따르면 기장현의 무지포와 본영과 포이포, 부산포, 다대포의 前洋에 선소가 마련되고 있다. 전선 건조의 법제는 경상좌도의 경우 『續大典』 이후로 新造 연한이 6년 8개월이고, 改削은 철정을 사용함으로 해당되지 않는다. 그런데 1686년(숙종 12) 9월 좌수사의 장계에 따르면, 좌수영의 전선 기한이 60삭인데, 기한이 만료되기 전에 좀벌레가 먹어서 목편이 썩어 상했

---

36) 김재근, 『한국선박사』 제5장, 235쪽.
37) 부산대 한국민족문화연구소, 위의 책, 1990, 23쪽.

으므로 그간의 전선 관리에 부실함을 물어 전임 수사들을 추고하고 있음에서 개삭 사실을 확인할 수 있다.38) 따라서 19세기 중엽의 기록이기는 하지만 전선 개조의 구체적 실례를 확인할 수 있다.

한편 「慶尙左水營所屬開雲浦戰船一隻改造成冊」에 따르면 개운포 전선 1척을 1863년(계해) 정월에 개조했는데,39) 전선의 크기는 長 64척 8촌, 廣 13척 7촌, 高 9척 5촌이며, 이에 소요되는 船材는 서생포의 위동 봉산에서 낙착된 大松 14주, 中松 26주, 小松 55주가 소요되었음을 밝히고 있다. 그런데 조선 후기의 각종 군선의 크기를 살펴보면, 각 읍진 전선의 치수는 저판 65척, 저판부(전 12.5척, 중 15척, 후단 7.5척), 深 8척인데, 그 재원은 대체로 위 전선과 같은 종류의 선형임을 알 수 있다. 이때 소요 선재 95조는 인근 봉산에서 조달하고 있지만, 실제 개운포영의 전선 개조에는 일찍부터 상당한 어려움이 따랐다. 무엇보다 좌도 봉산의 潼濯과 송목의 남벌로 관할에서 선재 조달이 용이하지 않아 자주 우도의 관할 봉산에서의 선재 조달을 건의함이 빈번하였다. 이것은 숙종대 이후에 전국적으로 「禁松節目」의 반포와 松政에 대한 각별한 조치가 따랐음에도 불구하고 쉽사리 효과를 보지 못했음을 반영한다. 이에 수사의 직무 수행 중 봉산과 송정에 관계된 治罪가 주류를 이루며, 『東萊營誌』에서는 따로 松軒條가 있고, 유착에 대한 상세한 처벌 규정이 명기되어 있음은 이를 입증한다.40) 아울러 이들 전선을 안전하게 관리함에 있어서는 관할 민을 차출함으로써 폐해를 낳기도 하여 전선과 관계된 연해민의 고충은 늘 상존하고 있었다고41) 한다.

---

38) 김재근, 『한국선박사』 제5장, 235쪽.
39) 규장각 소장본(奎 17037)으로 1책 2장으로 되어 있다.
40) 부산대 한국민족문화연구소, 위의 책, 1990, 23쪽.

3) 좌수영과 7진

　경상좌수영은 경상좌도수군절도영의 약칭인데, 이는 곧 경상좌도 수군의 총사령부라 할 수 있는 주진으로서 현재의 남구 수영동에 있었다. 원래 좌수영은 동래 감만이포, 즉 지금의 남구 감만동에 있었다. 좌수영은 조선 전기 태종 때 울산 개운포로 옮겼다가 다시 1592년(선조 25)에 동래 남촌(남구 수영동)으로 옮겼다고 하는데, 그 연대는 확실하지 않다. 그러나 임진왜란 이전에 옮겨 온 것만은 의심할 여지가 없다고[42] 한다. 왜냐하면 임진왜란이 발생했을 때 좌수사 朴泓이 수영의 좌수영에 있다가 도망하였기 때문이다.[43]

　그런데 1635년(인조 13)에 사천(수영천)의 홍수로 말미암아 선창의 수로가 매몰되어 뱃길이 통하지 않게 되자 다시 감만이포로 옮겼지만 이곳은 왜관과 가까운 곳이라서 군사상의 기밀이 누설될 우려가 있다 하여 1652년(효종 3)에 다시 동래 남촌으로 옮기게 되었다. 그 후 좌수영은 1895년(고종 32) 7월에 군제의 개혁으로 수영이 폐지될 때까지 243년 동안 계속 이곳에 머물러 있었다.

　경상좌수영에는 주장으로서 경상좌도 수군절도사(경상좌수사)가 있었다. 좌수사가 있는 좌수영성 안에는 수사가 집무하는 수사영, 즉 상영과 우후가 집무하는 우후영, 즉 중영이 별도로 설치되어 있었다.

　원래 경상좌수영의 관내에는 원래 1개의 첨사영, 즉 부산진과 10여 개의 만호영, 즉 동래 다대포영, 동래 해운포영, 동래 서평포영, 기장

---

[41] 『비변사등록』 영조 25년 5월 27일.
[42] 부산직할시, 『부산시사』 1권, 1989, 707~709쪽.
[43] 김석희, 「임진왜란과 부산항전」, 『항도부산』 9, 1992, 63쪽.

두모포영, 울산 개운포영, 울산 서생포영, 울산 염포영, 장기 포이포영, 경주 감포영, 영덕 오포영 영해 축산포영, 흥해 칠포영이 있었다. 그러나 이미 임진왜란 이전에 다대포영이 첨사영으로 승격되고, 해운포영·염포영·오포영 등이 폐지되었으므로 임진왜란 후에는 2개의 첨사영과 8개의 만호영이 있었다.

그 후 임진왜란에 실패한 전철을 밟지 않기 위하여 해상 방위의 요충지인 부산 지방에 경상좌수영 7진체제가 수립되었다. 이제 부산 지방에 있었던 경상좌수영 관할하의 여러 진영에 대하여 간략하게 살펴보면 다음과 같다.[44]

가. 부산첨사영

부산첨사영은 현재 동구 범일동에 있는 자성대 부근에 있었던 거진으로서, 수장은 무관 정3품 당상관인 수군첨절제사 즉 첨사였다.[45] 영내에는 군관 36명, 진리 30명, 지인 17명, 사령 22명, 군뢰 15명이 있어 첨사를 도와 영내의 사무를 집행하고 그 외의 잡무에 사역되었다. 첨사영은 둘레 1,689척, 높이 13척의 돌로 쌓은 성으로 둘러싸여 있었으며, 동서남북으로 성문이 있어 동문을 진동문, 서문을 금루관, 남문을 진남문, 북문을 귀장루라 하였다. 성 안에는 공신관(객사), 검소루(동헌), 제남루(폐문)를 비롯하여 군관청, 수성청, 장관청, 진무청, 무사청, 교사청, 서계소, 호방소, 공방, 통인방, 고마소, 군기소, 관노청, 사령청, 관청, 군뢰청, 포수청, 병선소 등 많은 관사와 호고, 화약고, 육물고, 시탄고, 연례송사 및 別差日人의 급료고 등 창고가 있었다.

그리고 부산첨사영 직속의 병선은 전선 2척, 병선 2척, 거북선 1척,

---

[44] 부산직할시, 『부산시사』 1권, 1989, 709~711쪽.
[45] 『영남진지』 부산진. 이하 각 포영에 대한 서술 자료는 이와 동일함.

사후선 4척이 있었는데, 그 중에서 전선은 가장 주가 되었다. 여기에 딸린 군사는 감관 1명, 선장 1명, 지구관 4명, 도훈도 1인, 토사부 36명, 교사 10명, 포수 48명, 능로군 290명, 분방사수 112명, 방군 1,640명이었다.

나. 다대첨사영

다대첨사영은 현재 사하구의 다대동에 있었다. 원래는 무관 종4품관인 만호가 수장으로 있는 만호영이었으나, 목도의 영적을 무찌른 공로가 인정되어 첨사영으로 승격함에 따라 무관 정3품의 당상관인 수군첨절제사(첨사)가 임명되었다. 임진왜란을 겪은 후 다대첨사는 경군문에서 그 임기에 관계없이 오랫동안 근무하도록 임명하는 소위 '京軍門久勤差除窠'로 되었으며, 1654년(효종 5)에는 첨사가 목장의 감목관을 겸임하게 되었다. 그러나 1676년(숙종 2)에는 그 겸임이 한 때 혁파되기도 하였지만, 그 이듬해에 다시 겸임하게 되었고, 1751년(영조 27)에는 다대진을 왜적이 침범하는 첫 길목이 된다 하여 다대첨사를 소위 '邊地履歷窠'라 하여 매우 중요시 하였다.

다대진첨사 밑에는 군관 14명, 진리 24명, 지인 13명, 사령 10명, 군뢰 8명이 있었다. 이들은 첨사를 도와 영내의 사무를 분담하여 집행하고 혹은 기타의 잡무에 사역되었다. 첨사영은 둘레 1,806척, 높이 13척의 돌로 쌓은 성으로 둘러싸여 있었으며, 동서남북으로 성문이 있어 동문을 패인루, 서문을 영상루, 남문을 장관루, 북문을 숙위루라 하였는데, 지금도 성벽의 일부가 남아 있는 것을 볼 수 있다.

성 안에는 객사인 회원관과 동헌 수호각을 비롯하여 청상루 즉 군기소와 관청, 금산소, 목소, 공방소, 도훈도소, 지통소, 제향소 등 많은 관사와 대동고, 유포고, 대변고, 진창 등 창고가 있었다. 성 밖에는 주사의 관문인 진남루와 주사의 대변소인 진남정이 있었다. 그리고 다대진에 직속된 병선으로서는 전선 2척, 병선 2척, 거북선 1척, 사후선 4척이 있었다. 그 중에서 가장 중요한 전선 2척에 딸린 군사는 감관 1명, 선장 1명, 지구관 4명, 교사 10명, 토사부 36명, 포수 48명, 능로군 290명, 분방사부 212명, 방군 1,600명에 달하였다.

한편 다대진에 속해 있던 방리로는 서평리, 장림리, 구서평, 신평리, 감천리, 암남리, 당동, 고다대, 목장리, 대치리, 엄광리, 구초량, 감만리, 용당리, 석포리 등 15개 리가 있었는데, 다대진은 이들 방리에 대한 제반 공역을 부과하고 군정을 징발하였다.

다. 서평포 만호영

서평포 만호영은 지금의 사하구 구평동에 있었는데, 원래 무관 종9품의 권관을 수장으로 하는 가장 작은 진보였다. 그러나 임진왜란 이후 잔폐하여 능히 진보를 지키지 못해 다대진의 성내로 이진하였다가 1668년(현종 9년)에 다대진성이 비좁다는 어사의 보고에 따라 다시 옛 영지의 남쪽 2리 지점으로 환진하였다. 그 후 1677년(숙종 3)에는 본 영이 왜관과 가까운 거리에 있으면서도 그 수장의 관품이 낮아서 체통이 서지 않는다 하여 무관 종4품의 만호를 수장으로 하는 만호영으로 승격되었다.

서평포 만호영은 다대진 직할의 만호영으로 만호 아래 군관 8명, 진리 6명, 지인 3명, 사령 2명이 있었으며, 보유한 병선은 전선 1척, 병선 1척, 사후선 2척이었다. 그 중에서 전선 1척에 딸린 군사는 감관 1명, 지구관 2명, 교사 5명, 토사부 18명, 포수 24명, 능로군 145명, 분방사부 106명, 방군 800명이었다.

라. 두모포 만호영

두모포 만호영은 원래 기장에 있었으나, 1629(인조 7)에 부산포로 옮겨왔다가 다시 1680년(숙종 6)에 옛 왜관(두모포 왜관) 자리에 해당하는 현재의 동구 수정동으로 옮겼다. 본 영의 수장은 무관 종4품의 만호였는데, 만호 아래 군관 8명, 진리 11명, 지인 10명, 사령 5명이 있었다. 보유하고 있는 병선은 전선 1척, 병선 척, 사후선 2척이었고, 전선 1척에 딸린 군사는 감관 1명, 지구관 2명, 교사 5명, 토사부 18명, 포수 24명, 능로군 145명, 분방사부 106명, 방군 800명이었다.

마. 개운포 만호영

개운포 만호영은 원래 울산에 있었으나, 임진왜란 이후 부산포로 이진하였는데, 그 위치는 현재 동구 좌천동에 있는 정공단 부근이었다. 그 수장은 무관 종4품의 만호였고, 그 밑에 군관 18명, 진리 11명, 지인 10명, 사령 5명이 있었다. 보유한 병선은 전선 1척, 병선 1척, 사후선 2척이었다. 그 중 전선 1척에 딸린 군사는 감관 1명, 지구관 2명, 교사 5명, 토사부 18명, 포수 24명, 능로군 145명, 분방사부 106명, 방군 800명이었다.

바. 포이포 만호영

포이포 만호영은 원래 장기에 있었으나, 임진왜란 이후 동래 남촌(남구 민락동)으로 이진하였다. 본 영은 무관 종4품의 만호를 수장으로 하는 만호영으로서 군관 18명, 진리 11명, 지인 10명, 사령 5명이 있었다. 보유한 병선은 전선 1척, 병선 1척, 사후선 2척이었다. 전선에 딸린 군사는 감관 1명, 지구관 2명, 교사 5명, 토사부 18명, 포수 24명, 능로군 145명, 분방사부 106명, 방군 800명이었다.

사. 감포 만호영

감포 만호영은 원래 경주 감포에 있었으나, 임진왜란을 겪은 후 부산포에 이진하였다가 후에 다시 동래 남촌(남구 민락동)으로 옮겼는데, 무관 종4품 만호를 수장으로 하는 만호영이었다. 보유한 병선은 전선 1척, 병선 1척, 사후선 2척이었다. 전선에 딸린 군사는 감관 1명, 지구관 2명, 교사 5명, 토사부 18명, 포수 24명, 능로군 145명, 분방사부 106명, 방군 800명이었다.

자. 축산포 만호영

축산포 만호영은 원래 영해에 있었으나, 임진왜란 이후 부산포에 이진하였다가 뒤에 다시 감만이포, 즉 현재의 남구 감만동으로 옮겨졌는데, 무관 종4품 만호를 수장으로 하는 만호영이었다. 보유한 병선은 전선 1척, 병선 1척, 사후선 2척이었다. 전선에 딸린 군사는 감관 1명, 지구관 2명, 교사 5명, 토사부 18명, 포수 24명, 능로군 145명, 분방사부 106명, 방군 800명이었다.

차. 칠포 만호영

칠포 만호영은 원래 흥해에 있었으나, 임진왜란을 치른 후에 부산포에 이진하였다가 후에 다시 동래 남촌(남구 민락동)으로 옮겼는데, 무관 종4품 만호를 수장으로 하는 만호영이었다. 본 영에서 보유하고 있던 병선은 전선 1척, 병선 1척, 사후선 2척이었다. 그 중에서 전선 1척에 딸린 군사는 감관 1명, 지구관 2명, 교사 5명, 토사부 18명, 포수 24명, 능로군 145명, 분방사부 106명, 방군 800명이었다.

이처럼 조선 후기에 경상좌수영 관할 하의 수군 진영은 모두 부산 해역에 집결하여 일본군의 침입에 대비하도록 조치되었던 것이다. 조선은 조선통신사의 파견을 통해서 교류에 응하면서도 일본에 대한 경계를 늦추지 않았던 것이다.

4) 다대진

(1) 다대진성의 역사

현재 다대포의 지명은 다대진에서 유래하는 것으로, 조선 전기에 동래현 소속의 다대포가 해방 요처로 부각되어 부산포에 주둔했던 경상좌도 도만호가 진장을 겸했다. 이후 조선 태조 때 다대포진 千戶가 임명되었으며, 부산포 소속의 병선 3척이 배속되었다. 그러나 이때의 다대포진은 병선을 정박할 장소나 관련 관아시설을 제대로 갖추지 못한 실정이었으며 다대포진 천호가 부산포에 머물렀다.[46] 이처럼 최초의 다대포진은 천호의 설치 때 부산포에 위치하였으며, 이후 지금의 다대포진으로 이설되었다가 장습포로 다대포진이 다시 이설되고, 또다시 부산포진에 합해지고 있는 것으로 파악된다.

1407년(태종 7)에 국방에서 중요한 곳이라 여겨져 萬戶를 두어 방어하게 했으며, 1417년에는 만호를 차출·파견하면서 병선도 정박하게 했다. 이때 다대진은 수군 만호(종4품)가 파견되는 수군진이 되었으며, 병선 9척과 723명의 군사가 배치되었다.[47]

그런데 다대진성이 오늘날과 같은 형태로 윤곽을 드러낸 것은 1484년(성종 15)에 전국적으로 수군도 평상시에 육지에서 주둔할 수 있도록 각 浦營에 성곽을 대대적으로 수축할 때였다. 이 때의 다대진성의 형태에 대해서 정확하게 기록되어 있다.

---

[46] 『태종실록』 권14, 7년 7월 27일.
[47] 『태종실록』 권34, 17년 8월 20일; 『세종실록』 권150, 지리지, 경상도 지리지.

1485년에 동래 다대포의 堡를 설치한 곳은 앉아 있는 터가 남향인데, 둘레가 1,298척이고, 동서의 길이가 360척이고, 남북의 너비가 244척이며, 보 안의 샘이 하나이며, 이 포로부터 동북으로 동래현까지는 육로로 47里이고, 동으로 부산포까지는 수로로 4息입니다.[48]

이처럼 성종 때 이르러 다대포진은 성곽을 갖추게 되는데, 첫 수축 때에는 수군만호의 여러 진이어서 체성의 둘레는 1,298척, 동서 360척, 남북 244척이었다.[49] 이후 『新增東國輿地勝覽』 동래부조에는 1490년(성종 21) 다대포영은 석성으로 축조되고 둘레 1,806척, 높이 13척이다라고[50] 기술하고 있다.

이렇게 보면 현재의 다대진성은 조선시대에 국가의 방어 체제를 정비하는 과정에서 변화를 거치면서 국방의 요새로서 거듭 났다. 다대진성은 원래 장림포에 있다가 다대포로 옮겼다고 『경상도지리지』에 기록되어 있다. 아마 다대진성이 지금의 자리로 옮겨진 시기는 성종대에 다대포진성이 축성될 무렵이었다고 보아진다.

그러나 1510년(중종 5)의 삼포왜란(庚午倭變) 후 이어진 倭變으로 수군의 鎭管制가 개편되면서 다대진성도 큰 변화를 겪었으며, 서평진도 신설되었다. 이때 성의 방어 부실 때문에 군민들이 모두 내륙의 동래현으로 피난했다. 1511년 도찰체사 柳順汀의 上奏에 따라 다대포진은 낙동강 하류의 제석곳(권관 주둔진)과 합병되면서 두 진 사이에 위치했던 장습포로 진을 옮기게 되었다. 일시적으로 다대포 만호를 장습포에 옮겨 두고 성을 쌓아 보수하였다. 그러나 장습포의 이전이 대간들의 비판을 받게 되면서 다대포진은 옛 자리로 복설되었다.[51] 이

---

[48] 『성종실록』 권176, 16년 3월 25일.
[49] 『성종실록』 권176, 16년 3월 25일.
[50] 『新增東國輿地勝覽』, 권23, 東萊府條.

에 帝釋谷 權管을 혁파하고, 군졸과 기계를 다대포에 붙여 방어를 편리하도록 하였다고 한다.

　이후 다대포진에 부산포진을 옮기고 부산포를 경상좌도의 수영으로 삼고자하는 논의가 있었으며, 1534년(중종 29)에는 다대포진 내 관사의 규모와 객관의 증개축에 대해서 언급하고 있다. 1544년(중종 3) 사량진왜변이 발생하자, 가을에 이르러 가덕도 축성사 方好義가 복명에 따라 다대포진의 진장을 무재가 있는 당상관으로 첨사를 차출하여 군관을 많이 거느리게 하고, 도내의 한량도 아울러 호세를 감읍하여 부방하게 하도록 하였으며,52) 경상도 순변체찰사 李沂도 상주하였다.53)

　한편『영남진지』에는 임진왜란 이전에 다대포는 木島의 影賊을 무찌른 공로로 첨사영으로 승격하였다고54) 기록하고 있다. 당시 조선 8도에서 수군첨절제사가 임명된 곳은 다대포와 만포진 두 곳뿐이었다고 하니, 무관 정3품 堂上官이 책임자였던 다대포영은 국방의 요새였음을 새삼 알 수 있다. 이에 이전보다 더 많은 군관과 수군이 주둔하도록 군관 3인과 병사 100명을 충원토록 요청하고 있으며,55) 대맹선 1척, 중맹선 2척, 소맹선 6척, 무군소맹선 1척을 갖추게 되었다. 아울러 다대포를 첨사진으로 한 것은 적이 들어오는 길의 첫 지역에 해당하므로, 현재의 첨사와 과거 만호의 예를 들어 새로 차출하는 첨사는 동반을 오래 지낸 물망이 있는 자로 하도록 논의하고 있다.56)

　1589년(선조 22) 7월에는 경상도에 성지 수축에 주력하였는데, 이때

---

51)『중종실록』권44, 17년 2월 27일.
52)『중종실록』권104, 39년 9월 26일.
53)『중종실록』권78, 29년 9월 29일.
54) 부산시사편찬위원회,『國譯 嶺南鎭誌』부산광역시, 1996.
55)『중종실록』권104, 39년 9월 28일.
56)『중종실록』권104, 39년 9월 28일.

동래성(17,219척), 좌수영성(9,190척), 다대포성(1,870척) 등이 증축되었다.57) 이때의 수축은 많은 폐해를 낳았다고 한다.

다대진성이 역사적으로 주목받게 된 것은 다대진성이 임진왜란의 격렬한 싸움터가 되었기 때문이다. 조선 초기에 경상좌도 부산진관 관할의 수군 진영으로서 낙동강 일대의 해안 방어 최일선이었던 다대진성은 임진왜란 때 다대진의 첨사였던 尹興信과 아우 尹興悌의 사적이 남아 있어 전투의 장면을 떠오르게 하는 현장이다.

그런데 임진왜란이 발발하자 개전 초에 다대포진성은 고니시 유키나가(小西行長)의 부대에게 함락되어 첨사 尹興信 이하 군·관·민이 역전하였으나 전사했다.58) 당시의 상황을 서애 유성룡이 쓴 『懲毖錄』에서는 다음과 같이 기록하고 있다. "부산진성을 함락시킨 왜적은 군사를 나누어 서평포와 다대포를 함락시켰다. 이때 다대포첨사 윤흥신은 적을 막아 힘써 싸우다가 죽음을 당했다"고 하였는데, 전투 날짜나 전투 상황은 밝히지 않고 있다. 다만 1757년(영조 33) 동래부사를 역임한 부제학 趙曮이 쓴 다대포 첨사 『尹公戰亡事蹟敍』에 의하면, 당시 첨사 윤흥신의 행적은 파악할 수 있으나 기타 전투와 관련한 날짜와 상황을 확인할 길이 없다.59) 임진왜란 이후 다대포진은 적로의 제일선임을 인식하여 폐지되지 않고 바로 복구되었지만, 조선 후기에 들어서는 유명무실한 진보의 철폐 논의가 활발하게 진행되는 가운데 다대포진에 소속된 전선을 줄이는 논의도 포함되었다.60)

이처럼 부산의 해안에 임진왜란 이전에는 경상좌도수군절도사 관

---

57) 『선조실록』 권45, 26년 윤11월 14일.
58) 『연려실기술』 권15, 선조조 고사본말.
59) 『영조실록』 권118, 48년 1월 14일.
60) 『영조실록』 권72, 26년 11월 23일.

할에 1개의 첨사영과 10개의 만호영으로 이루어져 있었지만, 임진왜란 직전 다대포영이 첨사영으로 승격하였고, 임진왜란 이후에는 해운포영·염포영·오포영이 폐지되어 2개의 첨사영과 8개의 만호영을 경상좌수영 관할에 두었다. 이런 흐름 속에서 다대진성의 위상을 파악할 수 있다.

마지막으로 조선 후기에도 다대진성은 국방에서 지속적으로 중시되었다. 임진왜란 이후 다대첨사는 京軍門久勤差除窠로 지정되어 한성의 군문에서 오랫동안 근무하도록 조처되었다.[61] 임진왜란 이후 다대포진은 적로의 제일선으로 인식하여 다른 진들과 달리 이설되거나 폐지되지 않았으며 바로 복구되었다. 한편 변경 백성들을 이주시키면서도 다대진의 호구는 1,000여 명을 유지했으며, 매달 충원되는 원방 수군의 수도 700명에 이르렀다고[62] 한다.

북벌론으로 국방을 강화했던 1654년(효종 5년)에는 첨사가 國馬場 목장을 감독하는 감목관을 겸하게 하여, 병조에서 사람을 가려 뽑아 임명하여 牧馬와 候望을 동시에 하도록 했다. 1676년(숙종 2)에 겸임이 폐지되었으나 이듬해 다시 겸임하게 되었다.[63] 1751년(영조 27)에는 다대진이 왜적이 침입하는 첫 길목이 된다 하여 고령·혜산·아이 등과 함께 邊地履歷窠로 만들어 무장들이 거쳐야만 할 자리가 되게 했다. 이후 1751년(영조 27)에 邊地履歷窠가 되면서 다대포첨사는 일정 이상의 이력과 무재를 갖춘 경군문 출신 장수가 첨사로 부임하는 자리가 되었다.[64] 이에 18세기 다대포진에는 당상관 첨절제사를 비롯

---

[61] 부산시사편찬위원회, 『國譯 嶺南鎭誌』 부산광역시, 1996.
[62] 『인조실록』 권36, 16년 1월 15일.
[63] 『숙종실록』 권37, 28년 윤6월 20일.
[64] 『정조실록』 권11, 5년 5월 3일.

하여 첨사 밑에 군관 14명, 진리 24명, 지인 13명, 사령 10명, 군뢰 8명이 있었다. 병선으로는 전선 1척, 귀선 1척(후에 전선으로 교체), 병선 2척, 사후선 4척 등 총 8척의 선박이 있어서 2개 선단으로 운영되었다.

1881년(고종 18)에는 포이, 개운, 서평의 진을 없애고 절영도진을 설치하였다. 이때 해당 진장은 첨사로 승격시키고, 관아 건물, 창고, 무기, 軍餉, 급료를 앞서 폐지한 3개진에 있는 것을 가져다 쓰도록 하며, 설치된 목장은 적당한 곳에 옮기도록 하였다.[65] 아울러 서평포진이 폐지되었는데, 관련 시설물 및 군기 등이 다대포가 아닌 절영도진으로 이속되었음을 알 수 있다. 1883년 4월에는 앞서 서평진의 폐지에 이어서 다대진을 폐지하였다. 이때 다대진은 해당 첨사 이력만을 허용하는 대신 그 휘하에 소속된 모든 곳은 부산진에 옮기도록 하였다.[66]

그러나 1885년(고종 22) 12월 19일에 절영도가 도서의 한계로 인한 방어 상의 문제와 폐지한 영진의 성지와 청사도 본래 완전하고 견고하며, 무기와 군사들도 아주 정예하여 능히 위급한 때에 의거할 수 있음을 들어서 다대진을 재설치하고 절영도 첨사의 직함을 감하고 해당 진영의 장수를 다대진첨사로 삼도록 하고 있다. 이렇게 재설치된 다대포진은 전국의 성곽 철폐령이 내려지는 시기까지 계속해서 부산지역의 가장 중요한 해안 방어처로 운용되었다.[67]

한편 다대포진성의 구조는 성의 둘레 1,806척, 높이 13척의 석성이었다. 동서남북에 성문과 문루가 있었는데, 동문은 패인루, 서문은 영상루, 남문은 장관루, 북문은 숙위루라 하였다. 성내에는 객사인 회원

---

[65] 『고종실록』 권18, 18년 2월 26일.
[66] 『고종실록』 권20, 20년 4월 19일.
[67] 『고종실록』 권22, 22년 12월 19일.

관과 동헌인 수호각을 비롯하여 군기소인 청상루, 관청, 금산소, 목소, 공방소, 도훈도소, 지통소, 제향소, 대동고, 유포고, 대변소, 진창 등이 관사와 창고가 있었다. 이 밖에 성 밖에 주사의 관문인 진남루와 주사의 대변소인 진남정이 있었다. 또한 1895년에 편찬된 『嶺南鎭誌』에는 "다대진의 성은 주위의 둘레가 포척(布尺)으로 1,918척이다." 라고 기록하고 있다.[68]

조선 후기에 다대진성의 중요성은 좌수영 이전지로 거론된 데서도 알 수 있다. 다대포는 중종과 숙종 연간에 좌수영의 이전지로도 종종 거론되기도 했다. 1652년(효종 3)에 임진왜란에 대한 반성과 왜구에 대한 방비로 경상좌수영 관할의 수군을 부산에 총 집결시켰을 때, 경상좌수영 7진 가운데 하나였던 다대진에 직속된 병선은 전선 2척, 병선 2척, 거북선 1척, 사후선 4척이었다. 다대포첨사는 좌수영 상비군의 편성함대에서는 左司把摠을 맡아 중요 역할을 하였다.

이처럼 다대진성은 조선시대에 왜구에 대한 방어책을 마련하면서 수군을 주둔시키고 성곽이 축조되었는데, 임진왜란 이후에도 다대진성은 계속해서 전투력을 증강시켰던 사실에서 다대진이 조선시대에 국방에서 차지했던 위상을 짐작할 수 있다.

(2) 다대진성의 운영

조선시대에 지방군의 근간은 세조 연간에 지역의 거점을 중심으로 전투하게 만든 鎭管體制로 확립되어 다소의 변화가 있었지만 계속 유지되었다.[69] 다대진이 속한 水軍(현의 해군)의 경우도 이에 따라 편제되었다. 조선 전기에 다대진은 경상좌수사 아래의 부산진관에 속하였

---

[68] 『嶺南鎭誌』 다대진.
[69] 부산시사편찬위원회, 『國譯 嶺南鎭誌』 부산광역시, 1996.

다. 다대진성이 성곽의 형태를 갖춘 것은 성종 때 전선의 파손과 수군의 고생을 이유로 수군도 평상시에 육지에서 주둔할 수 있도록 각 浦營에 성곽을 쌓으면서였다. 이러한 다대진에는 진성을 방어하기 위한 수군과 전함이 있었으며, 각종의 군사시설이 있었다. 경상좌도 수군의 요충이었던 다대진성은 어떻게 유지·운영되었을까. 시기적으로 많은 변화가 있지만 수군과 전함을 중심으로 살펴보면 다음과 같다.

먼저 다대진의 수군과 전선의 경우 조선 전기와 후기에 많은 차이가 있었다. 세종 때 다대진의 전선은 9척, 수군의 수는 723명이었다. 전선은 세부적으로 大猛船 1척, 중맹선 2척, 소맹선 6척, 無軍 소맹선이라고 『經國大典』에 나타난다. 다대진의 지휘관은 중앙에서 파견되어 와서 근무하였으며, 수군은 군역의 의무를 지는 장정들로 충원되었다. 조선시대에 일반 백성들이 부담했던 軍役은 良人이 부담했기 때문에 良役이라고도 했다. 군역을 지는 사람은 16세 이상 60세 미만의 남자 중에서 正丁만이 교대로 근무에 징발되고, 나머지는 奉足으로 정정의 복무를 경제적으로 지원하였다. 수군에 배속되면 1년에 두 달씩 번갈아 복무하였다. 조선 전기에 동래부와 인근 군현에서 지방군으로 수군에 복무한 正丁은 130명이었으며, 시위군·진군·수군의 봉족으로 정해진 역정은 532명이었다. 이 외에 다대진의 잡무를 담당하는 雜色軍으로 官奴가 있었다.

조선 후기에는 직업군인이 충원되면서 장교와 병사로 이원화되어 나갔다. 임진왜란 이후에 군역 부담자들은 현역병으로 직접 가는 대신 국가나 공공기관에 쌀이나 돈을 軍布로 바치는 納布軍으로 바뀌었다. 이에 모병제가 일반화되어 나갔다. 조선 후기에 다대첨사영에는 첨절제사가 있고, 아래에 중급 간부로 軍官 14명, 鎭吏 24명, 知印 13명, 使令 10명, 軍牢 8명이 있었다. 이들은 첨사를 도와 영내의 사무를 분담·집행하고 기타의 잡무에 사역되었다. 그 아래에 수군이 있었다.

1652년(효종 3)에 임진왜란에 대한 반성과 일본에 대한 방어를 위해 경상좌수영 관할의 수군을 부산에 전부 집결시켰을 때, 경상좌수영 7진의 하나였던 다대진에 직속된 병선은 전선 2척, 병선 2척, 거북선 1척, 사후선 4척이었다. 이 가운데 가장 중요한 전선 2척에 딸린 군사만 해도 監官 1, 선장 1, 知轂官 4, 敎師 10, 土射夫 36, 捕手 48, 能櫓軍 290, 分防射夫 212, 防軍 1,600명이었다.

다음으로 진성의 유지에 필요한 비용이다. 진성의 유지에 드는 많은 경비는 경상감영과 동래부가 백성들로부터 받은 조세를 넘겨받아서 해결하였지만, 일반적인 비용은 다대진에 속한 감천 등 16리에서 조달하였다. 그리고 다대진에 지급된 5결의 屯田을 관아에 소속된 官奴, 人吏, 軍兵 등의 노동으로 경작하여 수확물을 관아 운영에 충당하였다. 이러한 다대진의 재정운영에 대해서는 『多大鎭志』에 항목마다 구체적으로 기록되어 있는데, 다대진의 군사는 1894년 512명으로 기재되어 있다.[70] 다대진의 재정 운영에서는 목장의 운영과 관련된 牧所 부분이 상세하게 언급되어 있다. 아울러 다대진과 관련하여 중요한 전선 건조의 兵船所, 전선 재목 조달의 造船秩, 무기 제작의 軍器所가 주목되며, 몰운산·두송산·금티산 등 세 곳의 封山을 관리하였다.

(3) 다대진성의 구조와 건물

조선시대에 남해안을 침입하는 왜구에 대비하기 위하여 쌓은 다대진성은 수군의 방어용 성곽이었다. 다대진성은 조선 성종 때 제 모습을 갖추었으며 이후 다소의 변화가 있었지만, 갑오경장으로 다대진이

---

[70] 국역 『영남진지』 다대진.

폐지될 때까지 큰 변화가 없었다. 다대진을 설치할 때는 자연 지형을 최대한 활용하였는데, 다대진성 북쪽에 응봉봉수대가 있는 主山 아미산을 기점으로 남쪽에 다대진, 동북쪽에 서평포진을 배치하여 왜구의 공격에 대비하도록 하였다. 특히 다대진성을 다대포구 안쪽에 설치하여 태풍이나 파도에 대비하였다. 아울러 다대진성 앞에 南林을 설치하여 포구가 외부로 드러나는 것을 막았으며, 왠 만한 정도의 파도까지 막도록 하여 포구에 정박한 전선을 보호하도록 했다.

다대진성의 전체적인 구조는 평지에 조성된 평지성으로 정사각형에 가까운 성곽이었다.71) 『新增東國輿地勝覽』에 성은 둘레 1,806척, 높이 13척의 石城으로 동서남북에 성문이 있는데, 동문을 沛仁樓, 서문을 迎爽樓, 남문을 壯觀樓, 북문을 肅威樓라고 했다. 이처럼 다대진성은 전체가 돌담으로 연결된 성곽이었으며, 보통의 성곽처럼 4대문이 있었다. 성벽에는 체성 벽 위에 일정한 간격을 두고 적의 화살이나 총알로부터 몸을 보호하는 동시에 공격이 가능한 총구 혹은 총안과 타구를 갖춘 높이가 낮은 담장인 女墻이 설치되어 있었다. 동문과 서문에는 성문 밖에 설치하여 성문을 보호하며 성을 지키기 위하여 원형이나 네모로 쌓은 甕城이 있었다. 4대문 중 남문은 官門의 주출입구였는데, 鎭南樓가 있었다. 남문의 좌로는 몰운대, 우로는 부산진까지 난 길이 각각 표시되어 있다. 동문과 서문은 다른 지역으로 가기 위한 통로로 사용했으며, 북문은 위치상으로 보아서 많이 사용하지 않았다고 여겨진다.72)

한편 「1872년 군현지도」 다대진지도에 보면 다대진성에는 13채의 기와건물이 있으며, 성곽의 안팎에 민가 수십 집이 그려져 있다. 먼저

---

71) 「1872년 군현지도」 다대진지도.
72) 「1872년 군현지도」 다대진지도.

성 안의 여러 건물 가운데 가장 중요한 건물은 말할 나위도 없이 客舍라고 할 수 있다. 다대진 객사의 건물명은 懷遠館이었다. 다대진의 첨사는 임금을 의미하는 殿 자와 임금이 사는 궁궐을 의미하는 闕 자를 새긴 나무패를 객사에 모셔 두고, 초하루와 보름에 달을 보면서 임금이 계신 대궐을 향해 절을 올리는 向望闕拜를 하였다. 한편 객사는 출장 나온 암행어사 등 관리나 사신들의 숙소로도 사용되었는데, 다대진 첨사 등이 부임할 때나 고을을 떠났다가 돌아올 때에도 객사에서 절을 올렸다. 객사의 동쪽에는 尹公壇이 있다.[73]

나머지 건물은 관아 건물인 衙舍와 창고였다. 관아 건물로는 다대진 첨사가 업무를 보는 鎭軒인 睡虎閣, 화약과 활 등의 무기를 취급하는 軍器所인 淸霜樓, 나무를 함부로 베지 못하는 封山을 관리하는 금禁山所, 牧所의 창고인 近牧堂, 船所의 待變所인 鎭南亭, 군사 충원과 급료를 맡은 導訓道所, 관용 종이조달을 맡은 紙筒所, 성황제와 윤공단·정공단의 제사를 맡은 祭享所 등이 있었다. 창고로는 大同庫, 留布庫, 待變庫, 鎭倉이 牧所의 창고인 近牧堂의 좌우에 늘러 있었다.[74]

다음으로 성 밖에는 선소, 선창, 초소 등이 있었다. 배를 만들거나 수리하는 船所는 좌측에 보이는 것이 다대진의 선소이며, 우측은 서평진의 선소이다.[75] 다대진의 전선은 舟師의 문인 좌우 船艙에 정박해 있었다. 전선은 좌측에 2척, 우측에 1척으로 모두 3척이 그려져 있다. 초소는 우측 선창 앞산에 夜望臺가 있으며, 성곽의 남쪽 바다 쪽 남림에는 八峯臺가 있다. 남림은 많은 말을 수용할 수 있어서 教鍊場으로 사용하였는데, 將臺를 지어 浮舫樓라 하였다.

---

[73] 「1872년 군현지도」 다대진지도.
[74] 「1872년 군현지도」 다대진지도.
[75] 「1872년 군현지도」 다대진지도.

조선시대에 지리적으로 다대진성은 경상좌도와 우도의 경계 해역에 위치하고 있었으며, 조선시대의 일반적인 성곽의 형태를 갖추고 있었다. 때문에 남해안의 해안방어를 위한 각종의 방어시설이 설치·보강되어 군사적 요충지로서의 역할을 꾸준히 담당할 수 있었다.

5) 절영도진

(1) 절영도진의 설치

가. 設鎭 이전의 절영도

절영도는 조선시대에 東萊府에 속한 가장 큰 섬이었다. 조선 후기에 동래부에는 읍내면, 동면, 서면, 남촌면, 북면, 사천면, 동평면 등 7개의 면이었는데,[76] 절영도는 沙川面에 속했다. 이후 사천면이 부산면, 사상면, 사하면으로 나누어지자[77] 절영도는 沙下面으로 편제되었는데, 이때 처음으로 절영도에 瀛仙里가 설정되었다. 이후 동래부가 읍내면 등 12면으로 개편될 때,[78] 절영도는 신설되는 沙中面에 속했다. 이때 靑鶴洞, 上驅龍洞, 下驅龍洞이[79] 설정되었다. 1906년 절영도의 행정동은 영선리, 청학동, 동삼동의 3개 동으로 조정되었다. 1914년 일본은 동래부에서 釜山府를 분리시켰다. 일본인들은 영도를 마키노시마[牧之島]라고 불렀다.[80]

절영도는 정조 연간부터 토지를 개간하여 관원을 두었다.[81] 이대부

---

[76] 『東萊府志』 1740년.
[77] 『東萊府事例』 1868년.
[78] 『慶尙道 東萊府家戶案』 1904년.
[79] 上驅龍洞과 下驅龍洞는 나중에 각각 동삼동 상리와 하리가 되었다.
[80] 나가사키 현립 민속도서관에 보관되어 있는 1678년의 「草梁之繪圖」에 牧島로 표기되어 있다.
[81] 『弘齋全書』 권168, 「日得錄」 8, 政事 3.

터 空島政策으로 주민이 상주하지 않다가 절영도에 주민이 상주하기 시작하였다. 개항 이전에 절영도의 역사적 위상은 다음과 같은 측면에서 주목할 수 있다.

〈표 20〉 조선시대 기록에 보이는 절영도의 모습[82]

책명	위치	목장	태종대	神祠	임진왜란	절영도진
세종실록 지리지	동평현 남			○		
신증동국여지승람	동평현 남 8리	○		○		
경상도읍지(1832)	府 남 30리	○ (崇禎 癸酉 復置)	○		약탈	
영남읍지(1871)		○ (崇禎 癸酉 復置)	○	○ (今廢)		
영남읍지(1895)	府 남 30리	○ (崇禎 癸酉 復置)	○	○ (今廢)	약탈	○ (辛巳設鎭)

첫째, 국가의 주요 牧馬場이 있었다.[83] 절영도는 신라시대부터 목마장으로 유명한 곳이었다. 그런데 조선 중기 燕山君 때는 절영도에 소를 키우기도 했다.[84] 이때 절영도에는 소 276마리를 入放했는데, 水草가 좋으며 전답과 민가가 없었다.[85] 임진왜란으로 폐허화되었다가 仁祖 때에 절영도의 목마장이 복설되었다. 이때 절영도의 牧子를 배정·

---

[82] 조선시대의 각종 지리지를 참고하여 작성하였다. 한편 『牧場地圖』(許穆, 1678, 국립중앙도서관 소장)에 동래부의 오해야항, 석포와 함께 목장으로 표기되어 있다.
[83] 절영도는 일찍부터 말로 유명한 곳이었다. 먼저 통일신라시대에 金庾信의 손자 金允中에게 絶影山의 말을 하사한 기록(『三國史記』 권43, 列傳3, 允中), 다음으로 후삼국시대에 甄萱이 절영도의 驄馬를 고려에 바친 기록(『高麗史』 권1, 世家1, 태조 7년 8월)이 대표적이다. 지금도 목마를 검열했던 고리장(環場)이라는 지명이 남아 있다.
[84] 『연산군일기』 권25, 3년 7월 정사.
[85] 『慶尙道續撰地理志』 東萊縣.

지급할 때, 본부의 寺奴들이 다른 관아로 옮겨 가거나, 倭館의 종으로 소속되어서 절영도에 남아 있는 숫자가 6명뿐이었다. 하지만 軍籍 상으로 機張과 梁山 등지에 寺奴가 남아 있었다. 그래서 남아 있는 6명 외에 進現한 寺奴를 啓下받아서 모두 20명을 배정했다. 그러나 水使 申景禋이 각 포 邊將의 보고로 배정한 목자 11명을 匠人이나 沙工이라 일컬으면서 本役으로 돌리기도 했다. 그러나 廟堂에서는 役의 경중을 생각하여 還屬시키는 것을 허락해 주고, 代定하게 하여 闕額이 생기는 일이 없도록 조처하였다. 그러나 수사가 이미 정한 목자를 먼저 빼앗고는 代定할 사람을 제때에 채워 주지 않았다. 그래서 풀어 놓은 80필의 말을 기를 사람이 없어서 근심거리가 되었다.[86] 이에 申楫이 驅馬 點烙할 때 牧子 20명이 연명으로 呈狀하여 불만이 알려졌다.[87]

한편 조선시대에 馬政에서 말은 1屯에 암말은 100필, 수말은 15필이었으며, 牧子는 21명으로 정해져 있었다. 국법에 목자가 役에 편입되면, 또 場內의 田地를 지급하여 경작하여 먹을 수 있게 하였다. 그러나 각 고을에서는 절대 復戶하지 않았다. 中宗의 중년에는 목장이 무려 115~116곳이나 되었고, 말의 숫자도 매우 많았다. 宣祖 임진년 이후에 또 다시 11곳에 목마장을 설치하였다. 그러나 이후 牧政이 황폐화되었다. 이때 절영도에 제주의 암말 50필을 절영도에 보내어 방목하였다. 그런데 東萊의 목장은 현지의 백성들이 점유하였기 때문에 太僕寺에서는 옛날 文券과 그림을 가지고서 다시 推刷하는 바탕으로 삼았다.[88]

이처럼 조선 후기에는 목장 馬政이 해이해져 甲子年의 馬籍을 준거

---

[86] 『承政院日記』 인조 13년 1월 경오.
[87] 申楫, 『河陰集』 권4, 狀啓 點馬時陳弊狀啓.
[88] 『승정원일기』 인조 13년 3월 갑술.

로 삼았다. 당시 각 도의 목장 가운데 경상도의 絶影島, 전라도의 智力山, 평안도의 身彌島가 馬品이 가장 뛰어났다. 이에 「看養節目」을 만들어 監牧官로 하여금 관리하여 太僕寺에 알리도록 하고, 本寺로부터 郎廳에 보내어 形止를 구별하도록 했다.[89] 이후 正祖 연간에는 原牧과 兼牧에 정해진 뜻이 있기 때문에 兼牧이 原牧으로 만들어지는 것은 장애가 된다고 보았다. 이에 多大浦의 絶影島는 일찍이 원목이 설치된 곳인데, 중간에 관방을 소중히 하여 僉使를 부치어 兼牧을 만들었으므로 지금에 還設은 事勢에 맞지 않다고[90] 하였다.

둘째, 위치상으로 일본과의 관계에서 첫 피해처이자 교류처였다. 절영도에서는 中宗 때 왜인들이 선적한 물품을 즉시 計量을 해주지 않은 데 분심을 품고 낚시질과 칡을 캔다는 핑계를 대고 절영도에서 풀 베는 사람을 살해하는 倭變이 발생하였다.[91] 임진왜란 때에는 절영도는 지리적 위치 때문에 일본군에게 가장 먼저 점령당하고, 지속적으로 피해를 입었던 현장이었다. 당시 부산진첨사 鄭撥은 사냥을 나갔다 부산진성으로 돌아갔다.[92]

그리고 절영도에는 假倭館이 있었는데,[93] 1609년 두모포왜관이 만들어지면서 폐지되었다.[94] 임진왜란 이후에 화친을 하게 되자 접대하는 일이 매우 어려웠다. 이에 일본 사절이 왔을 때 그대로 절영도에 두면 성낼 것이고, 釜山에 옮겨 두면 守護하는 일 등을 훨씬 엄밀하게 해야 事機가 샐 염려가 없을 것인데, 본도의 군병이 單弱하여 어떻게

---

[89] 金壽興, 『退憂堂集』 권7, 啓 太僕寺馬政變通啓 을축.
[90] 『備邊司謄錄』 정조 17년 3월 갑자.
[91] 『중종실록』 권88, 33년 8월 기미.
[92] 『선조실록』 권26, 25년 4월 임인.
[93] 『광해군일기』 권71, 5년 10월 임인.
[94] 김재승, 『그림자 섬의 숨은 이야기』, 도서출판 전망, 2005, 165~178쪽.

할 수 없는 처지였다고[95] 한다.

셋째, 국가 제사처가 있었다. 세종 연간에 京外의 祭享에 영험한 곳을 혁파하여 제사하지 않는 것은 온당치 않다고 파악하여, 周公이 祀典에 기록되어 있지 않은 곳에도 모두 제사한 뜻을 본받아서 국가에서도 제사를 행하게 했다. 이에 영험 여부를 분별하지 않고, 영구히 혁파하였거나 제사 드리는 장소를 모르는 곳을 제외하고는 모두 국가에서 행하는 岳·瀆·山·川의 祭品의 예에 따라 국고의 米穀으로 致祭하게 하고, 제사 뒤에 감사가 본조에 移文하게 하였다. 이때 경상도에는 東萊의 古智島, 경내 東平의 絶影島·毛等邊이 있었다.[96]

넷째, 조선시대에도 절영도는 군사적 요충으로 중시되었다. 현종 연간에도 절영도는 左水營·釜山과 가까우며, 간비·황령봉수보다 수영에 가까우므로 한 鎭을 옮기고, 정상에 烽燧를 설치하면 倭船이 통과할 때 미리 대비할 수 있다고 하였다. 절영도봉수는 이미 先朝에서 설치하였지만, 진을 설치하는 데는 비용이 들어 추진하지는 못하였다.[97] 그러나 萬戶營이 있었다고[98] 보아진다.

하지만 절영도에 수영 관할 아래의 鎭을 옮길 것을 요청한 논의는 1699년 동래부사 鄭澔가 이미 제기했을 정도로 절영도는 지리상으로 부산의 요충에 위치하고 있었다.

> 동래부사 鄭澔가 상소하여 水營의 배가 정박하는 곳이 얕고 좁은 폐단과 절영도의 地勢가 편리하고 좋다는 상황을 논하고, 수영의 관할 하에 있는 한 鎭을 이 섬으로 옮겨 설치할 것을 청하였다. 그리고 萬戶를 승격시켜 僉

---

[95] 『선조실록』 권203, 39년 9월 기사.
[96] 『세종실록』 권46, 11년 11월 계축.
[97] 『승정원일기』 현종 2년 6월 임오.
[98] 『숙종실록』 권33, 25년 10월 기묘.

使로 제수한 다음 부산의 수영과 상대하여 掎角之勢를 이루게 할 것을 청하였다. 임금이 廟堂에 내려 의논하게 하였는데, 뒤에 중지되어 시행되지 않았다.[99]

이후 부산항에 異樣船이 처음 나타난 것은 1797년 10월이었다. 영국 함장 William Robert Broughton의 Schooner Providence였는데, 釜山港泊圖가 남아 있다. 1875년에는 일본 해군 제2 丁卯艦을 파견하여 부산포 해역을 실측하고 탐사하였다.[100]

다섯째, 중요한 어장이 있었다. 원래 절영도에는 營門 소속의 魚梁과 漁箭이 있었는데, 英祖 때 절영도의 魚梁을 새로 태어난 옹주방에서 折受地로 만들었다. 절영도는 바다 가운데에 있는 외딴 섬이고, 倭館과 지척인 곳이어서 그 사이에 魚梁·海箭이 있어도 左水營·東萊府의 각 鎭堡에 소속된 것이었다. 그런데 새로 탄생한 翁主房에서 절영도를 折受하고, 그 성책에 四標하여 東倭館이나 北倭館이라 했다. 宮家에서 절수하는 것도 본래 그릇된 규례인데, 여러 營門에 속한 어량·어전을 궁가에 붙여 導掌들이 해마다 내려와 稅를 거두면, 왜관에서도 알게 되어 좋지 않다고 하여 혁파하였다고[101] 한다.

여섯째, 封山의 역할을 하였다. 하지만 조선 후기에는 절영도의 나무는 봉산 본래의 목적보다 문제를 일으키는 요인이 되었다. 즉 釜倉의 運監 李命天은 전 通事 金武祥과 서로 한통속이 되어 절영도 封山의 잡목을 남몰래 베어다가 開市 날짜를 따지지 않고 酒房倭에 들여 주고, 값은 왜관의 잡종으로 바꾸어 나와 여러 해 동안 이익을 독점하는[102]

---

99) 『숙종실록』 권33, 25년 10월 기묘.
100) 김재승, 『근대한영해양교류사』, 인제대출판부, 1997, 24~40쪽.
101) 『영조실록』 권19, 4년 9월 무오; 『승정원일기』 영조 4년 9월 무오; 『비변사등록』 영조 4년 9월 무오.

폐단이 발생하였다. 그리고 초량왜관을 지을 때 필요한 나무를 조달하기도 했으며, 왜관의 일본인들이 火木을 조달하는 곳이기도 했다.[103]

개항 전에 절영도는 자연적·지리적 조건에 맞게 목마장, 神祠, 漁場, 일본과의 교류처, 군사적 요충지, 封山으로서 다양한 기능을 하였다. 그렇지만 절영도의 가장 중요한 기능은 목마장이었다.

나. 設鎭의 배경

조선왕조는 大院君의 등장 이후 중앙과 지방의 군제를 정비하여 외세에 대응하고자 했다. 개항 이후에 군대의 근대화를 추진하였으며, 수군의 강화도 진행되었다.[104] 특히 大院君 집권 초기에 海防의 중요성을 강조하여 경기도 연해지방의 경비를 강화하고, 전국 각지 해방의 요충지에 진영을 설치하여 지방군대의 강화에 힘썼다.[105] 경상도 해안에서는 1866년 통영 관할의 赤梁과 舊所非에 진을 복설하였다.[106] 1869년 6월에는 동래부와 좌수영에 150명의 砲軍을 추가로 설치하였다.[107]

그러나 개항 이후 일본은 1871년 辛未洋擾로 실패한 조선의 문호개방을 계속 시도하던 美國에 뒤지지 않으려고, 1875년 운요[雲揚]호 사건을 일으켰다.[108] 일본 군함 운요호가 江華島에 불법 침범하여 강화도를 포격한 이후 체결된 1876년 2월 27일의 강화도조약은 한반도에 대한 침탈의 시작이었다. 이후 부산항 개항도 강제적으로 이루어

---

[102] 『日省錄』 정조 17년 11월 계축.
[103] 양흥숙, 『조선후기 東萊 지역과 지역민 동향 - 倭館 교류를 중심으로 -』, 부산대 박사학위논문, 2009.
[104] 육군본부, 『한국군제사』 근세조선후기 편, 1997, 262~336쪽.
[105] 배항섭, 『19세기 조선의 군사제도 연구』, 국학자료원, 2002, 69~82쪽.
[106] 『승정원일기』 고종 3년 1월 11일.
[107] 『승정원일기』 고종 6년 6월 30일.
[108] 최덕수, 『한국사』 37, 국사편찬위원회, 2000, 217~231쪽.

졌다. 이때 朝日修好條規를[109] 체결함으로써 조선은 세계자본주의에 문호를 개방했다.

먼저 개항 이후 일본 정부는 부산에 일본인의 거주지인 租界를 설치했다.[110] 당시 絕影島는 일본인 居留地인 중구에서 직선거리로 불과 400m 정도밖에 되지 않아서 일본인들이 중시하고, 間行里程 안에 속했다. 그렇지만 越海地였기 때문에 일본의 직접 침범을 벗어날 수 있었다. 그러나 1882년 8월 일본과 체결된 제물포조약과 더불어 조인된 朝日修好條規續約 第1款에 따라 부산의 間里行程을 본래 10리였던 것을 50리로 확장하고,[111] 1884년에는 사방 100리로 확대되었다.

부산항이 개항되자 부산을 중심으로 기존의 재래시장이 재편되고 새로운 상업 유통망이 형성되기 시작했으며, 부산항을 통한 수출입량이 급속히 증가하였다.[112] 개항기 무역에서 부산은 일본에 대한 무역의존도가 절대적으로 높았다. 이런 상황에서 부산항에 출입하는 일본 선박의 수도 급속하게 증가하였다.[113] 이에 개항 직전 90명에 불과하던 일본인은 1895년에는 4,953명으로 증가하였다.[114] 1893년에 부산에는 일본인 4,778명, 청국인 144명, 서양인 8명으로 총 4,930명이 거주하고 있었다.[115] 부산에는 일본인의 거주가 많았던 만큼 일본의 商館 또한 많았다. 청일전쟁 이후 부산에는 132개의 일본상관, 14개의 청국상

---

[109] 강화도조약 또는 병자수호조약이라고도 한다.
[110] 손정목, 『한국개항기 도시변화과정연구』, 일지사, 1982, 111쪽.
[111] 국회도서관 입법조서국 편, 『舊韓末條約彙纂』 上, 1964, 36쪽.
[112] 홍순권, 『근대도시와 지방권력-한말·일제하 부산의 도시 발전과 지방세력의 형성-』, 도서출판 선인, 2010, 46~55쪽.
[113] 부산지방해운청, 『부산항사』, 도서출판 현대, 1991, 197~201쪽.
[114] 홍순권, 앞의 책, 2010, 59쪽.
[115] 『淸季中日韓關係史料』 第6券, 文件編號 1873; 1874, 總署收李鴻章文; 『釜山府使原稿』 권6, 244쪽.

관이 있었다고[116] 한다.

　이처럼 개항 이후 부산에서는 일본이 침탈을 주도하고 있었다. 그것은 조선 후기부터 초량왜관이 있었기 때문이었다. 1876년 8월 24일 조인된 修好條規附錄 제3관에 따라 일본은 관리관 곤도 진스키[近藤眞鋤]를 보내 1877년 1월에 동래부사 洪佑昌과 「釜山口租界條約」을 체결하였다. 이에 초량왜관 부지 약 11만 평이 부산의 일본국 전관거류지로 설정되었다. 이후 일본은 다양한 방법을 통해서 거류지를 확대해 나갔다. 일본의 외교기관과 거류민 보호기관으로서 관리관이 파견되고, 租界가 설정됨에 따라 조계 안의 여러 제도와 시설이 급속히 정비되었다.[117] 1880년에는 관리관 대신 영사가 파견되었으며, 일본인의 거류지를 북쪽 해안지대로 확대해 나갔다.[118]

　이런 과정에서 設鎭된 절영도진의 설치 배경은 크게 두 측면에서 살펴볼 수 있다. 첫째, 직접적인 배경으로 개항장 부산항에 대한 군사적 방위를 위해서였다. 불평등조약의 체결 이후 일본은 측량이라는 명목, 재한일본거류민을 보호, 조약 권리의 보호 등을 핑계로 불법적으로 군함을 파견하여 개항장을 軍港으로 삼고, 制海權을 장악하였으며, 租界를 군사기지로 사용하면서 군사적 압력을 가중시켰다. 대표적인 사건으로는 1878년 부산해관수세사건의 경우 조약의 권리를 보호한다는 명목으로 군함을 부산항에 파견하고, 해병대를 상륙시켜 군사적인 시위와 도발을 야기하였다.[119]

---

[116] 한우근, 『한국개항기의 상업연구』, 일조각, 1970, 43쪽.
[117] 김용욱, 「釜山租界考-특히 日本租界의 성격 및 토지소유관계를 중심으로-」, 『한일문화』 1, 부산대학교 한일문화연구소, 1962; 김의환, 「개항 후 부산일본전관거류지 설정에 관한 연구-부산시 형성에 미친 영향을 중심으로-」, 『한일문화』 2, 부산대학교 한일문화연구소, 1973.
[118] 홍순권, 앞의 책, 2010, 86~89쪽.

둘째, 간접적인 배경으로 개항 이후 절영도에서 일본이 침탈을 구체화해 나갔기 때문이었다. 1879년 5월 콜레라가 유행하여 釜山에 전파되자 病幕을 설치하는 사건이 발생했다. 당시 일본국 관리관 마에다[前田獻吉]가 동래부사 尹致和에게 消毒所와 避病院의 설립을 요청해 왔고, 윤치화가 설치를 허락해 준다. 그런데 조약 규정에 없는 허락이 문제가 되자, 6월 20일 조정에서는 동래부사 윤치화와 다대첨절제사 韓友爕의 문책이 논의되었다.[120]

> 동래부사 尹致和가 釜山 주재의 日本國官 前田獻吉의 請에 따라 절영도에다 消毒所 避病院의 설립을 허가하다. 慶尙道觀察使 李根弼은 절영도가 封岡의 重地인데다가 조약 외의 일을 許施한 것이라 하여 해당 부사와 다대첨절도사 韓友爕을 먼저 罷黜케 하며, 그 죄를 廟堂으로 하여금 稟處토록 청하자, 論罪一款은 모두 安徐케 하고, 속히 病幕을 철거케 하다.[121]

이에 대해 경상좌도 수군절도사 韓圭稷은 절영도에 설치하였던 일본국의 庫舍를 철폐하였으므로 病幕도 아울러 철거하도록 전하였음을 보고하였다.[122] 조선 정부가 절영도 침입을 강하게 거부한 것은 封岡의 重地인데다가[123] 임진왜란 때 忠武公 李舜臣의 전적지였기 때문이었다.[124]

이때 일본 管理官의 말로는 전염병이 크게 성행하여 館市의 和賣를 잠시 정지함에 따라 실어온 물건을 쌓아둘 곳이 없게 되었으므로, 창고

---

119) 박용숙·김동철,『부산시사』제1권, 부산시사편찬위원회, 1989, 790쪽.
120)『승정원일기』고종 16년 6월 신유;『일성록』고종 16년 6월 무오.
121)『舊韓國外交文書』第1卷 日案1, 文書番號 34~56號.
122)『일성록』고종 16년 10월 1일.
123) 구체적인 내용은 본 논문의 Ⅱ장 1절 7쪽 참고.
124) 손정목,『한국 개항기 도시변화과정연구』, 일지사, 1982, 111쪽.

몇 칸을 절영도 서쪽의 관소에서 항해하는 곳에 짓겠다고 하고, 창고 6칸을 설치하였다.125) 그러나 이후에 경상좌병사 李泰鉉이 倭物庫舍를 絶影島에 지었음을 아뢰자,126) 조정에서 윤치화를 문책하고, 병막을 철거하도록 하였다. 즉 일본인이 절영도에 幕舍를 친 일은 나라 영역의 중요한 곳에 관계되고, 또 이는 조약에 없는 일인데도 제멋대로 막사를 쳤으므로 철거하라고 요청하였다.127) 이 사건 이후 조선정부에서는 경상좌수사 韓圭稷, 동래부사 沈東臣의 입장을 수용하여 부산항의 요충인 절영도에 設鎭을 하여 일본에 직접적으로 대응하고자 하였다.

다음으로 절영도가 부산에서 차지하는 지리적 조건 때문에 일본은 다른 나라보다 먼저 절영도에 근거를 마련해 두려고 하였다. 1885년 일본 해군이 貯炭場의 건설 명목으로 절영도 일부를 조차지로 획득하였는데, 이 문제가 개항 이후 절영도를 둘러싸고 일어난 근본적인 문제였다. 사실 개항 이후 일본인이 증가하자128) 절영도에 관심을 가졌던 일본들은 취사용 석탄을 대마도에서 가져와 사용함으로써 먼 곳에서 운반하는 것이 불편하다고 하여 절영도에 있는 나무를 화목으로 사용하게 해달라고 조선 정부에 청원서를 제출하였다.

일본의 청원을 받은 후 1881년(고종 18) 외교와 통상 사무를 관장하던 統理衙門은 경상감사 李根弼이 절영도를 조사하고 올린 狀啓를 議政府에서 의논 결의하고, 그 결과를 공문으로 보낸다. 일본인의 청구를 일단 접수한 동래부가 경상감사를 통해 올린 장계를, 의정부에서 다시 경상감사에게 확인하게 하고, 그 의견을 동래부에 다시 물어 보

---

125) 『고종실록』 권16, 16년 8월 을사.
126) 『일성록』 고종 16년 8월 기묘.
127) 『고종실록』 권16, 16년 8월 을사.
128) 『釜山府使原稿』 6, 민족문화, 1996, 244쪽.

고하게 되었다. 이때 최종적으로 통리아문이 절차를 통하여 동래부에 저탄장 설치를 거부하고, 대신 절영도진을 설치하였다.[129]

그러나 일본의 지속적인 요청에 넘어간 조선정부는 1886년 1월 31일 절영도의 흑석암 땅 4,900평을 일본군 貯炭場으로 租借하게 되었다. 앞서 일본국에서는 자기 나라의 해군용 石炭儲藏倉庫를 건립하고자 경상도 동래부 절영도의 땅을 租借할 것을 요청한 바 있는데, 본국에서는 지난 8월에 이르러 그 요청에 따라 절영도 黑石炭의 땅 4,900평을 年地租 銀 20圓으로 대여할 것을 약정하고, 이 날 督辦交涉通商事務 金允植이 日本國臨時代理公使 高平小五郞과 회동하여 租借絶影島地基約單에 조인했다.[130] 그 내용은 다음과 같다.

> 금반 일본 정부는 해군용 창고를 建造 媒炭을 저장하고자 조선 경상도 절영도 중 黑石炭이라 일컫는 地基 합계 4,900평(1坪은 每方 2미터)를 租借한다. 그 地基의 租額은 매년 銀貨 20圓으로 정하고 조선 정부에 완납하여야 한다. 즉 還約日로부터 起算하여 매년 양력 12월 15일에 명년의 租額을 統理衙門에 前納하여야 한다. 이에 約單을 訂立하고 圖面을 添附하여 憑信을 昭明히 한다.[131]

이것은 동래부 절영도에 일본의 租借地를 두기로 한 約定書의 寫本이다. 본 계약은 음력 1885년(고종 22) 12월 27일(양력 1886년 1월 31일)에 체결되었으며, 日本海軍 貯炭所敷地 확보를 위한 것이었다. 조차

---

[129] 『일성록』 고종 18년 2월 26일.
[130] 「租借絶影島地基約單」 督辦交涉通商事務 金允植. 日本代理公使 高平小五郞. 統理交涉通商事務衙門 편, 1885년; 필사연도미상(奎23030, 1책 2장). 본서의 원본과 등본은 규장각소장의 『日案』(奎 18058, 19572); 1965, 고려대학교 亞細亞問題硏究所, 『舊韓國外交文書』 1권 「日案」 1 수록.
[131] 『統理交涉通商事務衙門日記』 고종 22년 4월 17일; 『舊韓國外交文書』 第1卷 日案 262面, 文書番號 548號, 고종 22년 8월 6일.

지는 절영도의 黑石巖 부근(현 부산광역시 영도구 봉래동 일대)이고, 제공면적은 4천 9백 평이었다. 地租 명목으로 일본정부는 매년 銀貨 20圓씩 조선정부에 납부하도록 하였다. 말미에 지도가 첨부되어 있었지만, 본서에는 빠져 있다.[132) 이때 고종은 암행어사 金思鐵을 파견하여 절영도의 석탄고를 파악하게 하자, 그는 아직 세금을 정하지 못하여 걱정스럽다고 보고를 하였다.[133)

마지막으로 절영도에 일본인은 불법적으로 창고와 조선소를 건설하여 근거를 확대해 나갔다. 이때 부산 監理署 관할 하의 汽船會社가[134) 일본인이 그들의 租界 밖인 절영도에 假家 10여 칸을 搆設하도록 擬約한 후, 監理가 이를 몰래 함부로 搆設했던 주모자를 조사하여 馳報하게 하였다.[135) 그리고 絶影島의 서북에 일본인이 小輪船을 건조하는 곳이 있어 監理가 撤毀하자, 이에 日領事가 重修한다 하여 서로 爭執하므로 이를 조사하도록 하였다. 이곳은 조계 밖으로 일본인이 함부로 배를 만드는 곳을 설치했으므로 이치가 아니다라고[136) 지적하였다. 이처럼 절영도에는 일본인들이 조선인 汽船會社를 이용하는 등 여러 방법으로 불법적으로 침탈을 시작하고 있었다.

하지만 이런 상황이었지만, 실제 절영도에 상주를 희망하는 열강은 많지 않았다. 반면에 각 국의 조계지로 예정된 지역의 민간인 토지는

---

132) 「租借絶影島地基約單」 督辦交涉通商事務 金允植, 日本代理公使 高平小五郎. 『統理交涉通商事務衙門』 편, 1885년.
133) 『승정원일기』 고종 28년 8월 신축.
134) 개항 이후 부산항에 설립된 電察會社는 1888년 南沿會社, 1889년 汽船會社로 개명하여 회사체제를 재정비한 회사였다. 정부와 선운업자가 합동으로 부산항에 설립한 회사이다(홍순권, 『근대도시와 지방권력－한말·일제하 부산의 도시 발전과 지방세력의 형성－』, 도서출판 선인, 75쪽).
135) 「釜山港關草」(奎 18077).
136) 「東萊統案」(奎 18116).

돈이 될 것이라고 여긴 많은 일본인들이 앞 다투어 절영도의 토지를 買占해 나갔다. 이런 이유로 다른 나라의 조계지 설정은 끝내 실현되지 못했다. 그러나 이때 일본의 저탄장 설치를 위한 절영도 땅의 조차를 지켜 본 하자마 후사타로[迫間房太郞]는 1892년 절영도를 5만 원에 매수하려다 자금 부족으로 포기하였다. 대신에 1898년 절영도의 동삼동과 청학동, 봉래동 일대의 국유지 林野 135만 평을 나무를 심어 조림한다는 핑계로 조선 정부로부터 자금을 貸賦 받아 구입하였다고[137] 한다.

한편 개항 이후 부산에서는 1882년 청나라는 통상조약을 맺은 후 덕흥호 사건을 계기로 1884년 초량에 청국 조계 마련하고 영사관을 열었다.[138] 1883년에 영국은 조영통상조약 이후 영국영사관 건립을 영선산 일대에 건립하였다. 한편 러시아는 1884년 조러조약에 따라 일본의 묘지로 사용하던 복병산을 1892년 매입하려 했으나, 일본의 선점권이 인정되어 뜻을 이루지 못하였다. 이후 러시아도 절영도에 석탄 창고를 요구하였다. 사실 일본의 절영도 조차를 알게 된 러시아는 부산항에 그들의 군함을 정박시키고, 일본과 대립하면서 그들도 절영도의 토지를 조차해 줄 것을 조선 정부에 요구하였다. 이에 절영도를 두고서 러·일 사이에 국제적인 분규가 일어나게 되었다.[139] 이처럼 절영도를 둘러싼 러·일 사이의 대립이 첨예해지고, 영국·미국·프랑스·독일 등 열강들도 절영도에 관심을 드러내었다.

사실 조선 정부는 러시아의 절영도 조차 요구를 받고 外部大臣

---

[137] 김의환, 「개항 후 부산일본전관거류지 설정에 관한 연구-부산시 형성에 미친 영향을 중심으로-」, 『한일문화』 2, 부산대학교 한일문화연구소, 1973.
[138] 김용욱, 「개항기의 부산행정-1876~1910년을 중심으로-」, 『항도부산』 7, 부산시사편찬위원회, 1994, 43~49쪽.
[139] 김대상, 「絶影島 租借問題를 둘러싼 露日競爭」, 『항도부산』 7, 부산시사편찬위원회, 1969.

李道宰가 올린 상소에 따라서, 절영도에 러시아(俄那斯國) 公使가 청한 석탄 창고 기지를 조사하는 안건은 일이 중대하여 議政府에서 請議를 거쳤는데, 아직 종결을 짓지 못한 상태에서 해당 지역을 다시 조사하게 하였다. 이에 일본이 月尾島를 요구한 것에 대해서는 허락하고, 러시아가 절영도를 요구한 것에 대해서는 거절하였으므로 형평에 어긋난다고 지적되었지만, 결국 러시아의 절영도 조차는 허가되지 않았다.140) 이후 議政府에서 동래의 절영도의 각 국 租界地를 획정하는 문제에 관해 회의를 거쳐 제칙을 내려 裁可하였다.141) 이에 조정에서는 外部大臣 金允植이 각국 公使·領事에게 조회하여 동래의 절영도는 우리 정부에서 砲臺·燈塔·病院 등을 건설하려는 곳이므로, 이곳에서 외국인이 地段·房屋을 購買·賃租하는 것을 불허하겠다고 미리 통고하고, 과거에 일본 정부에서 조차한 煤庫 一段 외에는 일절 불허할 것을 통고하였다.142) 이런 조처에 대해 일본 정부는 일본인들이 개항 이후 토지와 가옥을 구매하고 임대한 일을 규제할 수 없다고 반대를 하고, 절영도에 地券交附願을 낸 사람을 조사하기도 곤란하다고143) 하였다. 그렇지만 조선 정부는 이후 절영도 동북단 90만m²의 토지를 새롭게 구획하여 이를 각 국의 조계지로 하는 합의를 각국 총영사와 외부대신이 1898년 3월 30일 서명하게 되었다.

이처럼 절영도진의 설진 배경은 부산항에 출입하는 외국 선박을 감시하고, 직접적으로 절영도를 조차지로 만들려는 일본과 러시아 등의 요구에 대응하는 과정에서 절영도의 군사적 중요성을 깨우치는 결정

---

140) 『승정원일기』 고종 35년 11월 신미.
141) 『고종실록』 권37, 35년 5월 26일(양력).
142) 『구한국외교문서』 3, 「日案」 3718號, 고종 32년 윤5월 24일.
143) 「絕影島 全島 占用에 대한 反對와 各國租界 劃定 促求」문서번호 第105號, 발송일 1895년 8월 17일, 발송자 特命全權公使 井上馨.

과정이었다. 이에 기존의 부산진과 다대포진 등이 있었음에도 불구하고 별도로 절영도진을 설치하였다. 개항기에 절영도는 국가적인 요충지로 內部 參書官 崔勳柱가 올린 상소문에서 다섯 번째 계책에서 국가 보장처로 주장되었다. 즉 한강의 견고함과 절영도의 험준함은 바로 우리나라의 보배인데, 일본인들이 요충지를 차지하고 있어서 만약 불시의 사변을 만나면 이 어귀만 한 번 방어하면 소식을 통하기 어려울 것이다. 그래서 우선 부대를 나누어 몇 곳을 전적으로 지키면 만년의 기반이 될 것이라고144) 하였다.

아울러 李裕元이 절영도의 지리적 중요성을 숙종 연간의 鄭澔의 견해를 재인용하면서 개항기에 진을 설치할 것을 주장하였다.

수영과 부산의 두 鎭 앞에 절영도가 있는데, 太僕寺에서 말을 놓아 먹이고 있는바, 이곳은 수영과의 거리가 3·4리 정도 되는 곳으로서 外面은 지극히 험하지만, 그 안은 실로 토지가 비옥합니다. 그런데 倭船이 부산을 향할 때에는 반드시 이 섬의 오른쪽을 경유하고 수영을 향할 때에는 반드시 이 섬의 왼쪽을 경유하게 되어 있으니, 이곳은 실로 도적들이 들어오는 길목이라고 하겠습니다. 그러므로 지금 응당 목장을 철거하고 대신 진 한 곳을 설치하여 군사를 기르고 兵船을 비축하여야 할 것입니다. 백성들을 다독여 여기에서 농사를 짓게 하면서 뒷날의 위급한 일에 대비하게 한다면, 비록 적의 배 천 척이 몰려온다고 하더라도 그 형세가 이 섬을 버리고 다른 길을 경유할 수는 없는 일이므로 반드시 먼저 이 섬을 침입하여 점령해서 후환을 없게 한 다음에야 비로소 앞으로 전진해서 수영이나 부산으로 들어올 수 있을 것입니다. 그런데 이 섬에서 이들을 막아 서로 대치하고 있는 사이에 수영과 부산의 여러 鎭의 戰船들이 군병들을 불러 모으고 器械들을 정리하여 안팎이 서로 호응하는 형세를 이룬다면, 반드시 賊船들이 종전과 같이 거칠 것 없이 휩쓸고 들어오는 변란은 다시는 없을 것입니다. 그리고 또 이 섬에 사는 백성들이 4~5백 호 가량 되므로 이

---

144) 『고종실록』 권37, 31년 7월 26일(양력); 『승정원일기』 고종 31년 7월 병술.

는 곧 1천 명에 가까운 精兵들이 항상 섬 안에 주둔하고 있는 셈이고, 그런 데다 사면이 모두 바다로 둘러싸여 있어서 자연 이들이 도망하여 흩어질 염려도 없고, 부모와 처자들이 모두 섬 안에 살고 있으므로 이들이 마음을 굳게 먹고 죽기를 각오하고 싸우게 될 것입니다.145)

이런 논의를 거쳐서 절영도에는 設鎭이 구체적으로 진행되어 나갔다. 이것은 개항에 대응하는 해항도시 부산에서의 조선의 대응책의 하나였다고 볼 수 있다.

다. 設鎭 이후의 변화

조선 후기에 부산에는 경상좌수영 휘하에 부산진, 다대포진, 포이포진, 두모포진, 개운포진이 있었다. 좌수영은 좌우익의 주력에 부산첨사와 다대첨사가 담당하고, 중앙의 병력은 좌수영의 虞侯가 담당하는 체제였다.146)

먼저 절영진의 설치시기이다. 절영진은 1881년(고종 18) 7월에 설치되어147) 갑오경장 이후 군대가 해산되는 1895년까지 15년 동안 지금의 영도구 동삼3동 中里에 設鎭되어 있었다. 절영진의 위치는 동삼동 中里 마을이었다. 첨사영이 있었던 부산체육고등학교 일원을 지금도 鎭內 마을이라고 부르고 있다.148) 아마도 첨절제사의 진영이 있던 곳이 마을이름으로 바뀌어 전해지고 있다고 볼 수 있다.

동래부의 절영도는 본래 바닷길의 요충지로 일컬어졌으며 진을 설치하자는 논의가 여러 해 계속 있었다. 包伊, 開雲, 西平 3개 鎭을 모

---

145) 李裕元, 『林下筆記』 권13, 文獻指掌編, 絶影島의 길목.
146) 『萬機要覽』 軍政編, 舟師 慶尙左水營條.
147) 『영남읍지』 1895년, 제20책, 東萊 附事例, 鎭堡.
148) 부산광역시사편찬위원회, 『부산의 자연마을』 제1권, 2006, 127~128 · 137~138쪽.

두 혁파하고 절영도 1개 진으로 합해서 설치하고, 해당 鎭將은 부산포와 다대포의 전례대로 첨사로 승격시키고, 관아 건물, 창고, 무기, 軍餉, 급료를 3개 진에 있는 것을 편리한 대로 가져다 쓰며, 절영도의 목장은 적당한 곳에 옮겨서 설치하였다.[149]

다음으로 절영도는 倭館으로부터 1航의 거리에 있는데, 남북 길이가 30里이고, 동서 너비는 7리였다. 섬의 中腹은 남쪽을 향하고 있는데, 여기서 북쪽 15리에 瀛仙洞이 있다. 이곳은 옛날의 목장으로 땅이 기름지고 거주민은 205호이다. 동북쪽으로 10리에 靑鶴洞이 있는데, 23호이다. 동쪽에는 上駒龍里와 下駒龍里가 산등성이를 사이에 두고 있는데, 호수는 65호이다. 동북쪽으로 釜山과는 25리, 東萊와는 40리, 水營과는 40리이며, 서쪽으로 다대포와 40리 떨어져 있다.[150]

이후 1894년 다대진이 복설되었다. 이유는 절영도는 부산과 육지로 연결된 것이 다대진보다 가깝지 못하여 허술한 감이 있으며, 이전 鎭營의 군사와 백성들이 각기 흩어져 갈 마음을 품고 모두 다 이전대로 두기를 원하고 있으며, 城池와 廳舍도 본래 완전하고 견고하며 무기와 군사들도 아주 정예하여 위급한 때에 의거할 수 있다는 것이었다. 이에 絶影島鎭僉使의 직함을 減下하고, 해당 진영의 장수를 多大鎭僉使로 삼도록 하여 두 진영을 통합해서 지휘하였다. 다만 절영도도 비워둘 수 없어서 水營 虞候로 하여금 옮겨 주둔하게 하였다.[151]

그러나 다시 절영진을 복설하였다. 이유는 東萊의 절영도는 바다를 방어하는 咽喉이기 때문에 신사년(1881)에 새로 설치할 때의 전례대

---

149) 『고종실록』 권18, 18년 2월 무오; 『승정원일기』 고종 18년 2월 무오.
150) 『絶影鎭誌』 鎭誌.
151) 『고종실록』 권22, 22년 12월 계미; 『승정원일기』 고종 22년 12월 계미; 『비변사등록』 고종 22년 12월 계미.

로 包伊, 開雲, 西平의 3개 진영을 모두 다 소속시키고, 다시 僉使를 두었다.152) 그래서 작년 봄 첨사를 別將으로 삼은 것이 비록 깎아 내린 혐의는 있었지만, 도의 監司가 장계에 따라 3개 진을 통합하여 僉使를 두는 것이 실로 현재의 형세에 부합된다. 경상감사 李鎬俊이 올린 장계에 절영도에 이전대로 진영을 설치하도록 하였다.153) 경상감사의 장계를 받은 정부는 일본인 전관거류지의 청을 거부하고, 절영도에 있던 國馬場의 말을 毛知浦로154) 옮기고, 개운포진·서평포진·포이포진을 없애는 대신 절영도진을 신설하였다. 이처럼 3진을 없애면서 3진의 수군 장비를 통합하였으므로 절영도진은 강력한 수군 진영이 되었다.

 심순택이 아뢰기를, "방금 경상감사 李鎬俊이 올린 狀啓를 보니, '동래의 절영도는 바다를 방어하는 데 요충지이니, 신사년(1881)에 새로 설치할 때의 전례대로 包伊, 開雲, 西平의 3개 진영을 모두 다 소속시키고, 다시 僉使를 두어야 합니다.'라고 하였습니다. 신이 작년 봄 연석에서 아뢰어 僉使를 別將으로 삼은 것이 비록 깎아 내린 혐의는 있었지만, 지금 이 도의 監司가 이렇게 장계를 올려 아뢴 만큼 응당 3개 진을 통합하여 첨사를 두는 것이 실로 현재의 형세에 부합됩니다.155)

한편 절영도진의 廢鎭은 1895년 갑오개혁으로 근대적인 군제가 시행되면서 경상좌수영이 폐지되자, 이듬해에 절영도진도 자연스럽게 없어졌다. 이후에는 행정 체제로 바뀌었으며, 절영도는 일본의 租借

---

152) 『고종실록』 권24, 24년 8월 기해; 『승정원일기』 고종 24년 8월 기해; 『비변사등록』 고종 24년 8월 기해.
153) 『고종실록』 권24, 24년 6월 임진. 『승정원일기』 고종, 24년 6월 임진.
154) 지금의 서구 암남동 동물검역소 지역이다.
155) 『고종실록』 권24, 24년 8월 기해.

地로 넘어갔다. 하지만 設鎭 이후 절영도에는 육지인들이 이주하여 본격적으로 거주하면서 본격적인 변화가 일어났다.

(2) 절영도진의 운영

가. 절영도진 첨사

절영도진의 책임자는 僉使였다. 절영도는 草梁館과 한 강을 사이에 둔 것 같은 거리로 떨어져 서로 대하고 있기는 하지만, 절영도의 設鎭은 부산과 서로 응하는 형세가 많은 중요한 지점이었다.[156]

절영도진은 僉使가 있는 獨鎭이었다.[157] 절영도는 경상도에 첨사가 있는 釜山, 多大, 加德, 彌助項, 龜山, 西生, 赤梁, 자벽과 함께 절영도는 독진이 되었다.[158] 절영도는 陞資하는 벼슬자리로 만들어 중시하였다.[159] 절영도첨사는 승진해서 가는 변방의 자리여서 부산 多大浦의 전례에 따라서 말을 내려 주어서 부임하도록 하였다.[160] 그리고 절영진첨사는 다대진에 속한 목장의 임무를 兼帶하였다.[161] 그래서 절영도첨사는 絕影島鎭水軍僉節制使 兼 東萊監牧官이 되었다.[162] 이에 따라 鐵島, 靑山島, 格浦, 絕影島 4개 진의 첨사는 아울러 邊地窠로 시행하였다.[163]

절영도진의 운영의 최고 책임자는 絕影島鎭 水軍僉節制使로 武人 종3품이었다.[164] 절영도진은 陞資하는 벼슬자리로 만들며 영장의 전

---

156) 李𣞗永, 『日槎集略』 天, 8월 30일.
157) 『비변사등록』 고종 19년 12월 초6일.
158) 『비변사등록』 고종 19년 12월 초6일 추보.
159) 『고종실록』 권20, 20년 1월 기해; 『승정원일기』 고종 20년 1월 기해.
160) 『승정원일기』 고종 19년 10월 기사.
161) 『고종실록』 권20, 20년 5월 무자.
162) 『승정원일기』 고종 20년 5월 경인.
163) 『승정원일기』 고종 22년 9월 임술.

례대로 시행하였다.165) 지리적으로 절영도는 내륙에 떨어져 있는 섬이어서 근무하기가 상당히 어려웠다. 때문에 절영진첨사로 임명을 받으면, 첨사들은 두 번 울었다고166) 한다. 이에 15년의 設鎭 기간에 절영도진의 첨사를 거친 사람은 13명이었다.

〈표 21〉 절영첨사의 명단과 근무기간167)

순번	僉事名	출신	재임기간	참고사항
1대	李正弼	倉陽	1881. 5. 7~ 1882. 9. 20	평안도 三和府使로 영전
	李秉奎		1882. 8~	鐵島로 돌아감
2대	愼性欽	濟州	1882. 9. 22~ 1883. 8. 2	鐵島에서 바뀌어 옮
3대	任翊準	서울 筆洞	1883. 8. 10~ 1884. 8. 10	송덕비
4대	李賢植	興陽	1884. 8. 13~ 1884. 11	면직
5대	金禎根	서울 貞洞	1884. 11. 27~ 1885. 8	절영도진이 다대포진에 합속, 無任所僉使로 절영도에서 근무
6대	金永濬	東萊 水營	1885. 9~ 1886. 2	軍校, 9품 別將으로 절영도진을 임시 관리

164) 『승정원일기』 고종 18년 4월 임진; 『영남읍지』 1895년, 제20책, 東萊 附事例, 鎭堡.
165) 『고종실록』 권20, 20년 1월 기해.
166) 절영도 나루터에 닿으면 숲이 울창한 섬의 산 속에 길도 없고 하늘도 볼 수 없는데, 첨사영이 있는 동삼동 중리로 들어서면 파도소리와 숲에 부딪치는 바람소리뿐이어서 내가 죄 없이 어찌 무인도로 귀양을 오느냐고 울었다. 반면에 해임이 되어 돌아갈 때는 떠나기 아쉬워 또 울었다고 한다. 그것은 세 진을 통합하여 절영도진을 만들었으므로 다른 진에 비해서 군비가 갖추어진 데다가 섬 주위는 어장이 좋아서 부수입도 좋았기 때문이라고 전한다(최해군, 『부산 7000년, 그 영욕의 발자취 1』, 도서출판 지평, 1997, 307~308쪽).
167) 『승정원일기』 고종 18년 4월 갑오, 4월 경신, 19년 8월 병자, 9월 갑신, 20년 6월 계유, 21년 4월 임자, 22년 9월 임술, 23년 7월 경자, 24년 8월 계묘, 24년 9월 무오, 26년 1월 병자, 27년 8월 경술, 28년 7월 신묘, 29년 4월 을미, 30년 1월 계축, 30년 7월 무신, 30년 11월 정유, 31년 1월 병오, 31년 3월 병신, 31년 7월 5일 기묘 각각의 座目 참조.

7대	申膺均	서울 정동	1886. 3. 16~ 1887. 3	前任으로 1889년 2월 1일까지 임소에 있었음
8대	洪疇燮	서울 齋洞	1887. 3. 30~ 1888. 10. 20	前任으로 1890년 8월 16일까지 임소에 있었음
9대	李敎生	서울 재동	1888. 10~ 1889. 9. 25	前任으로 1891년 8월 10일까지 임소에 있었음
10대	趙鍾稷		1889. 9~ 1890. 2. 13	사망, 부산진첨사가 절영도진첨사 겸직
11대	李敬信	竹山	1892. 5~ 1893. 2	前任으로 1893년 2월 2일까지 임소에 있었음
12대	鄭峻永	서울	1893. 3~ 1894. 8. 13	滿浦로 돌아감
	李敏庸		1893. 7~	滿浦에서 바뀌어 옮
	閔致琬		1893. 11~	
	權在允		1894. 1~	
	崔瀚祖		1894. 3	前任으로 1984년 7월 12일까지 임소에 있었음
13대	朴琪淙	동래 機張	1894. 8~ 1895. 8	부산경무서 경무관으로 절영도진첨사 겸직

그런데 절영도진 첨사가 設鎭 15년 동안 13명의 첨사가 재임하면서 재임기간이 짧았던 점은 절영도진이 邊地窠로 국가에서는 군사적으로 중시하고 있었지만, 절영도가 섬이어서 근무 조건이 열악하였기 때문에 꺼려하였기 때문이었을 것이다.[168]

한편 李敏庸 등 4인은 여러 사정으로 실제 부임하지는 않았다. 임시직이었던 7대 金永濬 첨사를 제외하면, 절영도진의 첨사는 실제 12명이었다. 절영도진의 첫 첨사는 李正弼인데, 文川郡守를 역임한 인물로 解由가 나오지 않은 상태에서 임명되었다. 이때 절영도진 僉使의 兵符를 새로 만들고, 개운포·포이·서평포의 병부는 불에 태웠다.

---

[168] 인근의 다대진첨사의 경우도 법정임기 2년 6개월을 채우지 못하고, 평균 1년 5개월 18일 정도만 근무하였다고 한다(이원균, 『조선시대사연구』, 국학자료원, 2001, 184~189쪽).

李秉圭를 절영도진 첨사로 삼았으므로 절도로 돌아갔다. 다음에 鐵島僉使 愼性欽과 절영도진 첨사 李秉奎를 서로 바꾸었다. 네 번째로 任翊準 절영도진 첨사가 되었다가 선정으로 연임하였다.

다음은 金禎根을 절영도진 첨사로 삼았다. 이후 絕影島僉使의 직함을 減下하고, 해당 진영의 장수를 多大鎭僉使로 삼도록 하여 두 진영을 통합해서 지휘하였다. 다만 절영도진을 비워둘 수 없으므로 水營 虞候로 하여금 옮겨 주둔하였다.[169] 金永濬을 絕影島別將으로 삼았다.

다시 절영도진에 첨사를 설치하도록 하여 절영도진 첨사가 찰 兵符를 새로 만들었다. 申膺均을 절영도진 첨사로 삼았으며, 影島鎭水軍僉節制使로 하였다. 이어서 洪疇燮과 李敎性을 절영진진 첨사로 삼았으며, 만포첨사 李敏庸과 절영도진 첨사 鄭峻永을 서로 바꾸었다. 趙鍾稷은 절영도진 첨사로 재직중 사망하였다. 李敏庸은 어미의 나이가 올해 75세로 멀리 떠나 부임할 수 없다고 체직을 청하였다. 절영도진 첨사 閔致琬이 어버이의 병이 갑자기 중해져서 길에 올라 부임할 가망이 전혀 없다고 체직을 청하였다. 새로 제수된 절영도진 첨사 權在允이 어버이의 병을 이유로 체직을 청하였다. 이후 崔瀚祖를 절영도진 첨사로 삼았다.

마지막으로 朴淇悰을 절영도진 첨사로 單付하였다.[170] 개항기 부산의 선각자 朴琪淙은[171] 개성학교(부산상고 전신, 현 개성고)를 설립하고, 부산상공회의소의 전신 釜山鮮人商業會議所를 설립한 인물이다.[172]

---

169) 『고종실록』 권22, 22년 12월 계미; 『승정원일기』 고종 22년 12월 계미 ; 『비변사등록』 고종 22년 12월 계미.
170) 『승정원일기』 고종 31년 7월 5일 기묘.
171) 朴箕悰 警部兼絕影島僉使로 임명의 件, 발송자(釜山 室田) 수신자(杉村), 1894-08-23.

그런데 절영도진의 운영에서 주목할 부분은 군사적으로 절영도진의 첨사는 경상좌수사의 관할 하에 있었지만, 부산의 개항장을 지켜야 하는 임무 때문에 통상 업무를 담당한 釜山監理의 역할이 강화되면서는 부산 감리의 영향을 받게 되었다. 사실 통리기무아문에서는 개항장의 외교와 통상의 업무량이 늘어나면서 전문적인 가구가 필요하여 1883년 監理를 두게 되고 동래부사가 겸직하였다. 그러나 업무가 늘어나자 1890년에는 독립 관서인 監理署를 설치했지만, 1895년에는 지방제도의 개편 과정에서 감리 사무는 관찰사에게 속하게 되면서 폐지되었다.173) 이때 부산항 경찰관 박기종이 마지막으로 절영도진 첨사를 맡게 되었다.

그리고 절영도진의 운영과 관련하여 주목할 사건은 동래부사 金鶴鎭이 감리서를 짓기 위해 절영도에 있는 나무를 사용하고자 하자 절영도 첨사가 거부하며, 좌수영의 허락을 받는 사건이 있었다.174) 이처럼 절영도진 운영을 둘러싸고는 동래부와 좌수영이 미묘한 대립적인 관계에 놓이기도 했는데, 그것은 절영도진이 수군 직제상으로는 당연히 좌수영의 통제를 받아야 하지만, 해관이나 수세 업무 등을 관할하는 동래부의 입장을 무시할 수 없었기 때문일 것이다.

다음으로 첨사의 頌德碑이다.175) 절영첨사의 송덕비는 3대 절영진 첨사 임익준의 行僉使任公翊準永世不忘碑와 兼監牧官任翊準淸德善

---

172) 김동철, 『시민을 위한 부산인물사』 근현대 편, 도서출판 선인, 2004, 165~177쪽.
173) 이현종, 『한국개항장연구』 일조각, 1975, 29~61쪽.
174) 『釜山府使原稿』 6, 민족문화, 1996.
175) 부산광역시·경성대학교 부설 한국학연구소, 『부산금석문』, 2002, 376~379쪽. 이곳에는 원래 12기의 절영도진 첨사의 비가 있었는데, 지금은 4기만 남아 있을 뿐이라고 한다(부산광역시사편찬위원회, 『부산의 자연마을』 제1권, 2006, 130쪽).

政碑 2基, 7대 첨사 신응균의 行僉使申公膺均永世不忘碑 1기가 있다. 그리고 경상도관찰사 이호준의 巡相國李公鎬俊永世不忘碑 1기가 남아 있어 영도의 중리에는 모두 4기의 비석이 있다. 절영도진 첨사의 송덕비를 살펴보면 다음과 같다.

〈표 22〉 절영도진 첨사의 송덕비와 주요 업적[176]

비명	건립 연대	건립 주체	監董 명단	송덕 내용
行僉使任公翊準永世不忘碑	을유(1885) 3월	鎭屬	兵校 金圭錫, 吏房 朴時東, 靑雁 李維昊 任錫球	변방 방비, 밭에 停結, 戶口 조사 막음
兼監牧官任公翊準淸德善政碑	을유(1885) 3월	島民	張寅喜, 金上老, 頭民 河周鉉 朴文杓	장부에 밀린 세금 감면, 묵정밭 세금 징수 막음
行僉使申公膺均永世不忘碑	무자(1888) 11월	軍卒		島鎭 복설, 城雉 수리

먼저 3대 절영도진 첨사 임익준은 조정에서도 표창한 인물이었다. 절영도는 해안 방어의 중요한 지대였지만, 진영을 설치한 지 얼마 안 되어 모든 것을 새로 시작해야 했다. 그런데 첨사 임익준은 부임한 이래로 산밭을 일구고 포구의 폐단을 바로잡았으며, 자기 祿俸까지 들여서 두 차례에 걸쳐 私賑을 행하여 온 섬 안의 사람들이 살아나게 했다. 이에 뛰어난 치적을 인정하고, 특별히 仍任을 허락하였다.[177] 신응균은 島鎭 복설과 城雉 수리의 공으로 선정비를 세웠다.

한편 경상감사 이호준의 巡相國李公鎬俊永世不忘碑는 1888년(무자) 9월에 鎭屬들이 鎭營의 복원, 관문 방비, 積逋 시정의 공덕을 기리기

---

[176] 外部, 絶影島慶東萊, 外案, 한국학중앙연구원.
[177] 『고종실록』 권21, 21년 4월 경술; 『승정원일기』 고종 21년 4월 계유.

위해 세웠다. 그리고 11대 첨사 李敎生은 鎭 설치 이후에 鎭屬들의 생활하기 어려움을 바로잡고자 하였다고[178] 한다.

나. 군사와 군선

절영도진을 유지하고 지키기 위한 군사와 군선의 수이다. 절영도진은 경상좌수영 소속 左先鋒將이었다.[179] 절영도진의 軍制와 船號는 左水營에서 巡營과 統營에 알려서 2전선을 마련하였다.[180]

먼저 절영도진의 두 전선 黃字 第一號 一戰船과 月字 第三號 二戰船의 군사수는 모두 440명이다.[181] 이 가운데 1전선 175명, 2전선 173명으로 가장 많은 수가 배속되었는데, 노를 젓는 능로군이 가장 많은 수였다. 이러한 전선에 속한 元防軍은 모두 3,618명이었다. 그리고 수군첨절제사 1명, 軍官 8명, 鎭撫 8명, 知印 4명, 官奴 5명, 軍牢 5명, 使令 5명이 상시 배속되어 있었다.[182]

---

178) 李櫶永, 『敬窩集略』 嶠藩集略 二, 別啓 絶影島移鎭事.
179) 『絶影鎭誌』 軍制와 船號.
180) 『絶影鎭誌』 鎭誌.
181) 『絶影鎭誌』에는 군병이 437명으로 되어 있지만, 이 숫자는 잘못된 표기이다. 서평포만호영의 경우 군선 1척에 딸린 군사는 감관 1명, 지구관 2명, 교사 5명, 토사부 18명, 포수 24명, 능로군 145명, 분방사부 106명, 방군 800명이었다. 개운포와 포이포만호영의 경우도 마찬가지였다. 하지만 절영도에 진이 만들어진 개항 이후 시기에는 군역 자원의 충원 제대로 충원되지 못하였다고 보아진다.
182) 『영남읍지』 1895년 제20책, 東萊 附事例, 鎭堡. 한편 절영도진의 설치로 사라진 서평포만호영에는 萬戶 1명, 군관 8명, 진리 3명, 사령 2명이 있었다. 그리고 개운포만호영과 포이포만호영에는 이보다 많은 숫자가 있었다. 하지만 절영도에 진이 만들어진 개항 이후 시기에는 군역 자원의 충원 제대로 충원되지 못하였다고 보아진다.

〈표 23〉 절영도진의 군사와 군선수

職名 \ 船名	黃字 第一號 一戰船				月字 第三號 二戰船			
	1 戰船	1 兵船	1 伺候船	2 伺候船	2 전선	2 병선	1 사후선	2 사후선
左司右哨官戰船將					1			
旗牌官	2				2			
加定旗牌官	2				3			
射夫	18	10			18	10		
敎師	5				5			
砲手	24	10			24	10		
能櫓軍	124				120			
兵船將		1				1		
格軍		15	5	5		15	5	5
계	175	36	5	5	173	36	5	5
합계	211				219			

다음으로 黃字 第一號 一戰船과 月字 第三號 二戰船으로 군선은 두 선단이었다. 戰船은 2척인데, 兵船 1척과 伺候船 2척이 각각 배속되어 있었다.[183] 전선의 마련은 開雲浦·包伊·西平浦를 혁파하고, 監營과 所管營(統營) 所上各左 1隻, 해당 첨사 使所佩右 1隻, 禁軍을 정하여 마련하였다.[184]

(3) 절영도진의 재정

절영진은 소규모의 鎭營이었기 때문에 절영도진의 운영은 인접 군현의 재용을 이용하여 운영하였다.[185] 첨사와 鎭屬의 料代는 창원·칠원·웅천·김해·청도·기장 등 각 읍의 防錢으로 충당하였다. 절영도진의 운영에 대한 자료는 事例가 남아 있다. 먼저 절영도진의 수

---

183) 『영남읍지』 제20책, 東萊 附事例, 鎭堡.
184) 『승정원일기』 고종 18년 4월 경신.
185) 『絶影鎭誌』 事例, 防錢·結錢·都數 一年 元式.

입이다.

〈표 24〉 절영도진의 수입[186]

명목	액수	包伊 몫	西平 몫	防錢	炭庫軍 몫	結錢	代錢
布錢	7,236	2,412		4,824			
減布結錢	3,618	1,206			90	2,322	
砲木	288	96					192
砲米	184		184				
합계	11,326	3,714	184	4,824	90	2,322	192
捧入錢	7,522						

 이처럼 절영도진의 전체 수입은 布錢과 減布結錢이 많은 액수로 전체 수입은 11,326냥이었지만, 집행 가능한 실제 수입은 7,522냥이었다.[187] 그것은 각종 명목으로 상급 관청에 3,714냥을 劃去하고, 西平에서 184냥을 찾아왔기 때문이다. 이를 구체적으로 살펴보면 布錢 7,236냥 가운데 2,412냥을 包伊 몫으로 左水營에 劃去했다. 減布結錢 3,816냥 가운데 1,206냥을 포이 몫으로 左水營에 劃去하고, 90냥을 炭庫軍 몫으로 巡營에 덜어내 바쳤다. 砲木[188] 288냥 가운데 96냥을 包伊 몫으로 좌수영에 劃去했다. 이를 모두 합치면 3,804냥이었다. 다음으로 砲米[189] 184냥은 西平 몫으로 각 邑의 還米 중에서 갈라내어 詳作한 것을 찾아와서 支放했다. 결국 절영도진의 실제 수입인 捧入錢은 布錢의 防錢 4,824냥, 減布結錢의 結錢 2,322냥, 砲木의 代錢 192냥,

---

[186] 단위는 錢으로 환산한 냥이다.
[187] 『절영진지』에는 7,516냥으로 되어 있지만, 7,522냥의 잘못이다. 한편 조선 후기 서평포만호영의 재정 수입은 789섬이었다(『賦役實總』慶尙道). 이를 절영도진의 경우처럼 1石 3.016냥으로 계산하면, 2,380냥 정도가 된다. 그리고 서평·개운·포이 세 곳을 합산하면 대략 7,140냥이 된다.
[188] 포목은 2同 44匹인데, 1동은 50필이다. 144필을 代錢하면 288냥이다.
[189] 포미는 61石인데, 代錢하면 184냥이다. 이는 곧 1石은 3.016냥이다.

砲米 184냥인데, 모두 합하면 7,522냥이었다. 砲木의 代錢 192냥은 軍卒 급여로 사용하였다.

또한 부산 절영도 漁基에 대해 均役廳이 세금을 징수하는 이외에 신유년부터 太僕寺가 또 하나의 세금을 신설하여 이중으로 징수하고 있는 것이 실로 어민들에게 견디기 어려운 폐단이 되었다. 그러나 절영도 목장에 세금을 징수하는 일은 漁箭의 설치가 이미 목장에 있었기 때문에 二重課稅가 아니어서 없앨 수 없었다고[190] 한다. 이처럼 절영도진에도 부가되는 각종 명목의 세가 부과되었을 것이다.[191]

다음으로 절영도진의 지출이다. 절영도진의 지출은 관료에게 주는 祿俸인 廩況 3,852냥, 관아의 일꾼에게 주는 급료인 支放 3,666냥으로 7518냥이다. 廩況 3,852냥에는 京營納入條에는 1,130냥 8전 2푼이 포함되어 있다. 첨사와 鎭屬의 料代는 창원·칠원·웅천·김해·청도·기장 등 각 읍의 防錢으로 충당하였다. 支放은 바람이 높을 때인 여름철 風高 때는 매달 259냥, 風和 때는 매달 352냥이었는데, 水軍은 바람에 따라서 계절별로 급료에 차이가 있었다. 支放하는 명목은 軍校 5명, 鎭撫 10명, 通引 5인, 別砲 20명, 官奴 6명, 牢令 10명, 下典 7명, 各房의 庫子 등이었다.[192] 砲米는 包伊와 開雲의 몫이 122石인데, 61石을 包伊의 몫으로 좌수영에 劃去하면, 실제 砲米는 61섬이었다.[193] 이 중에서 16石은 官需로 하고, 45석은 軍卒의 料로 지급한다. 그런데 61石

---

[190] 『승정원일기』 고종 1년 12월 신사.
[191] 조선 후기의 수군진에는 각종의 많은 명목의 조세가 있었다. 한 예로 靑山鎭의 재정구조와 운영을 분석하였다(김경옥, 『조선후기 도서연구』, 혜안, 2004, 286~300쪽.
[192] 『絕影鎭誌』 事例, 防錢·結錢·都數.
[193] 포미는 砲糧米인데, 고종 3년 해안 방위에 필요한 砲軍을 양성하기 위하여 신설한 군사비 조달을 위한 목적세이다. 일명 沁都砲糧米라고도 한다.

은 代錢하면 184냥이다. 때문에 官需 48냥 2전 56푼, 軍卒料 135냥 7푼 2푼이라고 할 수 있다. 이렇게 전체적으로 인건비가 많았음을 알 수 있다.194)

한편 절영도진에서 廩況 중 京營에 바치는 각종의 上下 명목은 모두 합하여 1,130냥 8전 2푼이었다.

〈표 25〉 廩況 중 京營에 바치는 각종의 上下 명목195)

명목	액수	명목	액수
京各司의 新除授 때의 行下	160냥	節扇을 서울에 진상하는 비용	10냥 5전 21푼
日債로서 監理署에 배분하여 갚는 것196)	130냥	分養馬 牽夫의 雇價	18냥 6전 8푼
藥丸의 本錢197)	126냥 1전 9푼	軍政의 勘情	15냥 4전 8푼
三府의198) 藥債	34냥 5전	옛 鎭의 封山의 勘情 및 松子 값	10냥 5전
울릉도의 什物防債	170냥	京邸吏의 役價	60냥
郊草錢	62냥 5전	巡主人과 代主人의 役價	22냥
擧羅錢	92냥	水主人의 役價	12냥
冬至使의 求請	14냥 8전 1푼	結錢·砲米·砲木을 區劃할 때의 情錢과 路費	60냥
軍器와 舟楫의 勘債	39냥	結錢·砲米·砲木을 찾아올 때의 浮費	100냥
靑魚를 서울에 진상하는 비용	42냥 5전 2푼	促防費	50냥
소계	869냥 24전 12푼	소계	357냥 20전 0푼
합계		1,230냥 8전 9푼199)	

---

194) 청산진의 경우 세출항목에서 인건비가 63%로 파악되었다(김경옥, 앞의 책, 2004, 300쪽).
195) 『絶影鎭誌』 事例, 廩況 중 京營에 바치는 各種 上下 名目.
196) 해마다 액수가 같지 않다.
197) 巡營에 바쳤는데, 정해년(1887)부터 받으러 오지 않았다고 한다.

이처럼 虜況 중 京營에 바치는 각종의 上下 명목 가운데에서는 울릉도의 什物防債 170냥, 京各司의 新除授 때의 行下 160냥이 많은 양을 차지하였다. 이 외에도 잡다한 명목이 18종이나 있었다. 그 양도 1,230냥 8전 9푼으로 많은 부분을 차지하였다.

2. 조선 후기의 해항

1) 두모포왜관

(1) 왜관의 위치와 공간

1547년 정미약조 이후 전국에서 부산포 한 곳에만 왜관을 둔 이후, 임진왜란이 끝났을 때까지도 부산에만 왜관을 두었다. 1606년부터 절영도왜관에 일본 사절을 묵게 하는 것은 문제가 있다고 지적이 되었다. 이미 왜관 건물들이 낡은데다, 사절을 절영도에 있게 하는 것은 사절을 유폐시킨다는 오해를 초래하기 때문이었다. 이에 조선 전기에 왜관이 있었던 부산포왜관으로 옮기자는 의견이 있었지만, 부산포왜관 터는 이미 부산진성(오늘날 자성대공원 일대)에 편입되어 사용할 수가 없었다.[200] 새로운 왜관을 어디에 조성할 것인가를 두고 의견이 분분하였다. 부지 선정을 위해 일본 사절인 겐소[玄蘇] 등이 직접 바다를 건너와서 조선인 地官과 함께 부산 지형을 살폈다. 조선 전기에

---

198) 삼부는 宗親府, 中樞府, 議政府를 말한다.
199) 기록에는 京營納入條가 합계 1,130兩 8錢 2文이라고 되어 있다(『絶影鎭誌』事例, 虜況 중 京營에 바치는 各種의 上下 名目). 그런데 藥丸의 本錢 126냥 1전 9푼은 巡營에 바치는 것이므로 이를 제외하면 거의 맞는다.
200) 김강식, 앞의 책, 2017, 245~247쪽.

가장 규모가 컸던 제포왜관이 부지로 물망에 올랐다. 왜관을 조성하는 데에는 지형도 중요하지만, 조선 전기에 부산포왜관이 들어선 입지 환경처럼 주변에 위치한 조선 군영과의 거리도 중요하였다. 그것은 왜관을 통제할 수 있는 시설이 반드시 필요했기 때문이었다.

여러 조건을 모두 고려하여 결정된 곳이 부산진성에서 서쪽 5리 떨어진 豆毛浦였다.[201] 두모포영은 원래 기장 해안에 있었지만, 임진왜란 이후 부산에 경상좌수영의 수군이 결집될 때 옮겨온 것이다. 두모포는 부산진성과 멀지 않고, 인근에 두모진성이 있어 왜관 관리에 유리하며, 아주 가까운 거리도 아니어서 군사기밀이 누설되는 우려도 없었다. 이전의 부산포왜관이나 절영도왜관은 그 규모 등을 전혀 알 수 없었는데, 두모포왜관은 동서로 126보, 남북으로 63보로 약 1만 평에 이르렀다. 두모포왜관은 '땅의 형세가 평이하고 뒤에는 높은 산이 있다.'라거나, '앞쪽은 해안을 끼고 있어 편편하고 뒤쪽으로는 구릉이 이어진다.'라고 하여,[202] 선창이 들어서는 바다가 앞에 있고 뒤쪽으로 완만한 구릉이 이어지는 곳에 자리하였다. 또한 왜관 안팎에는 하천이 흐르고, 바다가 가까이 있는 까닭에 왜관 내부는 습한 편이었다.

특히 두모포왜관도 이전의 왜관과 동일하게 조선인 공간과 분리되도록 조성하였다. 두모포왜관 앞은 바다이고, 바다가 아닌 나머지 3면에는 모두 담장을 쌓아 왜관 경계로 삼았다.[203] 또 왜관 선창으로 사용하는 바다에도 긴 나무를 일정하게 심어 나무울타리를 만들어 놓았

---

[201] 윤용출,「17세기 중엽 두모포 왜관의 이전 교섭」,『한국민족문화』 13, 부산대한국민족문화연구소, 1999; 이원균,「조선후기의 부산왜관에 대해여」,『조선시대사연구』 31, 국학자료원, 2001; 양흥숙,「17세기 두모포왜관의 경관과 변화」,『지역과 역사』 15, 부경역사연구소, 2004 참조.
[202] 『倭館移建謄錄』 경진(1640년) 10월 18일.
[203] 1872,「군현지도」 두모진도.

다. 이것은 선창과 선박을 보호하는 역할, 조선인과 일본인의 불법 적인 왕래를 막고자 하는 목적도 있었다. 두모포왜관 출입은 조선 측의 허가 없이는 엄격히 통제되고 있었으며, 담장 밖에는 조선 군인이 지키는 초소(복병막)도 있었다. 1665년 왜관 일본인이 인근 선암사로 무단 외출을 한 사건이 발생하였다.[204] 이 일을 두고 왜관 정문을 지키는 군관과 복병막을 관할하는 복병장을 불러 책임을 물었다.

담장으로 둘러싸인 두모포왜관은 정문(수문)을 동쪽에 두었다. 정문 밖에는 큰 강이 흘렀는데, 이것이 佐子川이었다. 좌자천은 왜관 정문에서 수십 보 떨어진 곳에 있었기 때문에 왜관과 조선인 공간을 구분하는 자연 경계였다. 왜관의 동쪽으로 난 정문을 지나 좌자천을 건너면 부산진성으로 향하는 길이 있었다.

두모포왜관의 공간 가운데 조선과 일본인이 공식적으로 마주할 수 있는 공간이 있었다. 우선 두모포왜관의 宴饗廳은 왜관의 동관과 서관 사이에 조성되었다. 그런데 출입이 불편하다는 의견이 많아 1611년 6월부터 이전공사를 시작하였다.[205] 두모포왜관 문 밖 바닷가에 연향청을 세우고, 연향을 준비하는 건물인 공수가도 수리공사를 하였다. 특히 연향청이 바닷가와 가까워서 왜관에 도착한 일본 선박을 검사하는 尺量廳 역할도 겸하였다고[206] 한다.

한편 두모포왜관에서 일본 사절의 외교의례, 사절에 대한 응접이 모두 거행되어 이에 맞는 건물이 필요하였다. 왜관에 들어온 일본 사절이 치러야 하는 중요한 의례는 조선 국왕에 대한 肅拜禮를 거행하는 일이었다. 임진왜란 후 일본 사절은 직접 서울에 가서 구광을 만날

---

[204] 『邊例輯要』 권13, 闌出 을사(1665년) 5월.
[205] 『변례집요』 권11, 館宇 갑오(1654년) 1월.
[206] 양흥숙, 앞의 논문, 부경역사연구소, 2004, 183쪽.

수 없었기 때문에 왜관이 있는 부산에서 모든 외교의례가 거행되었다. 숙배례는 조선 국왕을 상징하는 殿牌가 있는 객사에서 거행되었다. 두모포왜관 시기에는 부산진성에 있는 객사에서 숙배례를 거행했기 때문에 사절단은 왜관에서 나가 부산진까지 이동했다.[207] 두모포왜관에서 객사에 이르는 길에는 조선인 마을이 늘어서 있었는데, 부산진성으로 향할 때 일본 사절의 수행원들이 조선인 마을에 들어가 돌아다니기도 하여 문제가 되었다.

(2) 두모포왜관의 교류 모습

조선 후기에 두모포왜관에서는 조선인과 일본인의 교류가 다양하게 이루어졌다. 두모포왜관은 외교뿐 아니라 국제무역이라 할 수 있는 開市가 서는 장소였다. 한 달에 3회 무역시장이 열리다가 1610년에 한 달에 6회 3·8일장으로 정하였다(3일, 8일, 13일, 18일, 23일, 28일). 1653년에 체결한 「禁散入各房約條」를 보면 동래부사 任義伯의 장계에 따라서, 대청개시 때에 혹 수를 계산하고 값을 따지는 데 미진한 일이 있으면 상인으로 하여금 다시 중대청에 들어가서 마음껏 의논해서 정한 뒤에 즉시 물러가도록 하였다.[208] 개시일에는 군관 두 사람은 외문을 지키고, 동래의 감시군관·호조 소속 관리 동래 아전 등은 모두 외대 청의 문을 지키게 하고, 부장 6인은 중대청 내문을 지키게 하며 훈도와 별차는 소통사를 데리고 왜관 내에 들어가 있다가 왜인이 대청으로 나오면 함께 그곳에 있고, 중대청으로 들어가면 계속 따라가서 몸과 마음을 다해서 잠상 및 마음대로 각방에 출입하는 것을 방지하도록 한다고[209] 하는 내용이 있다.

---

[207] 『광해군일기』 권15, 1년 4월 병진.
[208] 김동철, 「17세기 日本과의 交易·交易品에 관한 연구」, 『국사관논총』 61, 1995.

이처럼 두모포왜관에서 개시가 열릴 때 불법적인 밀거래를 막기 위하여 조선 군인들은 왜관의 문을 지키게 하고, 세금을 거두는 호조 관리, 거래를 감찰하는 군관·통역을 담당하고 무역거래를 관할하는 역관이 외대청과 중대청에 배석하고, 이곳에서 상인들이 거래를 하였다. 무역을 하던 건물의 명칭이 개시대청인지 아닌지는 명확하지 않지만, 외대청과 중대청처럼 무역 공간으로 사용하던 특정한 건물은 존재하였다. 두모포왜관에는 부지가 좁아서 건물이 빽빽이 들어서 있었을 것이다.

한편 두모포왜관 정문 앞에서는 왜관 일본인들에게 식료품을 파는 아침시장이 열렸다.[210] 부산의 사람들이 주로 물건을 팔러 왔는데, 왜관 정문까지 오는 것을 귀찮게 여겨 왜관과 부산진 사이에 있는 마을에서 시장이 열리기도 하였다 그러므로 조선 군인이 왜관 통제를 엄격히 하더라도 일본인이 물건을 사기 위해 왜관 문을 벗어나 조선인 마을에 들어가는 일이 자주 있었다.

그러나 17세기에 조선과 일본의 관계는 왜란 재발의 공포를 벗어나기까지 이를 위한 사절 왕래나 접대, 왜관 운영에 엄격한 제한이 있었다. 그러므로 조정에서 동래부와 관련된 사안을 처리할 때에는 항상 邊方에 자리한 국방요충지, 외국 사절을 접빈하는 곳이라는 점을 염두에 두었다. 그래서 동래 지방관의 역할도 여기에 맞춰져 分定되었다. 그러나 이런 과정에서 양국의 교류와 교섭이 이루어졌다.[211]

먼저 동래부사이다. 동래부는 왜인을 접대하는 일을 전담하는 곳이

---

[209] 『효종실록』 권10, 4년 1월 을해.
[210] 『변례집요』 권9, 開市 附 朝市, 을사(1655년) 5월.
[211] 양흥숙, 「17세기 두모포왜관 운영을 위한 행정체계와 지방관의 역할」, 『韓國民族文化』 31, 釜山大 한국민족문화연구소, 2008, 18~28쪽.

었고,212) 일본 사절에게는 그들의 외교 현안을 접수하는 첫 번째 외교 창구였으므로213) 동래부사의 역할도 여기에 직접적으로 관련되었다. 동래부사의 일본 사절 接對 업무가 막중하여 吏曹에서는 비변사에서 동래부사를 추천하도록 하였다. 『增正交隣志』에 보면 다음과 같이 기록되어 있다.

> 일이 公米木과 柴炭과 관련이 있어 각 해당 읍의 수령과 부산첨사가 더불어 장계하고 계문을 받아 논의하여 분담하였다. 八送使 및 館守倭에 대한 연향은 부산첨사와 더불어 주관하고 大差倭에 대한 연향은 京接慰官과 더불어 주최하고, 접위관이 이를 주관한다.214)

동래부사가 年例送使, 差倭 등 일본 사절이 오면 京·鄕 접위관, 부산첨사와 함께 이들의 접대를 담당하였다.215) 동래부사는 일본 사절이 왜관에 도착한 후 그들이 돌아갈 때까지 모든 진행 과정을 일일이 경상감사를 통해 중앙에 보고하고, 이에 대한 회답을 받으면 다시 왜관에 전하였다.216) 이에 동래부의 역할은 현안을 접수하여 전달하는 중개자의 역할이라고 간주되기도 하였다. 이 때문에 동래부사에게 의주부윤과 같은 直啓 권한이 부여될 정도로 倭情은 매우 신속하고, 규례에 조금도 어긋남이 없도록 정확하게 처리되어야만 했다.

동래부사는 일본인과 늘 접촉하는 지역에 있어, 그에게 대일 업무

---

212) 『광해군일기』 광해군 5년 3월 갑술.
213) 이훈, 「조선후기 東萊府와 倭館의 의사소통」, 『한일관계사연구』 27, 2007, 183~184쪽.
214) 『국역 증정교린지』 제3권 茶禮儀, 115쪽.
215) 심민정, 「두모포왜관시기 差倭 接待例 변화와 정비-『接倭式例』분석을 중심으로」, 『동북아 문화연구』 46, 2016, 20~24쪽.
216) 『漂人領來謄錄』의 問情 기록에 잘 나타나 있다.

에 빨리 적응하고 대처하는 엄정한 자세를 많이 요구하게 된다. 또한 그의 역할이 중하고 다양하므로 동래부사의 업무 처리에 따라 새로운 규례가 생겨날 수도 있었고 번다한 非禮들이 폐지되기도 하였다. 일본인의 요구에 응해야 할 것과 물리칠 것, 중앙 부서로 보고해야 하는 것과 하지 말아야 하는 것, 規例 外 사안은 어떻게 처리할 것인가 등에 대해 동래부사는 先例를 살피고, 주변 古老에게 물어보아 舊例를 복구하는 등의 노력을 기하게 된다.[217]

따라서 동래부사는 倭情을 보고함에 있어 단순하게 왜관과 중앙을 잇는 단순한 중개자는 아니었다. 왜정을 보고함에 있어 왜관의 현황과 일본 사절의 상황에 대해 분석하고, 철저히 절차와 규례에 맞추었다. 절차와 규례에 맞지 않으면 일본 사절의 요구를 단독으로 차단하는 결정권이 부여되었고, 크게 중요하지 않은 사안에 대해서는 동래부사가 처리하는 자율권도 행사하고 있었다고[218] 한다.

둘째, 왜관의 중요한 역할은 대일 무역이었다. 대일 무역은 공무역, 개시무역(사무역), 밀무역으로 나눌 수 있다.[219] 공무역에서 수입 물품은 역관이 看品하여 들이고, 수입물품에 대해 公木을 지급하였다. 역관이 공무역에 참여하여 무역을 해오면 중앙 各司로 보내기 전에 무역품의 최종 검수를 하는 것은 동래부사였다.

 부산왜관에서 공무역하는 銅·鑞·鐵 등의 값이 1년에 많게는 팔백여 동에 이른다. 그러나 백 근의 철 중에 쓸 수 있는 것은 삼, 사십 근에 지나지 않는다.

---

[217] 동래부사가 倭情가 관련하여 파직되어 교체되는 건이 전체 罪遞의 26.5%에 해당된다(李源鈞,「朝鮮時代의 守令職 交替實態―東萊府使의 경우」,『釜大史學』 3, 1979, 70쪽).
[218] 양흥숙, 앞의 논문, 2008, 18~25쪽.
[219] 정성일,「일본과의 무역」,『신편 한국사』 33, 국사편찬위원회, 1997, 461~462쪽.

(중략) 동래부사는 검수하는 책임을 면하기 어려우니 監捧差使員, 본부 色吏, 訓導 등의 이름을 開錄하여 올려 보내어 증빙하여 살필 수 있는 터전으로 삼는다.[220]

동래부사는 공무역에 참여하는 모든 관원의 명단을 작성하여 중앙에 보고하고, 혹 뒷날 문제가 생겼을 때 그 담당자를 확인하여 시정하도록 하였다. 특히 역관의 경우 일본인에게 지급하는 公木에 관해 회계 장부를 기록하였고, 訓導가 교체될 때마다 중요한 인수인계 문건으로 전달되었다.[221] 동래부에서는 이 회계 장부를 참고하여 공목의 사용 현황을 파악하고, 일본인에게 지급할 수 있었다. 그러나 잦은 훈도 교체, 특히 훈도가 죄를 지어 갑자기 귀양을 가기라도 하면 인수인계가 이루어지지 못해 여러 해 동안 공목의 수량을 전혀 파악하지 못하였다. 일본인에게 지급해야 하는 공목에 대해서는 증빙 문건이 없어 무역 마찰이 야기되기도 하였다. 동래부사가 훈도의 사무인계 때 직접 공목을 조사하여 흠축이 나지 않도록 하고 일본인 지급에 지장에 되지 않도록 하였다.

한편 개시무역에서의 동래부사의 역할은 직접 회계 문건을 작성하는 것이었다.

시장을 여는 날마다 어떤 行狀을 소지하였는지, 상인이 싸 가지고 온 물품은 어떤 것들인지, 무슨 물건들을 무역하였는지, 세금은 얼마나 거두게 되었는지, 구체적으로 이름 아래에 기록하게 한 다음 동래 부사가 공정하게 조사를 해 한 책으로 만들어서 월말마다 한 건은 호조에 보고하고, 한 건은 本司(비변사)에 올려 보내게 하소서. 시장을 여는 일이야말로 이익과 직접적으로 관련되

---

[220] 『승정원일기』 인조 3년(1625) 11월 17일.
[221] 『비변사등록』 효종 4년(1653) 1월 6일.

는 것인 만큼 各項마다 일어나는 간사한 폐단이 한두 가지가 아닐 것입니다. 동래 부사로 하여금 엄격하게 금하고 조사하게 하여 적발하는 대로 사안이 작은 것은 감사에게 보고하여 처치하게 하고 (하략)222)

두모포왜관에서는 매월 6차례 개시대청에서 개시가 이루어질 때 역관인 훈도와 별차, 호조에서 파견을 나온 세금 징수하는 收稅算員, 동래부에서 파견되는 開市監官이 참석하였다. 매 개시 때마다 참석한 조선 측 관원으로부터 무역상인이 호조나 감영에서 무역허가권을 승인 받았는지의 여부, 무역참가자 명부, 거래물품, 무역량, 세금징수액 등 모든 무역 상황을 보고받은 후 월간 개시무역 회계 문건을 작성하여 호조와 비변사에 보고하였다. 개시무역에 대한 개시 관할권은 동래부사에게 맡겨두고, 경상감사와 논의하여 왜관 개시의 폐단이 생기지 않도록 하였다.

그러나 개시가 허락된 지 40년 정도 경과하자 이익을 다투는 사례가 빈번히 나타나고, 심지어 밀무역이 극성을 부렸다. 특히 1637년 兼帶制 실시 이후 밀무역이 증가하였다. 개시허가증을 받고 왜관에 들어온 상인들이 개시대청이 아닌 사사로이 일본인의 방에서 거래하는 것이 예사가 되어버리고 일본인에게 빚을 지는 일이 잦아졌다. 개시무역을 감독해야 하는 동래부사로서는 밀무역을 금지하고, 개시대청에서만 거래를 할 수 있도록 舊例를 유지하여 결국 이권 다툼에서 빚어지는 불미스러운 일들을 방지해 나가야 했다.223) 이러한 동래부사의 노력에도 밀무역을 근절시키기란 어려웠으며, 근절되지도 않았다고 한다.

---

222) 『광해군일기』 2년 9월 신해.
223) 『효종실록』 3년 9월 신묘.

釜館의 潛商人들 십분 기찰하여 일일이 馳啓하라. 왜인들이 즉시 돌아가지 않는 것은 바로 이 무리들 때문입니다. 세금을 거두는 관원이 비록 없지 않으나 동래부사가 마땅히 자세히 살펴서 시행해야 할 것입니다.224)

이처럼 동래부사는 邊情의 책임자로서 양국 무역이 원활히 이루어질 수 있도록 무역 관련자들을 감독하고, 무역 마찰이 생기지 않도록 사전 점검을 일일이 시행하는 한편 왜관 무역의 거래 현황을 정리하는 왜관 무역의 회계 관리관이었다.

다음으로 부산첨사이다.225) 부산진은 統營과 水營의 통제를 받고 海左의 6진을 주관하는 軍鎭이었다. 두모포왜관과 겨우 5리 떨어진 곳에 위치하여 항상 군사기밀이 누설될까 염려되는 곳이었다. 두모포왜관이 설치된 후 왜관 운영에 있어서 가장 많이 우려한 것은 조선인과 일본인의 불법적인 접촉, 밀거래, 이를 통한 국가기밀의 누설이었다. 내륙에 위치한 동래부보다는 왜관과 지리적으로 가깝고, 軍鎭이란 특성으로 두모포왜관이 설치된 때부터 왜관 출입에 대한 통제 권한이 부여되었다. 칼 찬 일본인들이 언제 두모포왜관 문 밖을 나올 줄 모르는 상황에서 부산진성의 군인이 이를 막지 못하면 바로 동래부로 갈 수 있는 우려가 늘 있었다. 실제 여러 차례의 闌出事件으로 부산진의 방어가 중요시 되었다. 그러나 이런 과정도 조선과 일본 사람들이 접촉할 수 있는 기회가 되었다.

부산진은 대마도와 서로 마주하고 있어 출입의 방비를 엄히 하지 않을 수 없습니다. 주관하고 단속하는 책임은 오로지 첨사에게 달려 있습니다.226)

---

224) 『광해군일기』 10년 7월 정유.
225) 양흥숙, 앞의 논문, 2008, 25~28쪽.
226) 『선조실록』 40년 8월 계미.

그러므로 왜관 일본인의 난출이 있을 때마다 왜관 정문인 守門을 지키는 군관은 물론 두모포왜관 출입의 통제 권한을 가진 부산첨사는 처벌의 대상이 되었다. 또한 난출이 있을 때마다 즉시 동래부사에게 알려 대응하도록 하는 것도 부산첨사의 업무였다. 난출이 외교적으로 큰 분쟁이 되는 중대 사안이지만, 동래부사에게 보고가 늦어지거나 보고하지 않았을 경우에는 그 죄가 더욱 무거워졌다.[227]

더욱이 두모포왜관의 경계를 서는 수문 군관은 동래부와 부산진에서 각 1명씩 차출되어 윤번으로 직을 담당하였으며,[228] 복병막 군인들은 대부분 부산진 산하 萬戶營에서 차출되므로 왜관 출입의 통제 권한은 더욱 집중되었다.[229] 이런 군관들은 대부분 동래사람들이었으므로 일본과의 접촉이 가능하였다.

한편 부산첨사는 두모포에 오는 선박에 대한 감시를 했다. 동래부 지역에서도 부산진은 특히 바다와 접하고 있어, '대마도를 손가락으로 가리킬 만한 곳'이라고 표현될 정도로 대마도와 가깝다고 여겨졌다.[230] 부산에 들어오는 모든 異國船의 출입은 부산진에서 담당하였다. 일본의 배가 돛을 달고 출입하게 되면 三營(감영, 통영, 수영)에 일일이 보고하는 데 星火보다 급하였다.[231] 이처럼 부산첨사가 일본

---

[227] 『광해군일기』 5년 3월 갑술; 『변례집요』 권13, 蘭出 乙巳(1665).
[228] 『변례집요』 권5, 約條 禁條.
[229] 『국역 증정교린지』 제3권 館宇. 한편 초량왜관 때에는 수문을 지키는 관원에 동래부와 부산진에서 장교 각 1명, 門直 각 2명이 파견되었다. 또한 수문의 열쇠는 부산진에 보관하고 아침저녁으로 수납하고, 부산진에서는 수문에 暗號까지 만들어 주어 왜관 통제에 있어 부산첨사의 비중은 컸다고 할 수 있다고 한다(『草梁話集』守門之事(安彦勘吾, 「史料紹介 草梁話集」, 『帝塚山學院短期大學紀要』 26호, 1989).
[230] 양흥숙, 앞의 논문, 2008, 26쪽.
[231] 『釜山鎭誌』 營門(『嶺南鎭誌』 東萊史料 3), 여강출판사, 1989.

선박의 왕래가 있으면 긴급하게 부산진의 상부기관에 일일이 보고하고 있었다.

> 가. 戌時에 도착한 부산첨사의 馳通에 아침에 분간되지 않는 왜선 한척이 路引을 가지고 나왔거늘 인솔하여 水柵 밖에 정박하고 있다고 초탐장이 치보였다고 하였다.232)

> 나. 부산첨사 南斗柄의 馳通에 병술조 특송 제1선 정관 平成興이 짐을 먼저 운반할 차로 그의 水木船 한 척에 格倭 10명을 당일 午時에 發船하여 (대마도로) 들어갔는바 馳通하였다 하였다.233)

이처럼 일반 선박이 두모포왜관으로 들어올 때와 대마도로 들어갈 때의 사절을 상세하게 동래부사에게 보고하였다. 부산진에서 일본 선박이 온 것과 渡航 증명서인 路引의 소지 여부 등을 동래부에 보고하면, 동래부에서는 역관을 시켜 이들 선박과 사절을 살핀 후 합법적인 출입자임을 확인하였다고234) 한다. 水柵은 두모포왜관 앞바다에 둘러쳐져 있는 것으로 바다로부터의 조선인과 일본인의 불법적인 출입을 막는 바다의 담장이었다.

일본 선박이 조선으로 들어오는 것뿐만 아니라 일본인이 돌아갈 때에도 왜관에 왔던 누가, 어떻게 돌아갔는지를 보고하였다. 일본 선박에 대한 출입 감독은 부산첨사와 부산진 산하 만호영에서 수행하고 있었다. 두모포왜관 운영에 있어서 부산첨사의 다양한 역할이 열거되어 나타난다.

---

232) 『國譯 倭人求請謄錄(1)』 병술(1646) 6월 17일, 134쪽.
233) 『國譯 倭人求請謄錄(1)』 정해(1647) 1월 12일, 137쪽.
234) 양흥숙, 앞의 논문, 2004, 178쪽.

倭館의 都差使員으로서 왜관 건물의 수리, 일본 선박의 왕래, 公米의 捧上, 柴炭 지급 및 각처의 把守를 맡아 보았다. 都船主의 차왜가 바치는 進上이 있으면 宴廳에 나아가 看品하고 捧上하였다. 대차왜가 진상할 때에는 단지 看品만 한 후 바로 부산진으로 나왔다.[235]

이러한 부산진첨사와 동래지역 수령들의 역할은 두모포왜관에서 뿐만 아니라 초량왜관으로 이전되면서 더욱 강화되어 나갔다.

2) 초량왜관

(1) 문화접촉의 공간

조선 후기에 부산에 있었던 초량왜관은 전체 부지가 10만 평에 이르렀으며, 이곳에 장기간 체류하는 자가 500명이었다.[236] 여기에다가 단기간 머무르는 사신을 합하면 600~700명에 이르렀다. 이와 달리 통신사행으로 왜관에 들렀던 任守幹과 1764년 사행의 製述官이었던 南玉은 館倭가 점점 늘어 초량왜관에 상주하는 일본인이 1,000여 명이라고 하였다. 당시 對馬島의 전체 인구는 약 3만 명 정도였으므로 이 숫자는 대마도 인구의 1.5%에 해당한다. 그리고 초량왜관과 왜관 주변에는 3,000~5000명 정도의 인구가 살고 있었다.

초량왜관 외곽에 처음에는 흙담으로 구축하였지만, 交奸事件을 계기로 1709년 제방을 전부 석축으로 쌓아 경계를 분명하게 나누었다. 하지만 초량왜관의 이전과 동시에 1678년 왜관 밖 초량객사와 역관이

---

235) 『국역 증정교린지』 제3권 茶禮儀, 115~116쪽.
236) 田代和生, 『倭館-조선은 왜 일본사람들을 가두었을까』 정성일 역, 논형, 2005, 261쪽. 한편 『漂人領來謄錄』에는 1696년 留館倭人이 5월 15일 609명, 6월 19일 592명, 7월 14일 497명이라고 적고 있다.

사는 공간을 조성하면서 지역민을 인위적으로 모이게 하여 마을을 이루도록 하였다. 이것은 초량왜관 조성 이후에 나오는 각종의 통제책에도 불구하고 지역민과 일본인이 가까워질 수 있는 직접적인 계기가 되었다고[237] 한다. 구체적으로는 이곳에 屯田을 설정하여 居民에게는 세를 줄여주기도 하였다.

> 客舍를 이건할 때 訓導와 別差가 居接할 집을 가려 정한 것 외에, 만약 閭閻이 없으면 모양을 이루기 어려우므로 小通事, 官直, 沙器庫直, 客舍直 등 44집을 이미 객사 기지 구역 안으로 옮겨 놓았다. 이것은 司僕屯田의 한 구역이었다. 일일이 監牧官에게 분부하여 일일이 측량하여 그 結數를 안 후 특별히 그 세를 줄여주고, 居民으로 하여금 安接하게 할 일입니다.[238]

그런데 草梁客舍는 왜관과 3里 정도의 거리였다. 이렇게 지역민이 초량왜관 가까이에 살고 있었으므로 두 나라 사이의 교류는 근절할 수가 없었다. 특히 일본 사절의 객사 肅拜禮는 두 나라 사람들에게 교류의 기회를 여러 차례 제공하였다.

때문에 초량왜관의 이전 이후에 형성된 초량촌은 다양한 접촉의 공간이 되었다. 구체적으로 살펴보면 남자들은 왜인의 物貨를 받아서 다른 곳의 場市에 가서 팔고, 그들의 使喚이 되어 품삯을 받는다. 부녀는 혼자 왜인과 집에서 상대하면서 온갖 짓을 다하므로 情意가 매우 친밀하다. 생활의 방도가 관계되므로 죽음을 무릅쓰고 서로 어울린다고[239] 하였다. 역관은 응접을 핑계로 민가를 차지하고 왜인과 서

---

237) 김동철, 「조선후기 통제와 교류의 장소, 부산 왜관」, 『한일관계사연구』 37, 한일관계사학회, 2010 참조.
238) 『邊例輯要』 권11, 館宇, 무오 5월.
239) 『유회당집』 권5, 倭情狀啓 再度.

로 만났으며, 근무하는 公廳(譯官廳)이 황폐한 지 오래되었다.[240]

한편 초량왜관 문 밖 북쪽 5리에 초량촌이라는 70~80家가 있었다. 訓導, 別差, 出使譯官 및 譯官(小通事)이 그 안에 살고 있었다. 처음에는 별차에게 말을 전한다고 핑계하다가, 점차 村家에 가서 밤낮없이 늘 촌가에 머문다. 각각 주인이 있어 서로 있고 없는 것을 공유한다. 將倭 3~4명 외에는 모두 초량에 있으면서 이웃처럼 되었다.[241] 초량 여인과 조석으로 섞여 지내므로 나라 사정을 자세히 알고 주민들과 간음하거나 싸웠다.[242] 왜인이 종일 끊임없이 왕래하면서 모두 민가에 가서 있었다. 그러므로 초량 92호 가운데 왜인이 없는 집이 없어 1~2명 또는 3~4명이 밤낮으로 함께 거처하였다. 남편이 부재중인 집은 홀로 그 부녀와 상대한다고[243] 하였다.

더욱이 초량객사 조성 이후 형성되기 시작한 초량촌은 인구가 증가하면서 浦村이 형성되면서 인구가 증가하였다. 자연히 교류하는 자가 늘어났다.

초량은 곧 訓別 및 小通事가 사는 곳이니 완전히 허물어 내보낼 수 없으며, 그 북쪽 3리에 이른바 浦村이 있어 왜인과 서로 교통하는 憂患을, 더욱 밝게 살피기 어렵습니다. 李世載가 일찍이 불태워 버린 조처가 있었지만, 다만 그곳에 살아가는 방도가 있으니 허물면 허무는 대로 다시 들어갑니다.[244]

이처럼 초량촌에 이미 지역민이 살고 있었는데, 다시 포촌이 나타

---

[240] 『유회당집』 권5, 邊上事宜條例狀啓.
[241] 『유회당집』 권7, 上廟堂別紙.
[242] 『유회당집』 권5, 倭情狀啓 再度.
[243] 『유회당집』 권5, 邊上事宜條例狀啓.
[244] 『숙종실록』 권51, 38년 4월 갑술.

나고 있었다. 포촌의 위치는 초량촌의 북쪽 3리에 있으므로 고관(두모포왜관)과 초량촌 사이였는데, 동평면의 豆毛里와 海丁里 일대로 추정된다.[245] 그런데 초량촌은 官人의 왕래로 단속이 가능하지만, 浦村은 단속이 어려워서 불을 태워 없애기도 했다.[246]

한 예로 동래부사 李世載가 재임할 때 지역민과 일본인의 교류를 근절시키기 위해서 포촌을 불태웠다.[247] 이때 교간사건과 난출사건이 발생했기 때문이었다. 그런데 이세재의 재임기간에 지역민과 일본인의 교류가 자주 거론되는 것은 1690년대의 조일 무역이 활발해 진 것과 연관되어 있다. 이보다 앞서 1678년 동래부사 李馥 때 七條約束을 통해 초량왜관 주변의 경계를 강화·통제하는 최초의 규정을 만들었다.[248] 이에 따라 초량왜관의 경계를 정하면서 禁標를 세우는 등 왜관 통제를 분명히 하였지만, 조일 외교가 안정되면서 전국의 상인들뿐 아니라 무역과 관련한 물품의 생산·운송·집하·수출입으로 이어지는 각 단계에 조선인과 일본인이 모여들었다.

이에 조선인이든, 일본인이든 왜관이 익숙해지고 낯설지 않게 여겨지면서 다양한 접촉이 이루어졌다. 이에 중앙정부의 입장에서 보면 불법으로 여겨지는 사건과 사고가 계속 발생하였다. 하지만 왜관 주변의 마을을 없애는 강경책에도 불구하고 왜관 주변으로 끊임없이 조선인이 모여들었다. 이미 외교적으로 조·일 양국민의 접촉을 막을 수가 없었다.

마침내 1679년 일본인이 드나들 수 있는 공간을 정한 초량왜관의

---

[245] 『東萊府志』各面各里遠近程道.
[246] 『숙종실록』권51, 38년 4월 갑술.
[247] 『숙종실록』권51, 38년 4월 갑술.
[248] 『숙종실록』권7, 4년 9월 계묘.

경계가 설정되었다. 동은 松峴에 이르는데, 왜관과의 거리는 300여 보쯤이다. 서는 西山에 이르는데, 왜관과의 거리는 80여 보쯤이다. 서남쪽은 초량천 앞에 이르는데, 왜관과의 거리는 100보쯤이다. 남은 해변에 이르는데, 왜관과의 거리는 100보쯤이다.[249] 그러나 초량왜관의 일본인들은 담장 안에서만 생활하지는 않았다.[250] 이 가운데 동쪽의 松峴 방향이 거리가 멀고 사카노시타坂の下였는데, 이곳의 조선인 마을이 초량촌이었다.

동래부사 權以鎭은 사카노시타를 지나 초량촌을 거처 舊館으로 이어지는 가장 주요한 통로에 담장을 쌓고 設門을 설치하여 출입을 통제하였다. 설문은 초량왜관 담장 밖에 설치된 조선인과 일본인 사회를 구분 짓는 유일한 경계였다. 권이진은 초량촌과 朝市가 불법 교류의 온상이라고 간주하여 설문을 설치하였다.

> 譯官이 草梁村 안에 살고 있는데, 倭人이 約條로써 訓導·別差의 집에 왕래를 허용하였다고 하여, 온종일 계속해서 모두가 민가에 있으면서 밤낮으로 함께 거처하고, 혹은 남편이 외출하고 없는데도 홀로 부녀자와 상대하여 情義가 지극히 친밀하고 있는 것 없는 것을 함께 통용합니다. 그리고 역관은 避接을 핑계하여 각각 여염집을 차지한 채 왜인과 서로 접하니, 거처하는 公廳은 황폐된 지 날이 오래 되었습니다. 청컨대 왜인으로 新村에 몰래 오는 자를 각별히 엄금하고 약조에 의거하여 붙잡아 館守에게 보내어 죄를 다스리게 하되, 접촉한 주인도 潛商의 律을 시행하고 곧 官에 고발한 자는 그 죄를 사면해 주며, 왜인을 몰래 접촉하다가 발각된 자는 統 안의 네 집도 중하게 究問하소서. 왜인이 새로 설치한 문으로 나갈 경우에는 그 문지기를 連坐하고, 다른 곳에서 담장을 넘어 올 때에 즉시 발각되지 않았어도 都將 이하 역관을 연좌하소서. 사고가 있어 옮길 곳이 없는 자는 도로 府內에 살게 하되 사사로이 여염집을

---

[249] 『邊例輯要』 권5, 約條, 기미 10월.
[250] 田代和生, 앞의 책, 2005, 79쪽.

차지하지 못하게 하며, 역관이 왜관에 출입하거나 왜인이 훈도·별차의 집에 나올 경우에는 반드시 2員을 갖추어 주고, 혼자 대면하지 못하게 하소서.[251]

한편 초량촌에는 訓導와 別差의 집무소가 함께 있었는데, 이들은 집무실에 있지 않고 避接이라는 명목으로 초량촌의 민가에 거주하고 있었으며, 일본인들도 역관을 만난다는 핑계로 민가를 자유롭게 드나들었다. 이에 초량촌의 경계가 없기 때문에 일본인과 지역민이 계속 초량촌으로 모여든다고[252] 여겼다. 1709년 동래부사 權以鎭이 초량촌 바깥쪽에 담장을 쌓고 設門을 만들어 경계를 구분하여 초량촌 민가들을 설문 밖으로 옮겨 버렸다. 특히 여염집이 있던 곳에 通事廳을 지어 통사가 거주하면서 불법적인 왕래를 살피게 하였다.

초량촌은 신초량촌, 구초량촌으로 나누어졌다가 1709년 설문 조성 이후 초량촌민 92호가 이주한 신초량이 만들어졌다.[253] 그런데 초량촌을 옮기고 담장을 쌓아도 왜관의 교류에 익숙하고, 이익을 얻는 왜관 주변의 초량촌민은 끊임없이 일본인과의 교류를 이어갔다.

이후 1714년과 1716년에 왜관 서남쪽 경계를 강화하고자 하였다. 이에 초량왜관 주변에 근무하는 伏兵의 경계를 다시 설정하였다. 이에 왜관은 설문 밖의 왜관 서복병소 외곽 지역, 설문 안의 서복병소 내곽, 왜관 守門 밖까지의 지역, 그리고 왜관 담장 안이라는 세 구역으로 나뉘어졌다.[254] 지역민과 일본인의 교류를 막기 위한 인위적인 통제 공간이 세 구역으로 나뉜 것이다.

1738년에는 31개 조항의 『邊門節目』을 제정하여 초량왜관과 주변

---

[251] 『숙종실록』권48, 36년 3월 갑오.
[252] 『숙종실록』권48, 36년 3월 갑오.
[253] 權以鎭, 『有懷堂集』 권5, 邊上事宜條例狀啓.
[254] 변박, 1783년, 「초량왜관도」 참조.

을 재구획하여 통제하였다.255) 아울러 守門軍官과 設門軍官, 小通事에 대한 급료를 보장하여 일본인과의 결탁을 방지하려 하였다. 이것은 왜관 통제를 담당한 武任層에 대한 처벌을 강화함으로써 초량왜관의 통제를 강화하려는 의도였다. 그러나 이들에 대한 처벌 규정이 구체화될수록 조선인과 일본인에 대한 관계는 확실하게 유지되었다고 짐작할 수 있다. 1739년에는 3곳의 伏兵幕이 각각 나누어져 伏兵所가 6곳으로 늘어나기도 하였다.

조선 후기의 해항 부산에 200여 년간 존속했던 초량왜관에는 공식적인 통제와 제한 공간과는 다른 비공식적인 소통의 공간이 마련되고 있었다. 이러한 공간에서 양국민의 접촉을 원천적으로 모두 막을 수는 없었다. 그런 모습은 다음과 같다.

첫째, 朝市가 상설화되면서 朝市商人은 조시가 가진 한정된 기능을 극복하면서 조시를 바꾸어 나갔다. 이때 나타난 상황을 나열하면, 조시의 시간이 연장되어 종일 교역이 이루어졌다. 朝市之人이 왜관 안에 들어가서 교역하는 것이 증가하였다. 어물, 채소, 소량의 미곡 등을 판매하는 일용잡화 시장에서 대규모 미곡, 포목시장으로 변하여 갔다. 근거리시장에서 근거리·원거리시장으로 변하여 갔다. 일상생활 속에서 有無相遷 하는 半民半商的 성격에서 전업적 상인인 私商이나 朝市軍의 참여가 증대하였다. 생필품을 파는 순수 경제적 목적의 시장에서 단골관계 등 인간관계가 형성되면서 간접적 賣春 장소의 기능을 하였다고256) 한다. 이러한 조시의 성격 변화와 함께 조시에 참여하는 인원수도 늘어났으며, 私商의 米穀 밀무역을 엄격하게 단속하였다. 그러나 私商들은 朝市軍과 결탁하여 무리를 지어 왜관 안을 마음

---

255) 『영조실록』 권66, 23년 12월 병인.
256) 『有懷堂集』 권5, 倭人欄出狀啓; 권7, 上廟堂別紙; 『변례집요』 권5, 朝市.

대로 출입하면서 아침에 들어갔다가 저녁 무렵이 되어서야 나오곤 했다고[257] 한다.

더욱이 조시에서는 조시에 갔다가 안면이 있는 일본인과 작당하여 奸을 알선하기도 하고, 조시에 나간 여인이 직접 일본인과 교간하는 일이 많았다.

> 왜인이 草梁村에서 옮겨간 후 閭閻에 왕래할 수 없게 되자, 아침에 저자가 설 때마다 우리나라 남녀들이 섞여 가면 남자들이 가진 것은 아무리 좋은 것이라 하더라도 팔리지 않고, 여인들이 가진 것은 비록 나쁜 것이라 하더라도 꼭 팔리기 때문에, 아침 저자에 나가는 사람은 모두 여인들이었다. 동래부사 權以鎭이 草梁과 釜山의 海夫 및 시골 사람들을 불러 타이르기를, '이는 魚菜를 파는 것이 아니라, 바로 그대들의 아내와 딸을 파는 것이다. 그대들도 사람인데, 어찌 차마 이런 짓을 하느냐.' 하였다. 이로부터 여인들을 보내지 않고 남자들을 보내자, 왜인의 무리들이 어채가 부족하여 구해서 사지 않을 수 없다는 핑계로 禁標 밖에 함부로 나갔다.[258]

둘째, 초량왜관 주변의 논밭이다. 1709년 설문을 세우면서 마을들을 이주시켰지만, 왜관과 100여 步 떨어진 멀지 않은 곳이었다. 그러나 초량왜관 주변에 있는 지역민의 전답이 그대로 있었으며, 설문 안쪽과 왜관 서쪽 담장 밖에도 지역민의 전답이 있었다. 이들 전답을 경작하기 위해서 農夫는 물론 農女도 왕래하고 있었다.[259] 이처럼 18세기 중엽 설문과 수문, 서복병소 사이의 공간은 지역민에게는 더 이상 통제의 구역이 아닌 일상생활의 공간으로 존속하고 있었다.

---

257) 『일성록』 고종 4년 7월 28일.
258) 『숙종실록』 권48, 36년 4월 정미.
259) 『변문절목』 5항과 8항.

(2) 문화교류와 교섭

조선 후기의 초량왜관에서는 조선인과 일본인의 접촉을 통해서 다양한 교류와 교섭이 진행되었다.260) 먼저 조시를 통한 교류이다. 1709년 동래부사로 부임한 權以鎭은 조시를 불법 교류의 온상으로 보았다.

> 아침저녁으로 서로 섞여 지내므로 크게는 우리나라 사정을 자세히 알지 못하는 것이 없고, 작게는 우리나라 사람들과 交奸하고, 싸워 그 모욕이 조정에 이르는 것이 한두 번이 아닙니다. 조시는 날마다 문을 열고 종일 교역하니, 그 난잡함이 진실로 조정에서 근심하던 대로입니다. 그러므로 신이 부임하여 魚類·二三斗의 米穀을 잠시 교역하는 것 외에는 일체 금지하였더니, 민들이 2·3두의 미곡을 잠시 교역하는 것은 원래 이익이 없기 때문에 끝내 조시에 오지 않았습니다.261)

그러나 권이진도 왜관 守門 밖에서 열리는 조시는 허락하였기 때문에 지역민은 設門 안을 쉽게 드나들 수 있었다. 조시에 갔다가 물건을 운반하거나 다른 목적으로 일본인과 함께 왜관 안으로 들어가는 것도 흔히 있었다.262) 18세기 말에 조시에 魚采를 가지고 오는 곳은 釜山, 豆毛浦, 大峙, 沙道, 堂洞이였다.263) 1709년경에는 300~400리나 되는 먼 곳에서도 물건을 가져와서 성황을 이루었다고264) 한다.

둘째, 왜관의 雇工을 통한 교류이다. 초량왜관에서 행해지는 각종의 공사에는 조선인 일꾼들이 동원되었다. 그런데 倭工은 衣食이 후

---

260) 김동철, 「조선후기 통제와 교류의 장소, 부산 왜관」, 『한일관계사연구』 37, 한일관계사학회, 2010; 양흥숙, 『조선후기 東萊 지역과 지역민 동향―倭館 교류를 중심으로―』 부산대 박사학위논문, 2009 참조.
261) 『유회당집』 권5, 倭情狀啓 再度.
262) 『변문절목』 9항.
263) 『草梁畫集』 朝市二魚采持來候所.
264) 『유회당집』 권7, 上廟堂別紙.

하기 때문에, 서울 사람들이 많이 몰래 들어가 조정의 소식을 많이 전파하고 있었다. 그래서 지금 남아 있는 자는 죄를 주고, 이후에는 몰래 들어가는 것을 엄금하게 하였다.265)

소신(이여적)이 일찍이 부산첨사를 역임하였기 때문에 왜관에 있는 雇工의 폐단을 잘 알고 있습니다. 이른바 왜관의 고공은 왜관에 머물면서 물을 긷고 밥을 하는 일꾼으로, 이들은 본래 토착민이 아닙니다. 왜인은 의식이 매우 풍족하기 때문에 서울의 각 관사 서리와 使令 및 죄를 피해 도망한 무리가 누구나 왜관에 잠입하여 고공이 된 것입니다. 이는 단지 후일의 큰 우환거리에 그칠 뿐만이 아닙니다. 심지어 朝報까지 전파되어 우리나라의 세세한 말까지 왜인이 모르는 것이 없다고 하니, 통분을 견딜 수 있겠습니까. 이에 대해서는 각별히 엄금하는 도리가 없을 수 없습니다. 현재 왜관에 머무는 고공을 우선 搜覈하여 엄하게 논죄하고, 이후에 왜관에 잠입하려는 자에 대해서는 모두 痛禁하는 일을 묘당으로 하여금 각별히 엄하게 신칙하게 하는 것이 어떻겠습니까.266)

이러한 왜관 고공은 일정 기간 왜관 안에 머물든지, 혹은 왜관 주변에서 왜관 안으로 출입을 자유롭게 하면서 왜관 일을 맡았던 노동층이었다. 왜관의 접촉을 통제하던 시기에 일본인과 조선인이 고용 관계를 맺고 있는 상황이었다.

셋째, 초량왜관의 구경이다. 통신사 일행이 부산에 머무는 동안 초량왜관에 들어가 둘러보기도 하였다. 한 예로 1764년의 통신사 일행이 부산에 도착한 것은 8월 22일인데, 부산포를 떠나 일본으로 향한 것은 10월 6일이었다. 한 달 보름동안 부산에 머무르고 있었다. 당시 사행록의 8월 28일의 기록에 사신 일행 가운데 많은 사람들이 왜관을

---

265) 『영조실록』 권3, 1년 1월 을축.
266) 『승정원일기』 영조 1년 1월 을축.

보러갔다고[267] 되어 있다. 왜관에 대한 이들의 호기심을 엿볼 수 있게 해주는 대목이다. 왜관에서의 잦은 왕래와 견문, 왜관을 통한 일본 문물의 유입은 조선인의 생활에도 많은 영향을 미쳤다.

아울러 왜관 직임자가 아닌 경우 대부분 일반인도 왜관을 출입하여 왜관을 구경하였다. 1729년 아메노모리 호슈(雨森芳洲)가 裁判役을 맡아 왜관에 왔을 때부터 기록한 『裁判記錄』에는 1729~30년까지 왜관을 출입한 조선인의 현황이 나타나 있다. 주변 지역의 수령, 경상감영 관리, 동래부사의 자녀, 부산첨사의 자녀와 형제, 두모포 만호 일행이 포함되어 있다. 특히 迎日地頭官은 접위관으로 왜관에 온 것이 아니라 왜관을 구경하러 왔다.[268] 당시 왜관이 조선인에게 구경거리가 되고 있는데, 조선 관리는 물론 가족과 친척도 왜관을 구경하러 왔다. 어떤 경우에는 훈도 별차를 동반하여 왜관에 들어오거나, 역관들이 미리 왜관에 연락하여 조선인 관리와 관리 가족에 대한 접대를 요청하기도 하였다.

넷째, 闌出 문제이다. 초량왜관의 일본인들이 仙巖寺로 몇 차례나 난출한 경우가 있었다. 1665~1697년 사이에 5차례나 난출이 있었다.[269] 그들은 선암사 법당의 모습을 그리고 왜관으로 돌아간 것으로 보아서 조선 사찰에 대한 관심이 있었으며, 왜관 안의 東向寺와 연관이 있는 것 같다. 일본의 불교와 조선의 불교를 비교할 수 있는 계기였을 것이다. 또 예불을 하고 온 사례나 구경을 위해서 선암사에 난출한 것에서 조선 불교에 대한 관심이 있었다고 여겨진다. 그런데 선암사는 부산은 물론 김해 지역까지 살펴볼 수 있는 곳이었다. 때문에 일

---

[267] 『日觀記』 下册, 8월 28일조.
[268] 『裁判記錄』 一, 1729년 4월 3일・4일・7일.
[269] 『邊例集要』 권13, 闌出.

본인들은 왜관 주변의 정세와 조선 지역을 살펴보기 위해서 선암사로 의도적으로 나온 것으로 보인다.

다섯째, 密貿易 문제이다. 밀무역은 광범위하게 전개되었는데, 초량왜관 인근만이 아니었다. 한 예로 시라스 요헤에[白水与兵衛]는 1698년 4월 대담하게도 옷을 빌려 입고 조선인 행세를 하면서 초량왜관을 빠져나가 동래부의 한 여관에서 밀무역을 계획하였다. 그런데 여관의 안주인에게 들켜서 밀고가 들어가 일망타진 되었다. 밀무역 조사로 조선 측의 가담자 4명도 붙잡혀서 사형을 당하고, 시로스 요헤에도 死罪에 처해진다. 공범으로 지목된 왜관의 술집 운영자 이이즈카 기베에[飯束喜兵衛]는 자살하였다. 이들은 1697년의 金哲石이 알선한 교간사건의 연루자들이기도 하였다.

한편 초량왜관의 譯官을 통해서 조선의 서적이 일반으로 밀반출되고 있었는데, 대부분 訓導와 別差 등 역관들의 손을 거쳐서 행해졌다.

> 우리나라와 開市를 연 이후로 역관들과 긴밀하게 맺어서 모든 책을 널리 구하고, 또 通信使의 왕래로 인하여 문학의 길이 점점 넓어졌으니, 시를 주고받고 문답하는 사이에서 얻은 것이 점차로 넓어진 때문이었다. 가장 통탄스러운 것은 金鶴峯의 『海槎錄』, 柳西厓의 『懲毖錄』, 姜睡隱의 『看羊錄』 등의 책은 두 나라에서 비밀을 기록한 것이 많은 글인데, 지금 모두 大阪에서 출판되었다. 이것은 적을 정탐한 것을 적에게 고한 것과 무엇이 다르랴. 국가의 기강이 엄하지 못하여 역관들의 밀무역이 이와 같으니, 한심스러운 일이다.[270]

이처럼 초량왜관의 通事, 小童, 使令 등의 왜관의 하급실무자들은 조선인과 일본인을 매개하는 역할을 했다. 그들은 집무소인 通事廳, 통사청이 있는 초량촌이라는 공간을 小通事들은 일본인과 가까운 교

---

[270] 金世濂, 『海槎日記』 「見聞雜錄」.

류 창구로 이용하였다. 왜관의 밀무역이 발생하였을 때 소통사가 무역 알선자로서 역할을 많이 하였다. 역관이 하는 밀무역의 형태는 부산진에서 물품을 사서 왜관에 공급한다든지, 노비를 서울과 왜관을 오고가게 하여 동래부에서 구하기 어려운 물품을 가지고 와서 왜관에 조달했다. 역관 노비의 왕래에 별다른 어려움이 없었던 것은 1736년 出使譯官이 왜관을 출입할 때 몸수색을 하지 말도록 하는 금조와 관련이 있다고[271] 보아진다.

또한 초량왜관의 通事, 小童, 使令 등의 하급실무자들이 통제를 받지 않고 왜관에 들어가는 방법은 왜관 宴享을 이용하는 경우이다. 연향대청에서의 연향 때 각종 儀仗 물품과 음식을 준비하는 실무자와 통역관 등 조선과 일본 두 나라의 사람이 많이 모였다. 이때 통제가 느슨해짐을 이용하였다. 아울러 수문을 통과하지 않고 연향대청으로 난 북문을 통해 왜관 안으로 들어가는 횟수도 많아졌다고 한다.

(3) 초량왜관의 문화교류 모습

가. 음식문화

문화는 인간이 집단을 이루어서 살아가는 삶을 말한다. 이러한 문화는 교류와 접촉 속에 상호 영향을 주고받는다. 그런데 영향이 크면 흡수하고, 적으면 동화되면서 새로운 문화가 탄생하게 된다. 이러한 현상을 문화혼종 또는 문화변동이라고 한다. 그런데 문화의 혼종성을 구별하는 경계는 다른 집단과의 만남을 통하여 서로 대조되는 상황에서 다른 집단과의 상호작용 과정에서 부각되고, 구성되고 유지된다고[272] 한다. 일반적으로 문화의 혼종성은 추상적 개념으로 인종, 계

---

[271] 『增訂交隣志』 권4, 禁條.
[272] Bank, Marcus(1996), *Ethnicity : anthropological constrictions*, London & New York:

급, 성별, 민족 등의 문화적 차이에 기반을 두고 설명하는 개념이고, 혼종화는 혼종성이 나타나게 되는 과정을 의미한다.273) 이러한 문화의 혼종화는 통합, 동화, 분리, 주변화 등으로 구분할 수 있다. 조선 후기에 해항도시 속의 경계지대 초량왜관에서도 문화 혼종화는 다양하게 진행되었다.

우선 조선 후기에 초량왜관에서 음식문화가 교류될 수밖에 없었던 상황은 초량왜관에 거주하는 일본인이 음식재료를 구입하는 과정에서 조선인과의 접촉이 나타나면서 자연스럽게 시작되었다. 조선 후기에 초량왜관에 거주하는 일본인이 먹는 음식 재료는 동관의 수문 앞에서 서는 朝市에서 구입했다. 여기에는 두모포, 沙道, 大峙 등 왜관 인근 마을의 사람들이 자신들이 수확한 야채와 생선 등을 가지고 왜관으로 오면, 왜관 주민들은 쌀로서 구입을 했다고274) 한다. 당시 국가에서 朝市를 공식화한 조처에서 알 수 있다.

몰래 민가에 나간 왜인이 매번 생선과 채소를 매매한다고 둘러대는 것은 진실로 몹시 고약한 일이지만, 영구히 그 길을 막는다면 왜인들이 살아갈 길 또한 몹시 절박하므로, 우리나라 사람들로 하여금 생선이나 채소, 과실, 쌀과 같이 날마다 쓰고 없어서는 안 될 물건은 날마다 아침 전에 관문 밖에서 팔게 하면 왜인들도 역시 守門 밖에서 물건을 사 가지고 즉시 들어갈 것이요, 절대로 전과 같이 민가에 드나들지 않을 것이다.275)

Routledghe), 12~13쪽.
273) 혼종문화는 구체적인 사회·문화적 실천의 결과로 나타나게 되는 문화양상을 말한다고 한다(이화인문과학원 편, 『문화 혼종과 탈경계 주체』, 이화여자대학교 출판부, 2013, 29~27쪽).
274) 田代和生, 앞의 책, 2005, 231쪽.
275) 『增正交隣志』 권4, 志, 約條, 숙종 4년(무오).

조선 후기의 해항도시 부산의 초량왜관에는 500명 내외의 일본인이 상시 거주하고 있어서 조선인과 일본인의 문화적 교류와 접촉은 양국의 음식을 맛볼 수 있는 좋은 기회였으며, 문화 혼종화의 실제를 보여주는 장면이었다. 조선 후기에 초량왜관을 통하여 보급된 일본음식 가운데 대표적인 것을 들면 다음과 같다.

첫째, 勝歌妓이다. 조선 후기에 일본의 음식문화가 유입되어 전국적으로 전파되어 나가고 있었다. 이런 문화전파이자 문화의 혼종화 과정이기도 했다. 李學逵의[276] 「초량왜관사」에 승가기가 언급되어 있는데, 승가기는 당시 알려진 대표적인 일본음식이었다.[277] 승가기는 맛있는 국의 이름인데,[278] 만드는 법은 본래 대마도에서 나온 것으로 고을의 부호들이 많이 즐겼다고[279] 한다. 조선 후기에 초량왜관에서는 조선과 일본의 음식문화 교류가 빈번했다. 그것은 국가적 차원의 연회, 개별적인 만남과 접대 등 다양하였다. 그래서 조선에서도 스기야키를 먹는 풍조가 유행하게 되었다.

---

[276] 이학규의 호는 洛下生 또는 洛下이다. 그는 강진과 김해의 유배에서 풀려난 뒤에도 김해지방을 내왕하며, 이곳의 문사들 및 중인층과도 계속 관계를 유지하면서 김해 지역의 문화의식과 수준을 향상시키는 데에 기여를 했다고 한다. 아울러 그는 조선후기에 김해에 유배 와서 초량왜관을 내왕하면서 일본문화의 유입을 목도한 지식인이었다. 그의 저서로는 필사본 『洛下生藁』 手寫本 등을 합한 20여 책이 있다. 국내외로 흩어져 그의 유고를 1985년에 수합하여 『낙하생전집』 3권으로 영인·발간했다. 그의 저서는 조선후기에 초량왜관을 통한 일본문화의 전파를 보여주는 소중한 자료이다.

[277] 金聲振, 「조선후기 金海의 생활상에 미친 일본문물」, 『인문논총』 52, 부산대 인문학연구소, 1998, 296쪽.

[278] 이기문은 일본의 스기야키가 조선시대 勝妓樂湯, 勝伎樂湯, 勝技冶岐로 음차하였음을 밝히고 있다(이기문, 「어원탐구, 승기악탕」, 『새국어생활』 제17권 1호, 2007, 118쪽).

[279] 李學逵, 『洛下生全集』 中, 海榴菴集(己卯), 金官紀俗詩. "勝歌妓美臘名 造法本出對馬州 邑中富豪多嗜之."

조선 후기에 초량왜관이 음식문화의 변화에 영향을 준 부분은 『洛下生全集』에 자세하게 나타나고 있다. 이 가운데 「草梁倭館詞」와 「金官竹枝詞」에 묘사되어 있다.

가. 接慰使 돌아갈 때 객관 식사 돌아보니, 神仙爐에 불사르고 늦게까지 술 마셨네. 신선로 국물이 歌妓만 못함을 근심치 말고, 새로 동쪽바다에서 물꿩이 오는 것을 찾아보시게.280)
나. 승기기 국물은 가기보다 낫다고 하는데, 만드는 법은 앞서 일본으로부터 전해졌네.281)

이처럼 勝歌妓는 조선 후기에 초량왜관을 통해서 우리나라에 알려진 대표적인 일본음식이었다.282) 승가기는 국의 이름이라고 하였다. 이러한 승가기는 음식문화 가운데서도 국 문화가 발달해 있던 조선인들이 받아들이기에 수월했을 것이다.

그런데 승기악에 대해서는 1748년(戊辰) 通信使行 때의 정사였던 申維翰도 언급하고 있는 대표적인 일본음식이었지만, 조선인의 입맛에는 맞지 않는다고 하였다.

영조 24년 3월 20일에, '島主가 바야흐로 사행에게 勝妓樂을 보내니, 점심은 잠시 천천히 드십시오.' 하더라 한다. 승기악이라는 것은 저들의 가장 맛좋은 음식이라고 하는 것이다. 이윽고 들으니, 사자가 거느려 와서 왜인이 손수 만들어 바친다고 한다. 마치 우리나라의 이른바 悅口資雜湯과 같은 것인데, 그 빛이 희고 탁하며 장맛이 몹시 달지만, 특별히 별미인지는 모르겠다. 일기도의

---

280) 『낙하생전집』上, 因樹屋集, 草梁倭館詞. "慰使歸時館餉廻 神仙鑪爇晚銜杯 不愁鑪膹輸歌妓 新覓東洋水雉來."
281) 『낙하생전집』上, 因樹屋集, 金官竹枝詞. "勝歌妓膹出歌妓 造浓先從黍齒傳."
282) 田代和生, 앞의 책, 2005, 231쪽.

왜인은 음식에 가장 박하며 日供의 간도 다 맞지 않아서, 일행이 모두 이 때문에 괴로워한다.283)

승가기에 대한 이야기는 甲申 通信使行(1764) 때의 정사였던 趙曮도 언급하고 있는데, 이런 과정을 거치면서 먼저 조선 후기에 지식인들에게 일반화되고 있었던 음식이었음을 알 수 있다. 그는 일본의 승기악보다 우리나라의 열자구탕이 낫다고 비교하기도 했다.

   이른바 勝妓樂은 일명 杉煮인데, 생선과 나물을 뒤섞어서 끓인 것이다. 저들은 이를 일미라고 하여 승기악이라고 이름한 것이지만, 그 맛은 어찌 감히 우리나라의 열구자탕을 당하겠는가.284)

그리고 1747년 통신사 종사관으로 다녀온 曺命采가 쓴 『奉使日本時聞見錄』에서는 勝妓樂이라 기록되어 있다. 통신사절 등 다양한 경로로 조선에 전파되고 있던 승가기는 조선 후기에 초량왜관을 통해서 승기악기는 일본에서의 유래를 파악할 정도로 널리 소개되고 있었다.

   勝其岳伊는 가장 珍味로 여기는 것인데, 도미 · 熟鰒(손질하여 다듬거나 부드럽게 한 복어) · 달걀 · 미나리 · 파를 익혀서 잡탕을 만드는 것이다. 한 마을 사람들이 삼나무[杉木] 밑에 모여 앉을 때에는 각각 제집에서 한 가지를 가져와서 이것을 만들기 때문에 杉煮라고 부른다 한다.285)

---

283) 曺命采, 『奉使日本時聞見錄』 乾, 3월. "島主方送勝妓樂於使行 午飯姑徐進云 勝妓樂者 彼中之第一味云者 俄聞使者領來 而倭人親爲調進 若我國所謂悅口資雜湯之類 而其色白而濁 醬味甘甚 殊未知爲異味也 壹歧倭人 最薄於飮食之節 日供鹹淡 皆不適宜 行中以此爲悶."
284) 趙曮, 『海槎日記』 中, 계미년 11월 29일조. "所謂勝妓樂 一名杉煮 雜以魚菜而煎湯者 彼人謂之一味 名以勝妓樂 而其味何敢當我國悅口子湯也"
285) 『靑莊館全書』 권65, 蜻蛉國志 2, 物産 飮食. "勝其岳伊 最爲珍味 以鯛魚 熟鰒鷄

원래 일본에서 勝其岳伊는 가장 珍味로 여기는 것인데, 倭名도 이와 같았는데, 우리나라 사람들이 승기악탕이라고 하였다고 한다. 즉 초량왜관에서 도미 · 熟鰒 · 달걀 · 미나리 · 파를 익혀서 잡탕을 만드는 것이었다. 한 마을 사람들이 삼나무[杉木] 밑에 모여 앉을 때에는 각각 제집에서 한 가지를 가져와서 이것을 만들기 때문에 杉煮라고 부른다고286) 하였다.

문제는 勝妓樂湯을 숭어 또는 잉어, 조기, 도미, 소고기, 닭 등을 구워 여러 가지 채소와 고명을 넣어 함께 끓인 한국의 요리라고 보기도 한다는 점이다.

饌品은 杉煮로서 아름답다 하는데, 魚肉과 채소 백 가지 물건을 섞어서 술과 장을 타서 오래 달인 것인데, 우리나라의 잡탕 등속과 같은 것이다. 옛적에 여러 왜인들이 杉木 밑에 비를 피하다가 배가 고파 먹을 것을 생각하여 각기 가진 바 물건을 가지고 한 그릇에 집어넣어 삼목을 가지고 불을 때어 달였는데, 그 맛이 매우 좋았으므로 인하여 杉煮라 하였다. 왜인의 방언에 삼목을 勝技라 하므로 俗에 이 음식을 승勝技治技라 하니 야기는 굽는다는 말의 訛音이다.287)

卵芹蔥 煮爲褨羹 有一村人 會坐杉木下 名絜其家一物 爲此因名杉煮." 한편 번역문의 주에서는 勝其岳伊는 鋤燒 또는 杉燒를 우리나라에서 음역한 말이라고 하였다. 원문의 설명을 보면 전자를 말한 것이며, 스끼[鋤, 가래]에 올려놓고 구웠으므로 이런 이름이 붙었다고도 하고, 스키는 스꾸[剝, 잘게 자르다, 저미다]의 명사형으로 魚肉 · 채소 등을 저민다는 뜻에서 나왔다고 한다. 杉煮는 곧 스기야끼[杉燒]를 말하는 것인데, 스기야끼는 스기야키와 달라서, 어육을 삼나무 널빤지 위에 올려놓거나 삼나무 상자에 넣어 익혀서 삼나무의 향기가 스며들게 하는 음식을 말한다. 원문에서는 스키와 스끼의 음이 비슷한 데에서 나온 착오로 말미암은 일설을 인용한 것이라고 하였다.

286) 『五洲衍文長箋散稿』 人事篇, 服食類,, 諸膳. "又勝其岳伊羹者 最爲珍味 倭名如是 我人改名勝妓樂湯 以鯛魚熟鰒雞卵芹蔥 煮爲雜羹 有一村人會坐杉木下 各絜其家一物爲此 因名杉煮云".
287) 『海遊錄』 下, 附聞見雜錄. "饌品以杉煮爲美 用魚肉菜蔬百物 和酒醬爛煮 如我國

이처럼 승기악탕은 기록마다 그 명칭과 재료가 다르지만, 조리법과 어음이 비슷하므로 같은 음식으로 취급하였다. 勝佳妓湯 혹은 勝只雅湯 등이 주류이며, 도미를 이용했을 경우, 그저 도미찜이라고 부르기도 한다.

이처럼 조선 후기에 초량왜관에서 제공하는 스기야키는 생선요리의 왕자인 도미를 중심으로 색깔 배합과 포만감을 주는 달걀, 그리고 맛도 맛이지만 씹는 맛이 일품인 전복을 반드시 사용하고 있었다. 이처럼 개량된 왜관판 스기야키 요리는 일본요리과 조선요리의 장점을 결합한 두 나라 음식문화가 교차하는 왜관에 잘 어울리는 음식이었다고[288] 하였다. 이렇게 초량왜관에서 전파된 스기야키는 조선의 인근 지역으로 전파되어 나갔는데, 조선의 국 문화의 혼종화가 일어나기도 하였다.[289] 이러한 문화의 혼종화는 혼종성이 나타나게 되는 과정을 의미하는데,[290] 초량왜관과 주변 지역을 거쳐 전국적으로 나타나고 있었다.

둘째, 국수이다. 이학규는 對馬島의 가락면과 薩州의 신선로라고[291] 묘사하고 있다. 이것은 초량왜관 蘆酒屋에서 술을 마실 때의 일을 기술한 것이다라고[292] 밝히고 있다 이 집에서는 가락면을 薩州에서 들여온 신선로에 끓여먹고, 또 대마도의 밀감을 그릇에 담아 내놓았다고 한다.

雜湯之類 昔有群倭避雨於杉木之下 飢甚思食 各以所有之物 合投於一器 而炊杉木以煮 其味便好 因爲得名 方言謂杉曰勝技 故俗呼勝技冶岐 冶岐又煮之訛音也".
288) 田代和生, 앞의 책, 2005, 231쪽.
289) 위의 책, 235쪽.
290) 이화인문과학원 편, 『문화 혼종과 탈경계 주체』, 이화여자대학교출판부, 2013, 29~32쪽.
291) 『낙하생전집』 下, 欲是齋再集, 前浦行. "馬州條麪 薩州鑪".
292) 『낙하생전집』 下, 欲是齋再集, 上二首. "上二首 叙蘆花屋夜飮時事".

조선 후기의 기록에는 倭麪의 제조법이 소개되어 있다. 즉 왜면은 素麪이라고도 했다. 19세기 초 『閨閤叢書』와 李圭景의 『五洲衍文長箋散稿』에 倭麪이라는 말이 나오고, 이것이 요즘 먹는 素麵을 설명하고 있기 때문에 소면은 일본에서 유입된 것으로 본다. 素麵은 본래 양념을 가하지 않는 국수를 뜻하며, 肉食이 아닌 菜食을 素라고도 하므로, 고기 양념을 넣지 않고 간단한 채소류만을 넣은 국수라는 뜻으로 쓰이기도 한다. 보통 음식점에서 말하는 素麵은 후자를 말한다.

이처럼 조선 후기에 초량왜관을 통해서 알려진 소면에 대해서 구체적인 素麪의 제조 방법이 소개되고 있었는데, 이것은 왜면이 조선 후기에 광범위하게 전파되었음을 말해준다.

> 素餠은 素麪인데, 밀가루를 소금물에 반죽하여 기름을 섞어 매끄러움을 이용하여 가는 가닥을 만들어 실처럼 늘여 대나무에 걸어 말렸다가, 쓸 때에는 삶아서 거품 곧 기름기 을 제거하며 거품이 다 없어지면 좋은 국물이 되는데, 그것을 먹는다.[293]

한편 국수에 대해서는 18세기 말에서 19세기 초반의 기록인 빙허각 李氏의 『閨閤叢書』에서도 倭麪, 즉 메밀 소면을 요리하는 법이 정리되어 있다고[294] 한다.

---

[293] 『靑莊館全書』 권65, 蜻蛉國志 二, 物産 飮食. "泥素餠 素麪也 用麪和塩水 溲之和油 乘滑作細條 拽引之如絲 掛竹乾之 用時煮之 去沫乃油氣也 沫盡 爲佳蘸 汁食之." 한편 번역문의 주에서는 원문에는 삭병이 곧 소면이라 하였으나 사실은 다르다. 사꾸베이[索餠]는 일명 무기나와[麥繩·麥索]라 하는 과자로, 밀가루와 보릿가루를 반죽하여 쪄서 이겨 새끼 모양으로 꼬아 만든 것이며, 소어멘[素麪·素麵]은 국수의 일종으로 밀가루를 소금물로 반죽하여 늘여서 線狀으로 잘라 볕에 말려 두었다가 찌거나 삶아 먹는 것이다. 원문의 설명은 두 가지를 혼동한 듯하다고 하였다.

[294] 양홍숙, 앞의 논문, 2009, 179~180쪽.

삶아 즉시 쓰면 짠맛이 있어 좋지 않으니, 오래 담가 우려 짠맛을 빠진 후 다시 씻어 오미자국이나 깻국에 쓰나니라.295)

이러한 기록들은 조선 후기에 초량왜관을 통해서 조선과 일본 교류에 있어서 음식문화의 접촉과 변용이 많이 일어났음을 말해준다. 아래 기록은 국수의 종류에 대해서 자세하게 기록하고 있다.

국수는 絲麵과 索麵이 있으니, 약간 가는 것은 삭면이라 하고, 지극히 가는 것은 사면이라 하는데 칡가루에다 메밀을 섞어 만들어서 가닥이 길어서 끊어지지 아니하고 접어서 사리(卷)를 만들었고, 국물에 타서 빛깔이 흰데 맛이 아름답다.296)

한편 국수의 보급은 왜면을 선물로도 주고받게 하였다. 조선 후기에 기장에 유배 왔던 沈魯崇은 인근 고을의 鄭童璞으로부터 왜면을 선물 받았다고297) 한다. 왜면이 조선의 광범위한 지역으로 전파되었음을 알 수 있다. 주목할 점은 조선 후기에 초량왜관을 통해서 전파된 일본의 倭麵이 조선에서는 絲麵과 索麵으로 구분되면서 국수의 전파를 말해주고 있다. 문화접변이 문화의 혼종화를 가져오고 있음을 말해준다.

한편 丁若鏞은 『다산필담』에서 수령과 서리들의 부패상을 언급하면서 倭麵을 기록해 두고 있다. 이 역시 조선 후기에 왜면의 광범위한 전파 상황을 보여준다.

---

295) 빙허각 이씨, 『閨閤叢書』 「酒食議」.
296) 申維翰, 『海遊錄』 下, 附 附聞見雜錄. "麵則有絲麵索麵 稍細曰索 至細曰絲 葛粉和蕎麥而爲之 縷長不絕 帖而成卷 調湯色白 其味亦佳."
297) 『南遷日錄』 上, 南遷日錄 四, 辛酉 十一月 初九日. "九七村鄭童璞來見. 贈倭麵一封 報以西草半斤 午後 與泰詹登屋後 少坐而歸."

감사가 廉問할 경우에는 친한 빈객이나 죽음을 두려워하지 않고 헌신할 수 있는 사람을 써서 남몰래 촌락을 순행하게 해야 백성들의 숨은 고통을 알 수 있고 수령의 잘못도 알 수가 있다. 그런데 요즈음은 감영의 이서들을 심복으로 보아 염문할 적에는 모두 이 무리들을 보내는데 이 무리들이 본래 각 고을의 크게 간활한 아전들과 서로 내통 결탁하여 안팎으로 얽혀 있는 줄을 모른다. 매양 겨울과 여름에 있는 褒貶 때나 봄과 가을에 있는 순행 때가 되면 이른바 廉客이 기일에 앞서 기별을 보내고 그 고을의 일을 담당한 아전도 기일에 앞서 화사하게 꾸민 방에 꽃자리를 깔고 대야며 안석이며 책상을 산뜻하게 정돈해 놓고 倭麵과 燕餳, 그리고 蔚山의 전복과 耽羅의 조개, 살찐 쇠고기와 연한 돼지의 등살, 구운 자라 고기와 잉어회 등 갖가지 귀한 음식들을 차리고 휘황하게 촛불을 켜 놓고 염객을 기다린다.298)

셋째, 과자의 전파이다.299) 조선 후기에 초량왜관에서 조선이 일본 향응요리에서 극찬을 한 것은 과자였다. 조선 후기에 초량왜관에서 조선인이 설탕이나 과자를 원하면 왜관 안의 가게[纏房]에서 원하는 대로 구할 수 있었다고 한다. 과자는 어느 것보다도 문화접변과 전파가 빨랐다고 할 수 있다.

과자는 식사 도중에 먹어도 좋지만, 선물로 가지고 가는 경우가 많았다고300) 한다. 한 예로 아사이 요자에몽[浅井与左衛門]이 왜관 체재 중 찬합에 담아서 보내는 향응용 혹은 증답용으로 이용한 과자류 가운데 배합을 완전하게 파악할 수 있는 20회 분에 총 32종의 과자가 연

---

298) 『牧民心書』吏典 6조, 제5조 察物, 監司廉 不可使營吏營胥. "茶山筆談云 監司廉問 宜用親賓 死士潛行村野 乃得民隱 乃得官疵 今也營下吏胥 視爲腹心 一應廉問 皆遣此輩 不知此輩本與列邑巨猾 關通締交 表裏糾結 每至冬夏褒貶 春秋巡歷之時 所謂廉客 先期飛報本縣 當事之吏 先期張設粉壁花筵 敦匜几案 整齊芳潔 倭麵 燕餳 蔚山之鰒 耽羅之蛤 肥牛之腱 幺豵之脊 炰鼈膾鯉 種種珍異 熒煌之燭 以待廉客."
299) 田代和生, 앞의 책, 2005, 243~245쪽.
300) 田代和生, 위의 책, 243쪽.

101회 이용되고 있었다고 한다. 1회 평균 5종류의 과자가 이용되었다. 당시 가장 많이 이용된 과자는 五花糖, 落雁, 오베리야스, 비자열매는 특히 조선인이 좋아하던 과자였다고[301] 한다.

특히 당시 조선에서는 감미료로 벌꿀이나 엿을 이용하고 있었다. 그래서 사탕은 남방에서 나는 것으로 좀처럼 손에 넣기 어려운 것이었다고[302] 한다. 그런데 일본의 과자는 값비싼 사탕, 그 중에서도 품질이 가장 뛰어난 백사탕을 이용하였다. 이에 일본 과자를 한 번 맛을 본 조선사람은 '매우 맛이 좋습니다.', '얼음사탕과 오화당은 별품입니다'라고 칭찬을 늘어놓았다고[303] 한다.

이처럼 조선 후기에 초량왜관에서 이용된 과자 중에서 가장 많이 이용된 종류는 五花糖, 落雁, 오베리야스, 비자열매였다.[304] 이 가운데 오화당은 일본이 사무역을 통해서 조선에 수출하던 물품인데,[305] 증답용으로 호평을 받던 과자였다. 오화당은 시로사토[雪糖], 즉 백설탕으로 만드는 것이 인기의 비결이었다고[306] 한다. 일본에서는 糖化, 渾平糖 등으로 불리는데, 꽃 모양의 작은 입자로 된 사탕과자였다.

오베리아스는 카스테라와 마찬가지로 유럽풍 南蠻 과자였다. 어원은 네덜란드어 과자명 오빌레(obili)에서 온 것인데, 일본에서 오이라야스, 오베리이, 오페리이 등으로 불리었다고 한다. 구워낸 모양이 꽃 모양처럼 보이기 때문에 하나[꽃]카스테이라라고 불리기도 한다. 그런데 당시 대마도는 중개무역, 조선의 표류민 송환을 위해서 나가사키

---

301) 田代和生, 위의 책, 243~245쪽.
302) 田代和生, 위의 책, 2005, 243쪽.
303) 국사편찬위원회 편, 『通譯酬酢』; 田代和生, 앞의 책, 2005, 243쪽.
304) 田代和生, 위의 책, 243~245쪽.
305) 田代和生, 위의 책, 243쪽.
306) 『交隣須知』; 위의 책, 244쪽.

의 네덜란드 商館 데지마 건너편에 藩邸를 설치해 두고 있었는데, 이
곳을 통해서 남만과자를 접할 기회가 있었다고307) 한다. 이런 모습은
조선 후기의 통신사절의 기록에서도 확인된다.

　　후추胡椒·丹木·雪糖·五花糖 같은 것과 朱紅孔雀羽·黑角畫器는 비록
　흔한 물건이긴 하나, 모두가 일본에서 생산되는 것이 아니고 南蠻·南京 등지
　의 산물로서 長崎로부터 들어온다고 한다.308)

이 가운데 일부가 초량왜관을 통해서 조선으로 전파된 것으로 추정
된다. 이러한 오베리아스에 대해서는 조선 후기에 제조법이 소개되고
있을 정도로 전파되어 일반화 되어 나가고 있었다.

　　加須底羅는 정한 밀가루 한 되와 백설탕 두 근을 달걀 여덟 개로 반죽하여
　구리남비에 담아 숯불로 색이 노랗도록 익히되 대바늘로 구멍을 뚫어 불기운
　이 속까지 들어가게 하여 만들어 꺼내서 잘라 먹는데, 이것이 가장 상품이
　다.309)

특히 오화당은 조선 후기에 통신사들에 의해서 알려지기도 했다.
任守幹이 1710년 통신사절로 일본을 갔다 온 기록에도 나오는데, 오

---

307) 田代和生, 앞의 책, 243~245쪽.
308) 任守幹, 『東槎日記』 坤, 聞見錄. "如胡椒丹木雪糖五花糖朱紅孔雀羽黑角畫器等物
　　　雖是賤物 而俱非日本所產產 於南蠻南京等地 自長崎入來云"
309) 『靑莊館全書』 권65, 蜻蛉國志二, 物産. "加須底羅淨麵一升 白沙糖二斤 用雞卵八
　　　箇 溲和以銅鍋 炭火熬 令色黃 用竹針刺孔 使火氣透中 取出切用最爲上品." 한편
　　　번역문의 주에서는 카스테라는 포르투갈 말인 Castella의 음역어인데, 일본에서
　　　는 가스데이라 하며, 加壽天以羅 또는 粕底羅 등으로도 쓴다고 하였다(한편
　　　『五洲衍文長箋散稿』 人事篇, 服食類, 諸膳에는 "加須底羅淨麵一升 白沙糖二斤
　　　用雞卵八箇溲和 以銅鍋炭火熬令色黃 用竹針刺孔 使火氣透中 取出切用 最爲上
　　　品."라고 오베리아스가 소개되어 있다).

화당이 일본에 보급된 양상을 알 수 있다.

> 差倭의 배 9척이 가까운 포구에 대고 바람을 기다리는데, 아침에 술과 생선을 보내어 存問하더니, 저녁에는 왜인 都船主가 五花糖과 新田草畫磁杯와 五寸鏡 등의 물건을 바치고, 大差倭가 六寸鏡과 剪刀刀子·倭燈·琉璃瓶 등의 물건을 바쳤다.310)

그러나 이처럼 조선인들이 일본 과자류를 직접적으로 접하게 된 계기는 초량왜관에서의 문화접촉의 과정에서 나온 산물이었다고 할 수 있다. 조선 후기에 초량왜관에서는 공식적인 선물 외에도 사사로이 주고받는 선물이 많았다고311) 한다. 1629년 宣慰使로 동래에 왔던 鄭弘溟은 『飮氷行記』에 왜관에서 받은 선물을 기록해 놓았다고312) 한다. 조선 후기에 과자의 전파 정도를 보여준다고 할 것이다.

조선 후기에 초량왜관은 양국의 문화가 교류하는 장소였다고 한다. 선물이 증정되는 날은 삼짓날, 단오, 백중, 구중절 등 절기에 이루어졌다고313) 한다.. 조선에서 絶品이라고 칭찬하는 것이 일본의 과자였다. 화려한 왜관의 향응요리는 과자류의 다채로움에서도 살필 수 있다. 과자는 식후에 내놓은 경우가 많았다. 그 자리에서 먹어도 좋지만, 선물로 가지고 가는 경우가 많았다.314) 또 단독으로 증답용으로서 이용되기도 했다. 조선 측 관리들은 주변 사람들에게 선물을 나누어

---

310) 『東槎日記』 坤, 國書, 使行留釜山時 從事所錄.. "差倭九船來泊近浦候風 朝送酒魚存問 夕間倭人都船主 呈五花糖新田草畫磁杯五寸鏡等物大差倭呈六寸鏡翦刀刀子倭燈琉璃瓶等物."
311) 田代和生, 앞의 책, 2005, 243~245쪽.
312) 田代和生, 위의 책, 243쪽.
313) 양흥숙, 앞의 논문, 2009, 164쪽.
314) 田代和生, 위의 책, 243~245쪽.

주기도 하여 일본 물품이 전국으로 번져 나갔다. 초량왜관을 통한 문화접촉과 교류의 모습을 보여주는데, 문화전파가 매우 빨랐을 것으로 여겨진다.

특히 조선 후기에 사탕은 남방에서 나는 것이기 때문에, 좀처럼 손에 넣기 어려운 귀중품 취급 받았다. 당시 조선에는 흑설탕류는 전혀 없어서 모든 과자에 다 꿀을 쓰는데, 설탕이나 흑설탕이나 또는 얼음설탕, 五花糖, 그 외의 일본의 과자류는 초량왜관에 가면 塵房에서 가지고 있기 때문에 원하는 대로 다 얻을 수 있다고315) 한다.

조선 후기에 초량왜관에서의 빈번한 음식문화의 교류는 상호 이질적인 음식문화에 대한 이해도를 높이고, 새로운 교류의 장을 여는 바탕이 되었다. 조선 후기에 초량왜관을 중심으로 한 음식문화의 접변은 조선의 음식문화와 혼종화되기도 하면서 전국으로 보급되어 나갔다.

나. 생활문화

문화는 생활체계를 살아가는 인간들의 복잡한 상호작용 체계이며, 인간생활의 영역화된 모든 차원을 포괄한다.316) 문화는 교섭과 분리된 것이 아니라 교섭과 하나이다. 때문에 문화교섭은 문화의 교류, 접변, 변용, 혼종 등의 과정을 포괄하는 개념으로 사용할 수 있다.317) 조선 후기의 초량왜관에서는 다양한 문화접변과 변용이 나타났으며, 지역과 전국으로 전파되어 나갔다.

文化接變, 혹은 文化變容이란 상이한 문화집단 간에 주로 직접적인 접촉관계로 인하여 어느 한쪽이나 상대 모두의 문화에 변동이 일어나

---

315) 양흥숙, 앞의 논문, 2009, 176쪽(W.G.Aston 舊藏本, 『漂民對話』).
316) 정문수 외, 『해항도시문화교섭학 연구방법론』, 도서출판 선인, 2014, 172쪽.
317) 정문수 외, 위의 책, 182쪽.

는 것을 말한다. 모든 문화접변은 문화전파의 결과이며 전파를 수반함으로써 문화교류를 촉진시킨다. 문화접변은 문자 그대로 상이한 문화간의 접촉에 의해 일어나는 변화이기 때문에 관련 문화, 특히 피전파문화에 커다란 영향을 미치게 된다. 문화접변으로 인해 산생되는 결과는 크게 적극적 결과와 소극적 결과 두 가지로 나눌 수 있다. 적극적 결과란 문화접변으로 인해 새로운 유형의 문화가 창조될 뿐만 아니라 전통(자생)문화를 발전시키고 풍요롭게 하는 결과를 말한다. 이에 반해 소극적 결과란 피전파문화로 하여금 자율성이나 독자성을 상실케 함으로써 문화의 融合이나 同化를 초래하는 것을 뜻한다고[318] 한다. 조선 후기에 초량왜관에서도 생활용품의 보급으로 전형적이며 실질적인 문화 접변과 전파의 양상이 나타났다. 조선 후기의 초량왜관에서는 다양한 문화접변과 변용이 나타났는데, 대표적인 몇 가지를 살펴보면 다음과 같다.

첫째, 조선 후기에 美濃紙가 널리 사용되었다.[319] 미농지는 일본의 美濃州에서 나는 종이로 일본의 최상품이다. 미농지는 닥나무 껍질로 만든 썩 질기고 얇은 종이의 하나인데, 墨紙를 받치고 글씨를 쓰거나 장지문 따위에 바르는 데에 쓰는 일본 종이이다. 일본의 岐阜縣 美濃지방의 특산물이기 때문에 붙여진 이름이라고 알려져 있다.

예를 들면 1764년 甲申使行 때 제술관 일본으로부터 받은 선물로 받은 물품 가운데, 종이류가 미농지 1,230斤을 포함하여 5,650근이나 되었다고[320] 한다. 이처럼 미농지는 통신사행을 통해서 조선으로 전

---

[318] 정수일, 『실크로드 사전』, 창비, 2013.
[319] 일본산으로 조선인의 생활에 보고된 물품은 부채, 풍경, 양산, 칼, 종이, 자기, 모기장, 도박, 분재, 술병, 귤 등이었다(김성진, 「19세기 초 김해인의 생활을 침식한 倭風」, 『지역문학연구』 3, 부산경남지역문학회, 1998).
[320] 金聲振, 「조선후기 金海의 생활상에 미친 일본문물」, 『인문논총』 52, 부산대 인

파되어 들어왔다. 그만큼 일본종이가 조선의 문화생활에 깊숙이 들어와 있었다고 할 수 있다. 그것은 다양한 색과 문양을 지닌 일본종이의 수요가 많았음을 보여주는 것인데, 생활의 변화를 보여주는 문화 접변의 모습이다.

한편 통신사 趙曮의 『海槎日記』에는 太守近族 11명의 회례품목이 기록되어 있다. 그 내용을 살펴보면 2명이 紅白絹 21필과 20필을, 3명이 色羽를 각각 15필, 20필, 5필을 보내었으며, 4명이 美濃紙를 각각 300첩씩 보내었고, 1명이 色絹 20필을, 1명이 色杉原紙 15속을 보내었다고[321] 기록하고 있다. 그리고 太守近族인 源正溫과 源正名이 각각 美濃紙 3백 첩이었다고[322] 적혀 있다. 이런 경로를 통해서 입수된 미농지는 조선에 전파될 수 있었다.

그런데 미농지는 초량왜관을 통해서 조선 전역으로 전파되어 나갔다. 한 예로 동래의 鶴巢臺 아래에 사는 동래지역 향리 출신이었던 金彙源은 미농지에 붓을 휘두른다고[323] 하였다. 이처럼 초량왜관 주위의 사람들이 書畵에 일본의 미농지를 사용하고 있었다. 뿐만 아니라 일본종이 백 더미를 새로 재단하네라는[324] 구절에서 보면, 일본종이의 수요가 적지 않았음을 알 수 있다.

둘째, 日本刀의 사용이다. 조선 후기에 일본도는 「日本刀歌」 등으로 조선뿐만 아니라 중국에서도 널리 시적 소재가 되었다. 진 나라 徐福(徐市) 일행이 秦始皇의 명을 받고 신선을 구하러 바다로 갔다가 돌

문학연구소, 1998, 68쪽(南玉, 『日觀記』).
[321] 『增正交隣志』 권5, 志, 일행이 받은 私禮單.
[322] 『海槎日記』 各處 書契 및 禮單, 各處私禮回禮單.
[323] 『낙하생전집』 中, 荣花居集, 갑술, 歲暮有囊金彙源. "振筆美濃牋 (原註)倭牋 出美濃者 品佳".
[324] 『낙하생전집』 下, 秋樹根齋集, 次韻末景三假梅贈李玄對. "倭牋百疊剪裁新".

아오지 않았는데, 일설에는 일본에 정착하였다 한다. 歐陽脩의 日本刀歌에 보면, 당시 서복 일행이 칼과 焚書 이전의 많은 책들을 가지고 가서 지금까지 전한다고[325] 하였다.

조선 후기에 초량왜관에서는 여러 차례 도난사고가 발생했다.[326] 그 가운데 일본도를 훔쳐나가는 사례도 발생했다고 한다. 일본도 가운데서 작은 칼(와키사시)가 자주 도난을 당했다고[327] 한다. 1696년(숙종 22)에는 칼을 두 자루 도난당했는데도 처벌을 받을까 두려워하여 분실신고를 하지 않은 사람도 있었다. 1706년에는 옷을 넣는 장롱 등이 도둑을 맞은 적이 있는데, 그 안에 큰 칼(가타나)을 비롯하여 크고 작은 칼이 들어 있었다고[328] 한다.

조선 후기에 李學逵는 "호쾌한 일이란 제주도산 말을 타고, 홀가분한 복장에 일본도를 차는 것이네"라고[329] 노래하였다. 이처럼 일본도가 호사가의 기호품으로 인식되고 있었다.[330] 이와 관련하여서는 동래부 사람이었던 金景華에 대한 이야기도 있다. 그는 칼을 좋아하는 습벽이 있어 일본 단도 한 자루를 순금 30냥 값을 치루고 구입하였다고[331] 하였다. 일반인이 일본도를 시중에서 구입할 수 있었음을 보여주는 사례로 주목된다.

한편 조선 후기의 지식인들은 일본도를 입수해 소지하고 있었으며, 그 성능을 극찬하고 있었다. 대표적으로 許穆이 일본도를 언급한 내용

---

325) 『星湖僿說』 권26, 經史門, 日本刀歌.
326) 田代和生, 앞의 책, 2005, 195~200쪽.
327) 田代和生, 위의 책, 196~197쪽.
328) 田代和生, 위의 책, 243~245쪽.
329) 『낙하생전집』 上, 因樹屋集 己巳, 雜詩. "快事耽羅馬 輕裝日本刀".
330) 김성진, 앞의 논문, 1998, 129쪽.
331) 金鑢, 『潭庭叢書』 桃花流水館小藁, 市奸記. "金景華 東萊府人也 有刀癖 以庸金三十兩 貨一短劍於倭".

이다. 조선 후기에 일본도의 보급과 전파 상황을 보여주는 사례이다.

> 眉叟는 白湖 林悌의 외손자이다. 백호가 일본 상인[賈客]에게 古劍 한 개를 얻었는데, 나중에는 이 칼이 허 씨에게로 돌아갔다. 내가 일찍이 이 칼을 보았는데, 눈빛처럼 흰 광채가 사람을 쏘았다. 한여름에 칼집에서 뽑아 벽에 걸어 놓으면 칼 끝에 이슬방울이 맺혀서 떨어진다 한다. 五行에서 金이 맨 처음이다. 금이란 水를 내기 때문에 해설자는, "금과 鐵을 불에 녹이면 물이 되는 까닭에 칼 끝에 물이 맺힌다." 한다. 만약 그렇다면 세상에 滔滔히 흐르는 것은 모두 물인데, 이 모든 물은 어디에서 나는가. 지금 이 칼로써 징험해 보니, 금이 물을 낸다는 것을 과연 믿겠다. 추측컨대, 쇠붙이란 모두 불에 달궈서 만들기 때문에 그 본질을 잃게 되지만, 오직 그 地四의 정기가 완전히 갖춰진 것만은 본질이 오히려 있는 까닭에 그런 것인가. 그렇다면 흙 속에서 물이 나는 것도 그 실은 土가 비로소 금의 정기를 양성하고 금은 水를 낳게 된다. 이 금이 아니면 토가 어찌 수를 낼 수 있겠는가. 대개 돌도 흙에서 나니, 돌이란 즉 금 따위인 까닭에 빛깔이 희게 된다. 鐵도 반드시 沙石 사이에서 생산되니, 그 본질이 같은 따위임을 알 수 있고, 물도 보면 대개 땅속 돌구멍에서 난다. 내가 지금 金이라고 하는 것은 黃金·黑鐵·白石을 모두 포함해 말한 것이다.332)

이렇게 조선 후기에 초량왜관을 통한 생활문화의 전파는 편리성과 호기심 때문에 동래 지역뿐만 아니라 전국에 전파되어 나갔다. 대표적으로 기장에서 유배생활을 했던 沈魯崇이333) 동래 읍내장에서 구매

---

332) 『星湖僿說』 권5, 萬物門, 日本刀. "眉叟乃林白湖悌外孫 白湖得一古劍扵日本賈客 後劍歸許氏 余曽見之 色自如雪光射人 暑月扷鞘掛壁 凝露滴其尖云 夫五行首金 金則生水 說者 謂金鐵火鎔成水 故云爾 若然世之滔滔流者 皆水 此何從而生 今以此劍驗之 金之生水信矣 意者 鍊皆火鍜 失其本性 惟其得地四真精者 本性猶在故 然耶 然則土中生水 其實土始養成金精 金又生水 非金則土 何由生水 盖石生扵土 石即金類 故色白 鍊必産沙石之間 可見其性類也 水又生扵土中石竅 余謂言金 則 黃金黑鍊白石 皆舉之耳."

333) 심노숭은 호가 夢山居士·孝田이라고 한다. 1801년 2월에 機張縣으로 유배 와서 6년의 유배기간 동안 38책의 『孝田散稿』를 지었다. 특히 『南遷日錄』에는 동래장

한 물품이나 선물 받은 倭物貨를 『南遷日錄』에서 확인할 수 있다. 심노숭은 趙童 집안을 통해 찬합, 칼, 倭爐 등의 일본 물품을 접하였다. 이처럼 초량왜관을 통해서 들어온 일본 물품은 동래, 기장, 김해를 비롯한 인근 지역에 유통되고 있었다고334) 한다. 이러한 모습은 문화접변을 통한 보급과 전파를 말해주는 사례이다.

셋째, 忽空伊라는 도박이 유행 전파되었다. 조선 후기에 초량왜관을 통해서 놀이문화로는 세 짝의 주사위로 도박을 하는 이른바 忽空伊라는 일본풍의 도박이 퍼져 나갔다.335) 놀이문화는 일반인에게 전파되는 속도가 빨라 문화전파의 보편적인 모습을 보여준다. 놀이는 생활상의 이해관계를 떠나서 자발적으로 참여하는 목적이 없는 활동으로서 즐거움과 흥겨움을 동반하는 가장 자유롭고 해방된 인간활동이다. 따라서 막연한 휴식은 놀이가 아니다. 놀이는 인간으로서의 삶의 재미를 적극적으로 추구하고 즐기고자 하는 의지적인 활동이다. 그런데 도박은 유희성이 있기 때문에 어디까지가 놀이이며, 어디부터가 범죄에 해당하는 도박인지 판별하는 것은 어려운 문제이지만, 이는 경우에 따라 다르다고 할 수 있다. 그래서 놀이문화는 문화전파가 빠르다고 할 수 있다.

홀공이의 전파에 대해서는 조선 후기에 초량왜관의 牙牌로 된 세 짝의 주사위에, 한 번에 백만금을 던지고도 넉넉하다 하질 않네라고336) 할 정도였다. 그리고 김해부의 衙前들은 호탕하고 사치로움이 한 고을에 소문나서 한 끼니에 오백 냥을 쓰는가 하면, 한 판 내기에

에서 거래된 상품들이 자세히 언급되고 있다.
334) 김동철, 「조선후기 동래지역의 유통기구와 상품」, 『역사와 경계』 97, 부산경남사학회, 2015, 226~231쪽.
335) 김성진, 앞의 논문, 1998, 140쪽.
336) 『낙하생전집』 上, 因樹屋集 金官竹枝詞, "倭館牙牌三隻骰 一拋百萬未云優".

예사로 만 냥을 달기도 하였다고337) 한다.

당시 유행했던 홀공이는 일종의 馬弔戱인데, 手鬪라고도 했다. 그리고 고을의 서리들이 부패한 원인이 될 정도로 빠져서 행하던 놀이이자 도박이었다.

> 府中에서 馬弔戱가 성행하는데, 80개의 패를 쓰며 이를 手鬪라고 한다. 또 세 짝의 주사위를 만들어 쓰는데, 이를 忽空伊라 하며, 이는 東倭에서 흘러들어 온 것이다. 여러 고을에서 한 번에 열 냥·백 냥을 던지고, 가산을 기울여 파산하기도 하니, 부의 서리들이 逋欠을 많이 하는 것도 대개 이로 말미암은 것이다.338)

이처럼 이학규가 김해 지역의 풍속을 소재로 한 「金官竹枝詞」와 「金官紀俗詩」에서 언급하고 있는 놀이문화는 일반화되고 있는 것으로 볼 수 있다. 이러한 모습은 조선 후기에 문화접변되어 초량왜관에서 전파되어 전국으로 확산되는 모습을 보여주는 것이다. 그런데 문화전파의 일반화에 대해서는 다음 기록을 통해서 짐작할 수 있다.

> 청컨대 대마도의 저울로 절 사랑한다는 그대 마음 달아 보세요. 청컨대 海倉의 斛으로 그대 사랑하는 내 마음을 재어 보세요.339)

여기서 대마도의 저울은 실제보다 에누리해서 양을 말한다는 뜻이며, 해창의 곡은 실제보다 부풀려서 잰다는 뜻으로 사용되었다고340)

---

337) 『낙하생전집』 上, 己庚紀事詩. "聞有府中胥 豪侈一邑傳 一餐動五百 一博常十千".
338) 『낙하생전집』 中, 海榴菴集 「金官紀俗詩」. "萬錢一擲男兒 手鬪譜時事事奇 不道大家家壁立 邇來兼曉忽空伊 府中盛行馬弔戱 用八十葉曰手鬪 又造三隻骰子 名忽空伊 自東倭流傳 列邑一擲一百 傾家破産 府胥之多逋欺多由此."
339) 『낙하생전집』 下, 秧歌五章. "請將馬州秤 秤汝憐儂意 請將海倉斛 量儂之恩義."

한다. 문제는 여기서 대마도의 저울이 조선의 모내기 노래 구절에 들어 있다는 사실이 주목된다. 이것은 부채에 일본 무늬가 그려지고, 홀공이라는 일본식 도박이 성행하는 것과 함께 일본풍이 일반 대중의 생활문화에 상당 부분 전파되어 들어왔음을 보여주고 있다. 이러한 모습은 문화접변을 통해 문화가 급속하게 전파되는 과정을 보여준다고 할 것이다.

(4) 표민수수소

조선 후기에 초량왜관이 부산에 있었을 때 漂民收受所가 우암에 있었다. 표민은 일본인이 일본 본토나 대마도에서 항해를 하거나 고기잡이를 하다가 표류하여 조선 연근해에서 표착하거나, 조선 선박에 구조된 사람을 말한다. 일본에서는 이들을 漂倭라고 했다. 이 같은 표왜 중에서 대마도 표왜는 표착 또는 구조된 자리에서 조선관리의 검문을 받은 뒤 초량왜관으로 인계되었다.[341]

조선 후기에 조선 연해에 표착했다가 송환된 일본의 표민은 104건에 약 1,049명이었다.[342] 이를 지역적으로 보면 대마도인이 39건(311명)으로 가장 많았으며, 九州·攝州(兵庫)·대판 지역의 주민도 있었다. 이들이 표착한 지역을 보면 대마도의 선박은 부산포 근처의 다대포와 가덕도, 통영 근처의 지세포·옥포를 중심으로 한 경상도 해안 지역에, 일본해의 연안에 거주하는 어민은 경주·장기·울산 등의 경상북도 연해의 포구에, 攝州·幡摩州·大坂·肥前州의 선박은 강원도

---

[340] 김성진, 앞의 논문, 1998, 308쪽.
[341] 이훈, 『조선후기 표류민과 한일관계』, 국학자료원, 2000, 168쪽.
[342] 池內敏, 『近世日本と朝鮮漂流民』, 臨川書店, 1998에 실려 있는 근세 일본인의 조선 표착 연표 참조.

에서 경상좌·우도에 걸쳐 표착하였다. 그리고 薩摩州의 선박은 전라도의 제주·진도·영암·흥양·부안과 충청도에 걸쳐 표착하였다.

그런데 漂船 중에 대마도 표선은 부산포의 초량왜관으로 廻送되었으나, 대마도 이외 지역의 표선은 왜관 측이 그들의 왜관 거류를 꺼려하였기 때문에, 다대포나 우암포 앞바다에 浮泊하도록 하였다. 1707년(숙종 33)부터는 移泊地를 牛岩浦 한 곳으로 정비하였다. 이들 표민들은 동래부 및 초량왜관에서의 조사가 끝난 후에 年例送使船이나 差倭船, 또는 대마도에서 파견한 護送使의 인도 하에 대마도로 송환되었다.[343]

그러나 일본 표착인의 송환 절차는 표착지에 따라 다소 상이하였다. 경상우도에서 표왜가 있을 때는 거제도의 옥포만호에 소속된 통역관이 현지에 나가서 검문을 한 뒤에 다대포첨사영까지 데리고 나오면, 초량왜관에 거류하는 일본인 통역이 다대포로 나와서 만나본 뒤에, 그 표왜를 해로를 거쳐 우암포로 인도하여 수용하였다. 그리고 전라도와 강원도에 표착한 표왜는 중앙에서 問情官을 보내어 검문하거나, 해당 도의 통역관이 검문한 뒤 동래의 우암포까지 압송하여 본국으로 돌아갈 때까지 수용하였다.

반면에 조선 사람이 일본의 연근해나 대마도에 漂到하였을 때는 대마도를 거쳐 초량왜관으로 오고, 초량왜관에서 우암포의 표민수수소에 인계되었다가 다시 동래부로 인계되었다.[344] 이후 원래의 거주지로 돌아갔다.

조선에서는 일본인 표민이 왜관에 머무르는 동안에 그들에게 약간

---

[343] 이훈, 「조선후기 일본인의 조선 漂着과 送還」, 『한일관계사연구』 3, 한일관계사연구회, 1995, 83~112쪽.
[344] 『표인영래등록』 을묘 10월 13일.

의 잡물을 지급하였으며, 귀국할 때에는 1인당 衣資木 1匹과 過海粮米 10斗씩을 지급하고,345) 예조의 承文院에서는 서계를 작성해 주었다. 표류왜는 대마도의 府中에 도착한 후에 막부의 지시를 기다려 長崎로 보내졌으며, 그곳에서 조사를 받은 후에 그들의 거주지로 보내졌다.

『증정교린지』에는 馬島漂倭와 他島漂倭에 대해서 서술하고 있다.346) 마도표왜는 조선에 표류한 대마도인을 말한다. 1627년 상선 1척이 다대포에 표착한 이래 1868년까지 총 39건, 311명이 표류해 왔다. 타도표왜는 대마도 이외의 각 섬에서 조선의 경계로 표류해 온 왜인을 말한다. 1618년 울릉도에 일본의 三尾關 어민이 고기잡이 하려 나갔다가 표착한 이후 1868년까지 75건에 738명이 표류해 왔다고347)

---

345) 조선에서는 1633년(인조 11)에 표류한 왜선 2척(격왜 13명)에게 粮米 2석과 청주 8병을 지급하였으며, 1634년에 표류한 왜선 1척(격왜 2)에게는 粮米 1석과 청주 4병을 지급하였다.(『漂倭入送謄錄』 정축 7월 16일), 1644년에는 일본의 長崎로 향하던 荒唐船이 조선에 표착하였는데, 그 배에 타고 있던 52명 중 35명이 왜인이었다. 조선에서는 전례에 따라 표류왜인에게 粮饌만을 지급하려 하였으나 그들이 粮米를 달라고 요청하자 渡海粮米 10石, 生猪 2口, 大口魚 50尾, 片藿 50斤, 乾雜魚 50束, 鹽 1石, 甘醬 10斗를 귀국할 때에 지급해주도록 하였다(『漂倭入送謄錄』 갑신 10월 17·25일). 1645년에는 청의 사신이 데리고 온 표류왜인 15명에게 각각 白木棉 3필, 白紙 5권, 黃毛筆 5柄, 眞墨 3丁을 지급하였다(『漂倭入送謄錄』 을유 12월 25일) 또한 1655년(효종 6)에는 왜 어선(100여 명)이 부산에 표착하였을 때에 각각 公木 1필씩을 지급하였으며, 1663년에는 표왜 2명이 울진에 표착하였을 때에 布衣 1領과 襦衣 1領을 만들어 주었다. 그리고 1665년 8월에 기장에 왜선 1척(11명)이 표박하였을 때에는 1663의 예에 따라 衣資 및 粮饌 등을 지급하였으며, 그들이 귀국할 때에는 1인당 渡海粮米 10두씩을 지급하였다(『漂倭入送謄錄』 을사 8월 9일, 9월 16일). 그 이후 조선에서는 일반적으로 표류 왜인에게 1인당 衣資木 1匹, 渡海粮米 10斗씩을 지급하였다(『漂倭入送謄錄』 을묘 10월 13일).
346) 『增正交隣誌漂』 권2, 漂倭.
347) 池內敏,『近世日本と朝鮮漂流民』, 臨川書店, 1998에 실려 있는 근세 일본인의 조선 표착 연표 참조

한다. 이렇게 조선에 표착했던 표왜들은 본국으로 돌아가기 전에 우암포의 표민수수소에 임시 수용되어 있었던 것이다.

3) 조선통신사

조선 후기의 조선통신사는 연구성과는 다양하다.[348] 여기에서는 조선통신사와 관련된 해항 부산의 역할에 중점을 두고 해항으로서의 모습을 살펴보고자 한다.

(1) 통신사의 여정

조선 후기에 통신사 일행이 한양에서 출발하여 육로를 이용하여 부산포에 도착한 후 일본을 향해 출항할 때까지 부산에서 체류한 기간은 적게는 17일 간이었고 많게는 47일간이었다. 그러나 체류 기간이 20일 이하였던 경우는 단 1회였고, 대체로 20일 이상이었으며 1개월 반이 걸린 경우도 있었다. 통신사가 부산포에 머물면서 하는 일은 수군 지휘관과 지방 수령의 접견과 전송, 일본에서 온 護行倭人들의 접견, 부산항 내에서의 이동, 인원과 물자 및 선박에 대한 점검, 해신제나 기풍제의 거행, 유람 등이었다.

이때 부산의 수군 지휘관과 지방 수령이 통신사를 접견한 내용은 『通文館志』에 기록되어 있다.[349] 옛날에는 충주·안동·경주·부산의 4곳에서 통신사 일행에게 잔치를 베풀었지만, 그 뒤에 사신이 주는 민폐를 줄이기 위해 부산에서만 행하였다. 이 잔치를 주관한 경상좌수

---

[348] 통신사에 대한 연구성과는 한일관계사연구논집 편찬위원회, 『통신사·왜관과 한일관계』, 경인문화사, 2005 참조.
[349] 『통문관지』 권4, 통신사.

사는 찬구를 제공하고, 하인배들을 데리고 와서 통신사절의 접견을 준비하였다. 충주·안동·경주 등 세 곳의 연향이 열리지 않은 것은 1655년(효종 6)의 통신사행 때부터였으며, 이를 정식으로 금지하기 시작한 것은 1719년(숙종 45) 통신사행 때부터였다.[350]

먼저 조선 후기에 통신사의 출발지는 부산의 해항이었다. 통신사행의 길에 대해서는 『통문관지』에 자세하게 소개되어 있다. 전체의 길이는 뱃길이 3,290리, 육로가 1,310리였다.

> 부산의 영가대 아래서 배가 떠나 佐須奈浦 480리에 이른다.
> 鰐浦 30리, 鴨瀨 190리이다. 이상 두 浦는 모두 대마도에 있다.
> 대마도 鳴雷에서 府中浦까지가 70리다.
> 一岐島 480리, 藍島 350리, 筑前州의 屬地다. 남으로 바라보면 九州의 여러 산들이 하늘가에 가로 뻗어 있다. 覇家臺가 그 해안에 있는데, 일본어로 覇家와 博多는 그 음이 같다. 鄭夢周가 유람하던 곳이다. 冷泉津의 七里灘은 朴堤上이 죽은 곳인데, 申叔舟도 여기에 갔었다.
> 赤間關 240리, 長門州의 屬地다. 대마도와 적간관 사이에 三大海가 있는데, 파도가 매우 험하여 통행하기 어렵기로 이름났다. 적간관부터는 해안을 끼고 가지만 조그만 풍랑이 있어도 뱃길의 어려움이 大洋을 건너는 것보다 더하다.
> 向浦 180리, 長門州의 속지다. 文字城과 硯滴浦를 지나면 산봉우리가 100여 길이나 우뚝 솟아올라 赤間關과 맞서고 있다. 물결이 매우 급하며 남쪽으로 바라보면 九州의 여러 산들이 한 쪽을 둘러쌌고, 向島에 이르면 구주가 끝나서 망망대해다.
> 室隅 120리, 上關 50리, 津和 120리, 鎌刈 80리, 安藝州의 속지다.
> 忠海 100리, 韜浦 100리, 備後州의 속지다.
> 下津 200리, 牛窓 100리, 備前州의 속지다.
> 室津 100리, 幡摩州의 屬地다. 壹岐島의 동쪽으로 지나오면서 있는 섬들은 전

---

[350] 정영문, 「통신사가 기록한 국내사행노정에서의 전별연」, 『조선통신사연구』 7, 조선통신사학회, 2008.

부 민등산인데, 室津에서부터 민가가 보이기 시작한다.
明石 130리, 兵庫 50리, 攝津州인데, 王畿 內地에 속한다.
大坂城 130리, 攝津州의 속지다. 河口에서 大坂까지가 30리다. 山陰・山陽・八州・四州는 모두 여기를 거쳐서 간다. 하나의 큰 도시다.
定浦 90리, 여기서부터 육로다.
倭京 30리, 곧 山城州인데, 왜의 천황이 거처하는 곳이다.
江戸 1,280리.
이상은 뱃길이 3,290리, 육로가 1,310리다.[351]

조선 후기에 국제적으로 열린 항구가 부산포밖에 없었기 때문에 통신사와 問慰行 등 모든 사절이 부산포에서 일본으로 출발하였다. 이때 일본으로 가는 조선 使行을 호위하기 위해 일본인과 일본 선박도 함께 출발하였는데, 일본인이 부산의 초량왜관에 머물면서 출발 준비를 함께 했으므로 부산포에서 출발하는 것이 편리하였다.

조선 후기뿐 아니라 조선 전기에도 부산에서 출발한 사행이 있었다. 1420년(세종 2) 回禮使로 일본에 간 宋希璟(1376~1446)은 서울을 출발하여 제포와 김해를 거쳐 동래에 도착하였으며, 동래 온천에서 여흥을 즐기다가 부산포로 와서 이곳에서 출발하였다. 임진왜란 전쟁 중이었던 1596년 (선조 29) 8월 통신사 黃慎(1560~1617) 역시 부산포에서 출발하여 부산포로 돌아왔다.[352]

이처럼 조선 후기에 부산포가 일본 사행의 출발지와 도착지라는 것은 많은 의미를 담고 있다. 통신사의 출발지는 사행에 필요한 모든 준비를 마치는 곳이다.[353] 구성원, 예단, 사행이 사용할 물품, 타고 갈

---

351) 『萬機要覽』 군정편 4, 海防.
352) 『선조실록』 권83, 29년 12월 21일.
353) 김동철, 「통신사행과 부산지역의 역할」, 『통신사, 한일 교류의 길을 가다』, 경성대한국학연구소, 학고방, 2003, 153~156쪽; 김동철, 「통신사와 부산」, 『조선시대

선박 등의 준비가 완료되어야만 출발할 수 있었다. 三使와 그들을 호종하는 군관, 상급 역관, 제술관, 화원, 마상재 등은 서울에서 파견되었지만, 하급 통역관, 기수뿐 아니라 선박과 관련된 선장, 격군 등은 출발지에서 선발하였다. 삼사에게는 자신에게 필요한 인원을 추천하는 自薦의 권한이 주어졌으므로 서울에서 뿐만 아니라 부산으로 오는 도중에도 사행 일원을 선발하여 데리고 오는 일이 있었다.

일본에 가져가는 예단과 기타 물품은 종류와 수량이 많아 각 도에서 마련하여 이후 부산으로 모이도록 하였으며, 여러 물품의 상태를 점검하고 봉인을 한 후 물품 준비를 마칠 수 있었다. 무엇보다 500여 명이 타고 갈 통신사 선박 6척은 험한 바닷길을 운항해야 하므로 통영과 좌수영에서 만들어 부산포에 두면, 삼사들이 직접 타고 바다에 나가서 점검을 하였다.

또한 출발지는 부산포는 통신사 일행이 수일에서 수십일 동안 머무는 임시 거주지였다. 일행들은 모든 준비를 마치고 선박 운항에 적절한 바람이 불고 날씨가 안정될 때까지 동래, 부산에서 머물렀다.[354] 무료한 일상을 보내기 위해 주변 구경에 나서는 일이 많아서, 부산의 여러 명소들이 통신사에게 소개되었다. 출발에 필요한 준비를 마치면 마지막으로 바다의 신, 해신에게 제를 올리고 무사 항해를 빌었다. 통신사가 출발한 뒤에도 왜관을 경유하여 통신사와 연락을 취할 수 있었으며, 왜관의 飛船을 통해 긴급 물자를 일본으로 보낼 수도 있었다. 부산은 통신사가 일본에 파견된 동안 서울과 일본을 연결하는 중심 도시였다.

한편 조선 후기에 부산은 통신사가 돌아오는 도착지로서 통신사를

『통신사와 부산』, 부산박물관, 2015, 218~224쪽.
[354] 김동철, 위의 논문, 2015, 221쪽.

맞이하는 관리, 통신사의 가족과 지인이 모이는 위안의 도시였다. 무엇보다 최근의 일본 소식을 직접 들을 수 있는 정보의 도시였으며, 일본에서 받은 각종 선물과 물품이 풀리는 시장이기도 하였다. 이처럼 부산은 조선 통신사를 통해서 해항의 역할을 지속적으로 수행하고 있었다.

(2) 사행단의 구성

1607년부터 1763년까지 총 12차례 파견되었던 조선통신사 사행단의 인원수는 일정하지 않았다.355) 연도별 사행단의 구성을 정리해 놓은 조선 후기의 다양한 자료를 살펴보면, 사행 기록 가운데 확인되는 인원을 계산한 인원수와 사행 기록을 종합적으로 정리한 편찬자가 기록한 인원수 사이에 약간의 차이는 있지만, 대체적으로 사행단은 500명 내외의 규모로 꾸려졌다. 사행록의 기록자와 편찬자가 기술한 인원수의 차이는 10명 내외로 사소한 오류로 간주할 수 있지만, 23명과 46명의 오차를 보이는 1711년과 1720년의 기록과 같이 큰 차이를 보여주는 경우도 있다.

이렇게 사행단의 인원수에서 차이가 나타나는 이유는 1720년에 발간된 『通文館志』를 통해 짐작할 수 있다. 『통문관지』의 기록 중 인원수를 서술하는 내용을 살펴보면, 다른 직책을 겸하는 格軍을 중복 계산하는 경우가 있는데, 이러한 중복 계산이 원인이라 할 수 있다. 즉 개개인이 맡은 직책을 파악한 것이 아니라 각 직책을 맡은 사람을 점검하면서 인원수를 계산했기 때문에, 실제 인원 500명보다 46명이나 많아진 것이라 할 수 있다.356) 직책을 겸하는 경우를 살펴보면, 1763

---

355) 국립해양박물관, 『통신사 선단의 항로와 항해』, 2017, 부록 3 참조.
356) 『통문관지』 권6, 교린 하.

년에 정사선인 제1선의 탑승자 가운데 기수, 창수, 악공 등의 중관 28명이 격군을 겸했다는 내용이 확인된다.

항해를 위해서 중요했던 통신사의 선단은 기선 3척과 복선 3척, 총 6척의 선박으로 편성되었다. 기선은 商船이라고도 불리는 대형 선박으로 삼사가 1명씩 승선했다. 기선을 따르는 복선은 하선으로도 불렸는데, 주로 화물을 실었다. 기선 중에서 정사가 탑승한 선박은 제1선, 부사가 탑승한 선박은 제2선, 종사관이 탑승한 선박은 제3선으로 부르기도 하였다. 기선과 그에 딸린 복선에 승선했던 인원은 제1~3선이 각각 140~180명이었다고[357] 한다.

이러한 통신사 선박은 18세기 전반기에 통제영이 4척을 제공하고, 경상좌수영이 나머지 2척을 제공한다는[358] 규정이 제정되었다. 그러나 1711년(숙종 37)에는 좌수영에서 건조한 선박이 견고하지 못해 좌선 3척과 복선 1척은 통영에서 그리고 복선 2척은 좌수영에서 건조시켰다. 이에 따르면 조선 후기에는 삼도수군통제영과 경상좌수영이 통신사선의 건조와 조달을 책임지고 있었는데, 통제영은 대선과 중선을, 그리고 경상좌수영은 중선과 소선을 건조했다고 할 수 있다. 상급부대는 상대적으로 큰 통신사선을 담당했으며, 하급부대는 작은 통신사선을 담당했던 것이다. 통신사 선단을 매 회마다 6척으로 구성한다는 규정은 실제로 잘 지켜졌다. 6척은 크게 보아 사신들이 직접 승선하는 사신선인 기선 3척, 짐을 싣고 가는 화물선인 복선 3척으로 구성되었는데, 명칭은 여러 가지로 나타난다.

통신사가 바다를 건너 일본에 가야 하는 사절이었던 만큼 선박 운

---

[357] 『해행총재』, 남용익, 『부상록』 상; 홍우재 『동사록』; 임수간, 『동사일기』에서 추출하였다(부산박물관, 『조선시대 통신사와 부산』, 2015, 41쪽).
[358] 『통문관지』 권6, 교린 하; 『증정교린지』 권5, 통신사.

항과 바다 항해, 일본어에 익숙한 부산 사람들이 많이 참여하였다. 사행으로 갔던 부산 사람들의 거주지는 동래, 부산, 좌수영, 초량, 다대포, 두모포, 남촌포, 서평포, 개운포, 포이포, 가덕, 천성진, 기장 등이었다. 모두 110명이 넘는 인원으로 통신사 전체의 1/4에 가까운 수였다고[359] 한다.

특히 小通事는 거주지가 초량인 자들이 많았는데, 왜관에서 동래와 왜관 사이의 업무를 보조하고, 하급 통역을 담당하면서 일본어가 능숙한 자들이었다. 서울에서 司譯院 소속의 역관 12명이 파견되었지만, 일본에 가면 통역인의 수가 부족했기 때문에 소통사 10명이 부산에서 선발되었다. 부산 사람들 중에 가장 많은 인원이 담당한 것은 격군, 즉 노를 젓는 노꾼이었다. 본래 6척의 배에는 총 270명의 격군이 배정되어야 했지만, 1682년 사행 때 일본 측에서 수를 줄여달라는 요청이 있었다. 이에 1763년의 기록에는 격군으로 이름을 올린 자가 163명으로 줄었는데, 그 중 37명이 부산 사람들이었다고[360] 한다.

이처럼 한 번 통신사가 출발할 때마다 부산 사람 100여 명이 동원되었기 때문에, 출발하는 부산포 영가대에는 배웅 나온 가족과 인척들의 슬픔이 극에 이르렀다. 한편 신분이 낮은 사람들까지 공식적으로 일본을 갈 수 있는 기회가 잦아 동래는 어느 지역보다 외국문물을 체험하는 사람들이 많았다. 한 예를 들면 군관 이길유가 扶桑을 갔다 온 이후의 기록에 잘 나타난다.[361]

李吉儒는 洪在義를 정사로 하는 1747년 통신사의 군관이었다. 이길유는 1714년(숙종 40)에 태어나 1782년(정조 6)에 사망하였으며, 자는

---

359) 양흥숙, 『조선시대 통신사와 부산』, 부산박물관, 2015, 37쪽.
360) 양흥숙, 위의 책, 2015, 37쪽.
361) 양흥숙, 앞의 책, 부산박물관, 2015, 45쪽.

사적이다. 이 통신사 일행은 1747년(영조 23) 11월 영조에게 하직 인사를 한 후 12월 동래에 도착하여 2개월 정도 부산에 체류하였으며, 1748년 2월 16일 부산을 출발하였다가 윤7월 12일에 다시 부산에 도착하였다. 尹心緯의 문집『言息所私記』에는 이길유에게 보낸 편지가 수록되어 있다.

> 최근에는 변방을 지키는 사람으로서 멀리 내다보는 식견을 가진 사람이 없는데, (그대는) 병법을 읽은 사람으로서 이러한 기대에 미칠 수 있도록 해 달라.362)

는 내용이 기록되어 있는데, 이를 통해서 이길유의 사람됨을 짐작할 수 있다. 그는 일본에서 돌아와 봉산군수를 역임하였으며, 1770년(영조 46)에는 경상좌병사가 되었던 인물이다.

이 밖에도 일본에 파견되는 외교 사절은 통신사 외에도 쓰시마 도주가 에도(江戶)에서 돌아오면 問慰譯官을 쓰시마에 파견하는 것이 또한 통례로 되어 있었다. 문위역관은 1651년(효종 2)부터 1860년(철종 11)까지 209년 사이에 51차에 걸쳐 파견되었다.363) 조선 조정은 통신사보다도 사실상 이들을 통하여 일본의 실정을 파악하고, 두 나라 사이에 일어나는 문제를 해결하는 경우가 많았다. 문위역관의 파견 횟수를 왕대별로 살펴보면 숙종 16회, 영조 11회, 효종과 현종 5회, 정조와 순조 4회, 헌종과 철종 3회였다.364)

문위역관이 파견될 때의 수행인원은 당상관 1명, 당하관 1명, 군관 10명, 伴黨 2명, 隨陪 1명, 선장 1명, 도훈도 1명, 書啓色 1명, 소동 4명,

---

362) 尹心緯,『言息所私記』册4, 家狀.
363) 보통 問慰行이라고 부른다.
364)『증정교린지』권6, 問慰行.

소통사 4명, 예단색 2명, 주방색 2명, 반전색 2명, 호방색 2명, 창포수 2명, 사령 4명, 취수 6명, 기수 4명, 사공 1명, 遼隋 1명, 水尺 1명, 奴子 5명, 격군 30명 등 도합 89명이었다고[365] 한다. 이러한 문위역관의 파견도 부산에서 진행되어 부산 지역의 부담이 되었지만, 일본과의 교류가 이루어지는 현장으로서 역할을 하였다.

(3) 전별연과 해신제

조선 후기에 통신사행은 왕복 6~12개월의 대장정이었다. 이들을 위로하는 餞別宴(송별연)이 서울에서 부산까지 연로에 있는 각 군현에서 열렸다.[366] 부산의 전별연은 경상좌수사가 주관하였다. 전별연의 경비는 경상좌수영이 부담하였지만, 1624년에는 경상우수영(통영)에서 보조를 하였다. 전별연은 사행 때마다 장소, 규모, 내용 등이 일치하는 것은 아니었다.[367] 1655년 때에는 빈일헌에서, 1763년 때에는 객사가 좁아서 빈일헌 동쪽 뜰에서 열렸지만, 대체로 부산진객사에서 열렸다. 전별연은 사연의례와 함께 화려한 공연이 벌어졌다. 전별연은 화상대찬을 받는 대연회로, 말단 격군들도 참석하였다. 동래는 물론 대구 감영이나 경주·밀양·울산 등지의 官妓들까지 동원되었다. 공식적인 사연을 마친 후에는 경상좌수사가 사연을 베풀기도 하였다. 풍악이 집을 울리고, 군악이 하늘을 흔드는 등 온 성 안이 구경꾼으로 가득하였다. 전별연은 부산진을 비롯한 주변 지역민들에게는 진기한 구경거리였다.

---

365) 『증정교린지』 권6, 問慰行.
366) 정영문, 「통신사가 기록한 국내사행노정에서의 전별연」, 『조선통신사연구』 7, 조선통신사학회, 2008.
367) 김동철, 「통신사와 부산」, 『조선시대 통신사와 부산』, 부산박물관, 2015, 219~220쪽.

조선 후기에 부산에는 초량왜관이 있었으며, 부산포만 유일하게 열린 항구였기 때문에 통신사 등 모든 일본 사행은 부산에서 출발할 수밖에 없었다.368) 통신사의 출발지에서는 사행의 무사 항해와 무사 귀환을 기원하는 의례가 거행되었는데, 대표적인 것이 전별연과 해신제였다.369) 특히 전별연은 떠나는 이에게 예를 다해서 베풀어 주는 연회로서, 통신사가 서울을 출발하여 부산에 이르기까지 여러 지역에서 크고 작은 전별연이 베풀어졌다. 그런데 국가에서 공식적으로 베푸는 연회는 충주·안동·경주·영천·부산에서만 있었지만, 17세기 중엽 이후에는 영천과 부산에서만 성황리에 거행되었고, 다른 지역의 연회는 약화되었다. 특히 부산은 일본인들의 이목이 집중된 곳이었기 때문에 전별연이 중단될 수 없었다.

부산의 전별연은 경상좌수사가 주관하여 베풀었는데, 경상좌수사는 경상좌도 수군의 최고 지휘관으로 통신사 선박을 건조하는 경상좌수영의 수장이었다. 공식·비공식 전별연이 많이 거행되었지만, 부산의 전별연은 조선 땅을 떠나기 전의 마지막 연회였으므로 어느 때보다 성대하였다. 전별연은 경상좌수사가 통신사행들이 머물고 있는 부산진성으로 와서 거행하였다. 주로 부산진성 안의 객사에서 연회를 열었는데, 역관(별차)의 집무소인 빈일헌에서 열린 적도 있었다. 전별연 자리에는 삼사뿐 아니라 나머지 일행들이 모두 와서 지위 순서대로 동서로 앉았다. 푸짐한 상차림은 물론 경주·동래·밀양의 기생까지 동원되어 춤을 추고 풍악이 드높았으며, 인근 주민들은 평소 보기 어려운 성대한 연회를 보기 위해 모여들어서, 구경꾼이 천이 되고 만이 되기에 이르렀다고370) 한다. 먼저 조선후기의 통신사 전별연과 관

---

368) 양흥숙, 앞의 책, 부산박물관, 2015, 26쪽.
369) 한태문, 『조선통신사의 길에서 오늘을 묻다』, 도서출판 경진, 2012, 153~167쪽.

련하여서는 다음의 기록이 주목된다.

> 좌수사 申命仁이 객사에서 연회를 베풀었다. 세 사신은 흑단령을 갖추어 마주 앉고 일행 원역과 군관, 서기들도 차례대로 앉아 꽃상에 성대한 주찬을 받고 있었다. 사신이 내가 도착했다는 말을 듣고 빨리 공복을 입고 들어와 참석하기를 재촉하여, 나도 자리에 나가 접대를 받았다. 경주·밀양·동래 세 고을 기생들을 모아 음악을 베풀고 춤을 보이니, 멋스러운 춤과 거문고, 피리소리에 장내가 황홀하고 장구소리며 북소리가 허공을 흔들었다. 온 성중에서 모여든 구경꾼들이 천인지 만인지 성대한 놀이였다. 깊은 뒤에야 연회를 마치고 성 밖 민가에서 잤다.371)

이처럼 전별연이 일본으로 가는 통신사를 위로하기 위해 베푸는 의례라면, 통신사의 무사 항해를 기원하는 의례는 海神祭였다. 해신에게 기원하는 의식은 물살이 거친 바다 한가운데에서도 있었지만, 가장 경건하게 공식적으로 이루어진 것은 부산에서의 해신제였다.372) 오랑캐 나라에 가는 두려움과 함께 순전히 바람과 뱃사공의 힘에 의해 선박을 움직여야 하는 상황에서의 험한 바다와 고르지 않은 일기는 통신사들의 불안감을 가중시켰으므로 사행이 출발할 때에는 반드시 해신제가 거행되었다.

해신제는 타고 갈 선박을 계류해 둔 부산포구 옆 영가대에서 거행되었다. 제물이나 의례에 필요한 물품은 동래부에서 제공하였지만, 祭日을 정하고, 제문을 짓거나 제사를 거행했던 것은 통신사 일행들이었다. 그러므로 이들은 제사를 올리기 전 몸가짐에 주의를 기울여

---

370) 양흥숙, 앞의 책, 부산박물관, 2015, 46쪽.
371) 신유한, 『해유록』 5월 13일 을유.
372) 경섬, 『해사록』 정미 2월 29일.

술을 마시지 않고, 문상을 가지 않는 등 금기를 지키고 목욕재계를 하였다.
　이러한 전별연과 해신제가 거행되었던 부산은 통신사행의 출발지이자 도착지, 그리고 무사 귀환을 기원하는 바램의 공간이었다. 해신제와 관련하여서는 다음의 자료가 주목된다.

　　밤 4경에 정·부사와 종사관이 관대를 갖추고 일행 인원을 거느리고 제단에 올라가 제사를 거행했는데, 희생과 폐백의 제물로 해신에게 제사하였다. 그 제문에, "우리 임금의 명을 받아 절을 들고 동으로 멀리 일본에 갑니다. 바닷길이 3천리인데 마련한 배가 6척이고, 도중이 수백 명입니다. 우리가 감히 원수를 잊을 것이 아니라 일은 경과 권이 있어, 묘당의 계획을 돕는 것입니다. 말이 충신하고, 행동이 독경하면 만맥의 나라에도 다닐 수 있는 것이니, 감히 그 공부에 힘을 얻었다고 하리오. 사방에 시신으로 가서 임금의 명을 욕되지 않게 해야 배운 바를 저버리지 않게 될 것입니다. 임금을 부모와 같이 사랑하여 평탄하거나 험악하거나 배반하지 않음을 저 창천에 맹세하였습니다. 신은 총명하고 단일하여 듣기를 헤프게 하거나 의혹되게 하지 않는다 하는데 이 말이 거짓이 아닐 것입니다. 도와주어 복을 내려 주십시오. 바람이 순하고 파도가 고요하여 사방의 요사스러운 기운이 소제되어야 무사히 가게 될 것입니다. 삼가 날짜를 가리고, 희생과 술을 마련하여 향기롭고 깨끗하게 유식합니다. 신은 듣고서 신으로서 부끄러운 짓은 하지 말고 신령스러운 덕을 보이소서." 하였다. 제사를 마친 후에, 하늘에는 한 점 구름도 없어 별들과 은하가 명랑하고 바다에는 궂은 안개가 없어 사방이 확 트였으므로 일행이 서로 축하하며 길한 조짐이라 하였다. 날 샐 무렵에 순풍이 조금 생기다가 곧 그치므로 그대로 항구에 정박하여 순풍을 기다리는데 풍세가 순하지 않았다. 해가 진 후에 하선하여 부산 대변청(가락동에 있던 전함·군기 건조청)에 유숙하였다.[373]

　한편 해신제는 통신사가 일본으로 출발하기 전, 무사히 바다를 건

---

373) 李景樱, 『부상록』 7월 5일 정묘.

너갔다 올 수 있도록 바다신에게 제사지내는 의례였기 때문에 祈風祭라고도 한다. 해신제는 부산진성 서쪽에 있는 영가대에서 지냈다. 1614년(광해군 6) 경상도순찰사 權盼이 子城臺 아래에 전선을 감추기 위한 선착장을 만들었는데, 이때 파 올린 흙이 조그만 언덕을 이루자 그 위에 정자를 지었다. 1624년(인조 2) 부산에 온 선위사 李敏求가 권반의 본관 안동의 옛 이름인 永嘉를 따서 永嘉臺라고 이름 지었다. 영가대는 언덕 이름이자, 정자 이름이 되었다.[374)]

1607년 통신사 때는 영가대가 만들어지기 전이었으므로, 해안에서 해신제를 지냈다. 영가대는 주변 정치가 아름다워서 통신사가 부산에 머물 때, 영가대에서 풍류를 즐기면서 시를 짓곤 했다. 통신사 사행록에는 영가대를 소재로 한 시가 많이 수록되어 있다.[375)] 1747년 통신사 때 화원 李聖麟이 그린 「槎路勝區圖」의 부산 그림에 영가대가 잘 묘사되어 있다.[376)]

해신제는 『國朝五禮儀』 吉禮 중 「祭嶽海瀆儀」의 祭海儀에 준하여 행해졌다. 제사 준비는 부산진이나 동래부에서 담당하였지만, 제사 진행은 통신사 사행원이 주관하였다. 영가대에 제단을 설치하고, 위패에는 흔히 '大海神位' '大海之神', 이라고 썼다. 그 후에 항해의 안전, 임무의 완수를 위해 바다 신 용왕에게 제사를 지냈다. '만 리 밖 오랑캐 나라 일본에 가면서, 잘 다녀올 수 있도록 용왕님이 사나운 바람을 잠재우고, 고래와 악어도 두려워 도망가도록 해 달라'[377)] 간절하게 빌었다. 당시에는 그만큼 바다는 두려움의 대상이었다.

---

374) 『輿地圖書』 下(한국사료총서 제20집), 慶尙道 東萊, 古跡.
375) 한태문, 『조선통신사의 길에서 오늘을 묻다』, 도서출판 경진, 2012, 264~265쪽.
376) 이석린, 「사로승구도」1748년(동아대박물관 소장) 참조.
377) 한태문, 앞의 책, 2012, 264~265쪽.

(4) 경상좌수영의 통신사선 제조

조선 후기의 조선통신사는 6척의 배를 타고 일본으로 갔다. 통신사 선단은 기선과 복선 각 3척으로 편성되었다.[378] 배는 통영과 경상좌수영에서 나누어 만드는 것이 관례였다. 이 가운데 부산의 경상좌수영에서 만든 배를 정리하면 아래와 같다.

〈표 26〉 조선 후기 경상좌수영의 통신사선 제조 현황[379]

기능		기선(좌선)			복선		
삼사		정사	부사	종사관	정사	부사	종사관
규모		대선	대선	중선	중선	소선	소선
		상선	상선	하선	하선	소선	소선
제조처	1607~1682년	통영	통영	좌수영	통영	통영	좌수영
	1711~1763년	통영	통영	통영	통영	좌수영	좌수영

* 다만 1607년에는 기선 3척, 복선 1척, 1811년에는 기선, 복선 각 2척이었다.

통신사선은 정사, 부사, 종사관의 삼사가 기선이나 복선 각 1척씩을 관장하였다. 배는 크기에 따라 대선, 중선, 소선 또는 상선, 하선, 소선으로 나뉘었다. 대선은 정사와 부사의 기선, 중선은 종사관의 기선과 정사의 복선, 소선은 부사와 종사관의 복선으로 편성되었다. 통영에서 대선 2척, 중선 1척, 소선 1척, 경상좌수영에서 중선 1척, 소선 1척을 만드는 것이 원칙이었다. 이 원칙이 언제 시행되었는지 확실하지 않으나, 적어도 1636년 통신사 때는 지켜지고 있었다. 복선 1척은 통영에서 만들고, 경상좌수영은 복선 2척만 만들도록 바뀌었는데, 이것이 그 후에 관행이 되었다. 이렇게 중선 1척과 소선 1척에서 소선 2척으로 바뀐 것은 경상좌수영의 입장에서는 목재 조달 부담이 줄어든

---
378) 김동철, 「통신사와 부산」, 『조선시대 통신사와 부산』, 부산박물관, 2015, 220~221쪽.
379) 김재승, 『조선통신사 사행록 연구총서』 12, 학고방, 2008, 102~103쪽.

것을 뜻한다고380) 한다.

　조선 후기에 통신사선은 국위를 과시하기 위하여 특별히 정성을 들여 만들었다. 삼사가 타는 기선에 더욱 정성을 들였다. 용을 채색으로 그릴 배 장막은 유색비단으로 만들고, 배에 쓰는 각종 물건은 잘 정비하여, 일본인의 웃음거리가 되지 않도록 각별히 주의를 기울였다. 이것은 1636년 통신사 때 쓰시마 差倭 平成春若이 배 위에 붉은 난간을 설치하고, 좌우에는 붉은 장막을 치고, 배판에는 청룡을 그리도록 요청한 데서 비롯되었다고381) 한다. 장막을 만드는데 드는 비단을 호조에서 동래로 보내면, 동래가 담당하여 만들었다. 용 그림은 통제영이 담당하였다. 1763년 통신사 때 정사 趙曮은 부사, 종사관과 함께 직접 경상좌수영의 선소에 가서 배 만드는 것을 살펴보기도 하였다고382) 한다. 그만큼 통신사선의 제조에는 심혈을 기울였다.

(5) 조선 후기 일본 선박의 내왕

　임진왜란 종전 이후에 일본 선박의 도래는 己酉約條가 체결되어 일본과의 국교가 정상화되자 부산에는 숱한 일본 선박이 건너왔다. 이들 일본 선박은 외교와 무역의 임무를 수행하기 위하여 바다를 건너오는 것이었는데, 여기에는 해마다 한 번씩 정규적으로 건너오는 것과 무슨 일이 발생했을 때마다 수시로 건너오는 비정규적인 것으로 구별할 수 있다.383)

　먼저 연례적으로 건너오는 使送貿易船을 歲遣船이라 했는데, 세견

---

380) 김동철, 앞의 책, 2015, 220~221쪽.
381) 김세렴, 『해사록』, 9월 24일.
382) 김동철, 앞의 논문, 221쪽.
383) 이훈, 『신편 한국사』 32, 조선 후기의 정치, 통교 회복 직후 조일 교린관계의 실태, 1995.

선에는 국왕사선과 쓰시마 도주의 세견선 및 특송선을 비롯하여 수도서인선과 수직인선 등이 있었다. 國王使船은 15세기 초에 일본 무로마치[室町] 막부의 제3대 장군 아시카가 요시미쓰[足利義滿]가 명나라로부터 일본 국왕의 책봉을 받았다. 그 뒤부터 막부의 사송선을 국왕사선이라 불러왔는데, 조선 후기에 와서 도쿠가와 이에야스(德川家康) 막부가 성립된 뒤에도 그 명칭을 그대로 사용하였다.

쓰시마 도주의 세견선은 일반적으로 연례송사선이라 불렀다. 해마다 쓰시마에서 한 번씩 건너와서 외교와 무역의 임무를 수행하는 동시에, 진상물을 가져 와서 회사품을 얻어 가는 공무역을 행하는 쓰시마 도주의 무역선을 모두 합쳐서 부르는 것이다.384) 己酉約條에는 세견선 17척과 특송선 3척을 합하여 20척으로 규정하고 있다. 그러나 그 이상의 선박이 오는 것을 규제하기 위해서, 만약 특별히 선박을 보내야 할 일이 있을 때에는 세견선을 별도로 정하도록 조치하였다. 그런데 이들 20척의 세견선은 기유약조의 규정에 따라 대선, 중선, 소선으로 구분되어 있었다.385) 그 내용을 보면 제1특송선, 제2특송선, 제3특송선과 세견 제1선에서 제3선까지는 대선, 제4선에서 제10선까지는 중선, 제11선에서 제17선까지는 소선으로 되어 있었다. 이와 같이 선박을 대·중·소로 나눈 것은 선박의 대소에 따라 선원의 인원수가 다르게 책정되어 있었으므로, 규정 외의 선박뿐만 아니라 탑승 인원수를 줄여서 접대비를 절감하자는 데에 목적이 있었다. 이에 1635년 이후 兼帶制를 실시하여 대마도주의 연례송사선은 正船의 경우 5척으로 줄이기도 했다고386) 한다.

---

384) 이현종, 「기유약조의 성립시말과 세견선수에 대하여」, 『항도부산』 4, 1964, 282~286쪽.
385) 『증정교린지』 권1, 年例送使.

이처럼 기유약조에 명시된 통신사가 내왕하면서 대마도주의 연례 송사선이 조선으로 지속적으로 넘어왔다. 조선 후기에 대마도주의 연례송사선은 모두 20척으로 규정되어 있었지만, 이것은 正船만을 말하는 것일 뿐, 실제로는 35척에 이르렀다고 한다. 실제 조선 후기에 조선으로 건너온 연례송사선은 다음과 같다.

〈표 27〉 조선 후기 연례송사선의 도래 상황[387]

출처 선명	정선			부선			수목선			假還再渡船			합계		
연례송사선명	통문	증정	통항	통문	증정	통항	통문	증정	통항	통문	증정	통항	통문	증정	통항
1특송사선	1	1	1	1	1	1	1	1	1			2	3	3	5
2특송사선	1	1	1	1	1	1		1	1			2	2	2	5
3특송사선	1	1	1	1	1	1		1	1			2	2	2	5
세견제1선	1	1	1				1	1	1			2	2	2	4
세견제2~제17선	16	16	16										16	16	16
합계	20	20	20	3	3	3	2	4	4			8	25	25	35

그러나 연례 송사선의 빈번한 내왕은 접대 비용의 지출을 증가시켰으므로, 겸대제 실시 이후 35척에서 12척으로 줄어들게 되었다.

한편 受圖書人船은 조선 정부로부터 圖書를 받은 일본인의 송사선을 말한다. 기유약조의 체결 당시에 도서를 받아 선박을 파견하는 사람은 겐소[玄蘇]와 야나가와 시게노부[柳川調信]뿐이었으나, 그 후로 차츰 늘어나서 萬松院送使船, 流芳院送使船, 以酊菴送使船, 平彦三送使船 등이 생겨나게 되었다.[388]

萬松院送使船은[389] 기유약조의 체결에 공을 세운 쓰시마 도주 소

---

[386] 『증정교린지』 권1, 兼帶.
[387] 이 표는 『通文館志』, 『增正交隣志』, 『通航一覽』를 토대로 작성하였다.
[388] 『증정교린지』 권1, 年例送使.

요시모토[宗義智]가 죽은 후 종백산에 원당을 지어 만송원이라 이름하고, 조선을 위하여 성심으로 제사를 받든다고 하면서, 1622년(광해군 14)에 서계를 예조에 보내어 세견선의 허용을 간절히 요청하여 왔는데, 이것을 허가하여 준 데서 생겨난 것이다. 만송원송사선의 선박수는 정선 1척, 수목선 1척, 가환재도선 1척으로서 모두 3척이었으며, 건너오는 시기는 6월이었다.

流芳院送使船은 원래 야나가와 시게노부의 세견선이다. 1611년(광해군 3)에 그의 아들 모도나가는 시게노부가 죽은 후에 사당을 지어 유방원이라 하였다. 이후 제사의 비용을 보충하기 위해 유방원이란 증인을 내려주기를 간청하였는데, 이를 허가함에 따라 생겨났다. 그러나 시게노부의 손자 시게오키가 쓰시마 도주 소씨의 집안과 세력을 다투다가 패배하자, 1616년(인조 14)에는 도주의 요청에 따라 이미 만들어 주었던 도서를 도로 반환하기도 하였지만, 2년 후에는 다시 돌려주었다. 그러나 유방원송사선은 곧 없어지고, 대신 쓰시마 도주 소 요시나리[宗義成]의 요청에 따라 1640년(인조 18)부터는 이름을 副特送使船이라 고쳤다. 유방원송사선은 정선 1척, 부선 1척, 수목선 1척, 가환재도선 2척이 해마다 8월에 정기적으로 부산에 건너왔다.

以酊菴送使船은 1611년(광해군 3)에 기유약조를 체결할 때, 일본 쪽의 대표로 활약했던 겐소가 쓰시마의 할려산에 이정암이라는 암자를 지었다. 그가 죽은 후 조선 조정로부터 이정암이라는 도서를 받아서 해마다 2월에 정기적으로 송사선을 파견한 데서 유래한다.[390] 이정암 송사선으로 건너오는 배는 정선 1척, 가환재도선 1척이었다.

平彦三送使船은 쓰시마 도주 소 요시나리의 아명 히모리쓰의 이름

---

389) 『증정교린지』 권1, 萬松院送使船.
390) 『증정교린지』 권1, 以酊菴送使.

으로 증인을 받아 매년 한 번씩 건너오던 송사선이다. 1611년(광해군 3)에 소 요시모도가 지난날 조선에서 소 구마미쓰에게 증인을 내린 사례를 들어 증인을 내려 달라고 간청하자, 이를 허가한 것이다. 그 후 1657년(효종 8)에 요시나리가 죽자, 증인을 환수하고 송사선을 없애 버렸다.

한편 受職人船은 조선 정부로부터 관직을 받은 일본인이 연례적으로 타고 오는 선박을 말한다.[391] 조선 후기에 관직을 받은 사람으로는 藤永正, 世伊所, 馬勘七, 平智吉, 平信時 등 5명이 있었다. 이들은 임진왜란 후에 공로가 있음을 인정을 받아 上護軍 또는 副護軍의 무관직을 받은 사람들이다. 이들은 매년 1차례씩 의무적으로 본인이 직접 와야 했으며, 다른 사람을 대리로 보낼 수 없게 되어 있었다. 그 후 수직인선의 도래는 사고가 발생하여 한 때 단절되기도 했으나, 1630년에 兼帶制가 실시될 때 다시 겸대 송사선 안에 포함되었다. 이것이 소위 중절 5선이라는 것인데,[392] 이것은 1809년(순조 9) 이후 영구히 폐지되었다.

다음으로 임진왜란 이후에 정규적으로 부산에 건너오는 일본 선박과는 달리 差倭의 선박은 비정규적으로 건너오는 일본 선박이었다. 차왜는 쓰시마 도주가 기유약조에 규정된 연례송사 외에 파견하는 일체의 사신을 말한다. 처음에는 차왜가 없고, 오직 연례송사만이 있을 뿐이었다, 그래서 기유약조가 체결된 뒤에는 연례송사 외에는 조약의 규정에 어긋나는 것이라 하여, 비록 일본 사신이 올더라도 접대하지 않았다. 그러나 쓰시마 도주와 야나가와 시게오키[柳川調興]가 싸울 때, 조선은 그 상황을 잘 알 수가 없었다. 이에 그 정세를 알아보기 위

---

391) 『증정교린지』 권4, 志 恤典.
392) 『변례집요』 권2, 送使, 기묘년(1639).

해 그들의 요청을 들어 준 것이 차왜의 접대를 허용한 선례가 되었다고393) 한다.

그 후로는 세견선의 겸대를 빙자하여 교묘하게 명분을 세워서 무려 20여 종에 이를 만큼 많은 차왜가 빈번히 내왕하였다. 그러나 이를 금지하지 못했으며, 그들을 접대하는 비용이 엄청나게 늘어나서 마침내 많은 폐단을 낳았다. 차왜가 건너올 때의 사정에 따라서 각각 달랐지만, 차왜가 올 때 타고 오는 선박은 일정한 규정이 있었던 것은 아니었다. 한 예로 關白告訃差倭의 경우 본선 1척 외에 捧船 1척, 脚船 1척, 水木船 1척이 따라왔다. 이 밖에도 소위 긴급을 요하는 일이 있을 때마다 文引을 가지고 수시로 건너오는 飛船, 쓰시마의 선박으로서 항해하다가 표류하여 불시에 도착하는 馬島漂倭善船, 그리고 쓰시마 이외의 일본 선박으로서 연해 각지에 표착하는 他島漂倭船 등이 있었다.394)

조선 후기의 『增正交隣志』에서 일본에서 조선으로 건너온 差倭의 종류를 살펴보면 22종류나 된다.395) 關白告訃差倭는 도쿠가와 막부의 관백이 서거하였을 때 이를 알리러 오는 차왜였다. 1650년(효종 1)에 제3대 장군 도쿠가와 이에미쓰[德川家光]가 사망하자, 이 사실을 알리기 위해 예조참판·예조참의와 동래부사에게 보내는 서계와 별단을 가지고 온 차왜를 접대한 데서 유래되었다.396)

關白承襲告慶差倭는 관백의 승급을 알리러 오는 차왜였다. 1651년(효종 2)에 제4대 장군 도쿠가와 이에쓰나[德川家綱] 습직한 사실을 알

---

393) 이현종, 「기유약조의 성립시말과 세견선수에 대하여」, 『항도부산』 4, 1964, 285~286쪽.
394) 『변례집요』 권15, 漂倭船.
395) 『증정교린지』 권2, 差倭.
396) 『부산시사』 조선후기 부산에서의 대일 외교, 1989, 741~743쪽.

리기 위해 예조참판·예조참의와 동래부사에게 보내는 서계와 별단을 가져온 차왜를 접대한 데서 유래되었다. 島主承襲告慶差倭는 쓰시마 도주의 승습을 알리러 오는 차왜였다. 1652년(효종 3)에 도주 소 요시마사[宗義政]의 습직을 알리러 온 차왜를 접대한 데서 비롯되었다.

通信使請來差倭는 통신사의 파견을 요청하러 오는 차왜였다. 1636년(인조 14)에 예조참판에게 서계를 가져 온 데서 비롯되었다. 通信使護行差倭는 통신사가 파견될 때 호행하는 사명을 띠고 건너오는 차왜였다. 1642년(인조 20)에 예조참의에게 보내는 서계를 가져 오고, 또 1655년(효종 6)에 예조참판에게 보내는 서계를 가져 온 데서 비롯되었다. 通信使護還差倭는 통신사가 일본에서 돌아올 때 호송하는 차왜였다. 1643년(인조 21)에 예조참의에게 보내는 서계를 가져 왔고, 1682년(숙종 8)에는 예조판서에게 보내는 서계까지도 갖고 왔다.

退休關白告訃差倭는 퇴위한 관백의 서거를 알리러 오는 차왜였다. 제2대 장군 도쿠가와 히데다타[德川秀忠]가 1632년(인조 10)에 서거하여 부음을 알려오자, 이를 응접한 데서 비롯되었다. 島主退休告知差倭는 쓰시마 도주의 퇴위를 알리러 오는 차왜였다. 1692년(숙종 18)에 도주 소 요시마사가 관백의 명령으로 퇴위하자, 예조참판에게 보내는 서계를 가지고 와서 접대를 받은 데서 비롯되었다.

關白生子告慶差倭는 관백이 아들을 낳은 사실을 알리러 오는 차왜였다. 1641년(인조 19)에 제3대 장군 도쿠가와 이에미쓰가 아들을 낳은 사실을 알리는 동시에 예조참의에게 보내는 서계를 갖고 온 것이 시초가 되었다. 關白立儲告慶差倭는 관백이 그 직을 세습할 아들을 정하여 세우는 사실을 알리러 오는 차왜였다. 1705년(숙종 31)에 제5대 장군 도쿠가와 쓰나요시[德川綱吉]가 입저한 사실을 알리는 동시에 예조참판에게 보내는 서계를 가져와서 접대를 받은 것이 시초가 되었다. 關白生孫告慶差倭는 관백이 손자를 보게 된 사실을 알리러 오는 차왜였다. 1738년(영조 14)에 제8대 장군 도쿠가와 요시무네德川吉宗가 손자를 보게 되자, 이 사실을 알리고 예조참판에게 보내는 서계를 가져와서 접대를 받은 것이 시초가 되었다.

通信使請退差倭는 통신사의 파견을 뒤로 미루어 주도록 요청하러 오는 차왜였다. 1788년(정조 12)에 쓰시마 도주 소 요시이새宗義功가 관백의 뜻을 전하고 아울러 예조참판에게 전하는 서계를 보낸 것이 시초가 되었다. 通信使議定差倭는 1791년(정조 15)에 쓰시마 도주 소 요시이사가 관백의 명령으로 차왜를 보내어 예조참판에게 보내는 서계를 전하고, 앞으로 조선이 파견하는 통신사는 에도에까지 가지 말고 쓰시마에 가는 것만으로 그쳐서 서로의 폐단을 줄이자고 제의하여 온 차왜이다.

陳賀差倭는 1650년(효종 1)에 쓰시마 도주 소 요시나리가 관백의 명령으로 진하를 위해 보낸 차왜였다. 이때 예조참의에게 보내는 서계를 전하므로, 경접위관을 시켜 접대한 것이 시초가 되었다. 弔慰差倭는 1683년(숙종 9)에 현종비 명성대비가 승하하자, 쓰시마 도주 소 요시마사가 관백의 명령으로 진위사라는 차왜를 보내어 예조참판에게 전하는 서계를 가져왔으므로, 이를 접대한 것이 시초가 되었다. 漂人領來差倭는 일본에 표류하여 도착한 조선인을 데리고 와서 인계하는 차왜를 말한다.

島主告訃差倭는 쓰시마 도주의 죽음을 알려오는 차왜였다. 1657년(효종 8)에 도주 소 요시나리의 사망을 전해 온 차왜를 접대한 것이 시초가 되었다. 退島主告訃差倭는 1702년(숙종 28)에 퇴위하여 쉬고 있던 도주 소 요시마사가 죽자, 조선에서 준 도서를 반납하지 않고 차왜를 보내어 그의 유서와 유물을 정부에 올렸다. 이에 생전에 그가 성심으로 조선 정부를 섬겨 온 것을 고려하여 접대하여 준 것이 시초가 되었다. 九州島主告訃差倭는 1760년(영조 36)에 구주도주 소 마사히로[宗方熙]가 죽으면서 유서와 유물을 헌납하도록 유언을 하였으므로 이를 가져 온 차왜이다.

關白儲嗣告訃差倭는 1683년(숙종 9)에 관백 도쿠가와 쓰나요시[德川綱吉]의 사자가 사망하자, 이 사실을 알리기 위하여 예조참의에게 보내는 서계를 가지고 온 차왜이다. 島主告還差倭는 1632년(인조 10)에 쓰시마 도주 소 요시나리가 에도로부터 쓰시마에 돌아오자, 이 사실을 알리기 위해 예조참의에게 보내는 서계를 가지고 온 차왜이다. 裁判差倭는 초량왜관에서 무슨 사건이 발생하면 건너왔다가 그 일이 끝나면 돌아가는 차왜였다. 부산 초량왜관에 머무는 기간은 무제한이었으며, 1651년(효종 2)부터 나오기 시작하였다.

마지막으로 조선 후기에 정기·부정기의 일본 선박들이 많이 내왕하였음을 위에서 살펴보았다. 이 가운데 부정기적인 차왜를 제외한 연례 입국인원을 살펴보면, 세견선의 경우도 조금씩 차이를 보였다. 조선 후기에 조선에 입국한 세견선의 내왕 인원을 파악해 보면 다음과 같다.

〈표 28〉 조선 후기 연례송사선의 인원 현황[397]

	正官	都船主	奉進押物	伴從	格倭	水木船格倭
세견1선	1	1	1	3	40	15
세견2선	1			1	40	
세견3선	1			1	40	
세견4선	1			1	30	
세견5선	1			1	30	
세견6선	1			1	30	

[397] 『증정교린지』와 『통문관지』를 종합하여 작성하였다.

세견7선	1			1	30	
세견8선	1			1	30	
세견9선	1			1	30	
세견10선	1			1	30	
세견11선	1			1	20	
세견12선	1			1	20	
세견13선	1			1	20	
세견14선	1			1	20	
세견15선	1			1	20	
세견16선	1			1	20	
세견17선	1				20	

　이처럼 조선 후기에 연례 입국왜인은 정관 17명, 반종 16명, 격왜 550명, 수목선격왜 15명 등 합계 583명이었다.

　한편 제1특송사선은 정관 1명, 도선주 1명, 2선주 1명, 봉진압물 1명, 私卜押物 1명, 侍奉 1명, 반종 7명, 격왜 40명, 부선 격왜 30명, 수목선 격왜 20명이었다. 제2특송사선은 정관 1명, 도선주 1명, 2선주 1명, 봉진압물 1명, 사복압물 1명, 시봉 1명, 반종 7명, 격왜 40명, 부선 격왜 30명, 수목선 격왜 20명이었다. 제3특송사선은 정관 1명, 도선주 1명, 2선주 1명, 봉진압물 1명, 사복압물 1명, 시봉 1명, 반종 7명, 격왜 40명, 부선 격왜 30명, 수목선 격왜 20명이었다.

　부특송사선은 정관 1명, 부관 1명, 도선주 1명, 2선주 1명, 留船主 1명, 봉진압물 1명, 사복압물 1명, 시봉 1명, 반종 7명, 격왜 40명, 부선 격왜 30명, 수목선 격왜 20명이었다.[398] 만송원송사선은 정관 1명, 도선주 1명, 봉진압물 1명, 반종 3명, 격왜 40명, 수목선 격왜 15명이었다. 이정암송사선은 정관 1명, 반종 3명, 격왜 40명이었다. 평언삼송사선은 정관 1명, 봉진압물 1명, 반종 3명, 격왜 40명이었다. 중절 5선은

---

398) 『증정교린지』와 『통문관지』 참조.

정관 1명, 반종 1명, 격왜 □명이었다.[399]

이들 특송사선과 부특송사선 등의 인원을 모두 합치면 506명이었으며, 여기에 세견선의 인원을 합치면 1089명이었다. 또 기타 가환대도선, 숫자가 밝혀져 있지 않은 중절 5선의 격왜 수를 30명으로 추정하여 합치면 모두 1,479명이었다. 그러나 이러한 인원은 1635년 兼帶制가 시행되면서 그 인원이 줄어들게 되었다.

이처럼 조선 후기에 부산에는 다양한 종류의 일본 선박들이 내왕하였는데, 그 선박에 승선하고 왔던 인원도 많았다. 일본인들이 도착한 곳은 부산의 포구였다는 점에서 부산은 해항의 역할을 수행하고 있었다고 할 것이다. 양 국민은 해항 부산에서 자연스럽게 교류할 수 있는 기회도 갖게 되었다.

(6) 영가대

조선 후기에 조선통신사가 출발했던 영가대는 선박이 정박했던 선창의 역할을 겸하였다. 영가대는 조선 후기에 초량왜관의 선창과 함께 해항 부산의 모습을 보여주는 현장이다.

영가대는 동래 관아 남쪽으로 부산진 가에 있었다. 1614년(광해군 6)에 순찰사 權盼이 땅을 파서 호수를 만들어 전선을 감추었고, 작은 언덕을 쌓아 대를 만들었는데, 권반이 永嘉(현재 안동) 사람이기 때문에 영가대라 이름하였다고[400] 한다. 하지만 1881년 신사유람단까지도 해신제를 지냈던 영가대는 1906년 부산역 설치 공사 때 일본인들에 의해 전차선로를 만들면서 매립되고, 일본인 오이케 타다 스케치의 별장인 능풍장으로 옮겨진 후 자취를 감추었다고[401] 한다. 현재 원래

---
[399] 『증정교린지』와 『통문관지』 참조.
[400] 『輿地圖書』, 慶尙道 東萊.

영가대가 있던 자리는 부산진시장로 20번 길의 '영가대 본터' 안내판을 따라가면 마주하게 되는 경부선 철도 선로 곁의 '영가대 기념비각'이 놓여 있다.

영가대에 대한 유래에 대해서는 다음의 글이 대표적인데, 이를 소개하면 다음과 같다.

부산에서 일본까지의 거리는 바다를 사이에 두고 서로 바라볼 수 있는 정도여서 돛배 한 척으로도 갈 수 있다. 그러므로 배와 전투 장비를 성대하게 갖추고 밤낮으로 바람과 물결을 살피는 한편 和好의 뜻을 보이면서도 전쟁을 잊지 않았다. 바다는 언제나 큰 바람이 부는 경우가 많아, 소신(小汛)을 전후하여 한두 차례 부는데, 바람이 불면 반드시 戰艦을 흔들어 부딪치고 부서지니, 다시 수리하는 비용이 대단히 많이 소비된다. 萬曆 계축년(1613, 광해군5)에 巡察使 權盼 공이 처음으로 地利를 헤아려서, 넓은 땅을 굴착하여 호수를 만들고 흙을 쌓아 둑을 만들었으며, 옆에 수문을 설치하니 배들이 이곳으로 출입하여 세 척이 한 번에 통과할 수 있었다. 호수의 세로 길이는 큰 전함을 댈 만하고, 가로 길이는 전선 30척을 연이어 정박할 수 있었다. 공사를 시작할 때, 백성들이 떼를 지어 일어나 시끄럽게 떠들면서 宣防宮의 고사를 인용하여 비난하였는데, 공의 탁월한 견해로 만세의 이로움을 계획해냈으니, 평범하지 않은 일을 어찌 백성들이 쉽게 알겠는가.

공사가 끝나자 天理에 부합하고 신이 도와주어 큰 제방이 우뚝하고 넓은 못이 맑고 푸르렀다. 파도가 밖에서 몰아쳐도 안쪽에는 잔물결조차 일지 않으니, 鮫人이 비단 짜는 방을 옮기고 악어가 그 안에 보금자리를 만들 것 같았다. 海若과 馮夷가 온화하게 왕래하니, 黃龍, 赤雀, 馳馬, 伏龜, 艨艟, 舲艎 등이 즐비하게 늘어서 꼬리에 꼬리를 물었다. 그 해 8월에 태풍이 대단히 심하게 불어서, 어패류가 육지까지 떠밀려 왔는데도, 배들이 안전하여 기울거나 흔들리지 않았다. 그러자 지난날 비방하던 자들이 또 모여 다음과 같이 노래하였다.[402]

---

[401] 한태문, 앞의 책, 2012, 265쪽.
[402] 『東州集』 권3, 記, 永嘉臺記, 甲子.

이러한 영가대의 유래에 대해서는 부산 지역의 자료에 더욱 자세하게 나타난다. 영가대는 자성대성(임진왜란 이후의 부산진성) 서문 밖 서쪽해안에 호안을 만들고 배가 접안할 수 있도록 선착장을 만들면서 생긴 언덕이름으로, 일본으로 가는 조선통신사 일행이 이곳에서 출발하여 이곳으로 돌아온 대일 외교관계에 중요한 몫을 한 곳이라고 하였다.

첫째, 영가대의 유래이다. 『東萊府志』에서는 영가대는 동래부의 남쪽 21리 지점 부산진 앞에 있다. 萬曆 갑인년 순찰사 권반이 호안을 파고 전선을 정박시키고 대를 쌓았는데, 그가 영가인이므로 이름을 그렇게 했다고 하였다.

1895년에 편찬한 『釜山鎭志』에는 영내 군선의 안전을 위해 부산진성 서문 밖에 호안을 파서 계류장 선착장을 만들자, 이때 파 올린 토사가 방대하여 선착장 곁에 쌓아올리니 10여 발이나 되는 언덕이 되었다. 그 언덕 위에 나무를 심고 정자를 세워 아름답게 꾸몄으니 이곳이 영가대이다. 영가대라는 이름은 경북 안동의 옛 이름인 '영가'에서 비롯된 것인데, 이는 영가대를 처음 구축한 권반의 관향이 안동이므로 이를 기념하기 위한 것이었다고[403] 한다.

본래 永嘉란 뜻은 낙동강 본류인 안동댐쪽 물과 지류인 동쪽 반변천의 물, '두 물이 합하여 아름다운 경관을 자아낸다'는 의미에서 붙여진 이름으로 '이수최가'를 뜻하는 말이다. 1624년 일본사절 접대를 위해 조정에서 선위사로 파견된 李敏求가 성 밖에 축조된 대를 보고 감탄하여 이를 쌓은 권반의 관향을 따라 영가대라 호칭한 것이 연원이라고[404] 한다.

---

403) 『大山集』 권2, 詩, 南遊錄 竝書.
404) 『輿地圖書』, 慶尙道 東萊.

둘째, 영가대의 기능이다. 영가대 위에 세워진 정자는 조선 후기에 걸맞는 우리나라 전형적인 건축양식에 의한 정자로 지어졌으며, 이후 이곳에서 발견된 당초 문양이 새겨진 기와에 '康熙 임진 6월 8일 제남 루반와 감관 김예관' 이란 명문이 발견되었다. 濟南樓는 임진왜란 후 부산진성을 개축하면서 지은 부산진성의 폐문루의 명문일 가능성도 있는데, 이후 수차례의 보수가 더 있었을 것으로 여겨진다.

영가대는 1617년(광해군 9)에 일본 도쿠가와 막부의 2대 장군 도쿠가와 히데타다(德川秀忠)가 보내온 국서에 대한 회답사로 吳允謙을 정사로 한 통신사를 일본에 보내게 된다. 이후 1811년까지 11차례에 걸쳐 일본으로 향하는 조선통신사들은 이곳 영가대에서 출발하게 되었다. 한성에서 편성되어 한 달여 만에 동래에 닿은 통신사 일행은 일본으로 향하기 전에 영가대에서 해신제를 지내므로 항해의 안전을 비는 것이 관례로 되어 있었다. 영가대는 수성당의 역할도 겸한 제당이었던 셈이다. 다음의 자료는 그런 모습을 보여준다.

永嘉臺에서 海神에게 기도하니, 전례에 따른 것이다. 臺는 부산성 서쪽 큰 바다 위에 있었다. 높은 언덕이 10여 길인데 웅장한 閣이 공중에 솟아 있었다. 樓船을 내려다보니, 節旄·鼓角·자리[茵]·장막 등 무릇 사신행차에 따른 기구와 복장의 성대한 것이 총총히 그 밑에 빙 둘러 서 있는 모습이 蔚然하여 마치 무성한 숲과 같았다. 날이 이미 정해지자, 부산진 절제사 崔鎭樞가 대에 落水받이 한 복판[霤]에 壇을 설치하였는데, 단의 높이는 4자이고 사방 넓이는 6자이었다. 3층 계단 3개를 쌓아 흰 모래로 깔고 푸른 잔디로 입혔다. 위에 神位를 설치하고 단 아래 모난 다방에는 4곳에 床과 자리를 설치하여 술병 씻는 자리, 잔 씻는 자리, 飮福하는 자리, 位版 쓰는 자리를 만들었다. 또 그 아래 깨끗한 언덕 경사진 데에는 사다리[棚]를 연달아 편편하게 만들어 三獻官의 절할 자리를 만들되 西向으로 하고, 그 옆에는 반열에 참석한 堂上譯官 이하 諸員이 절할 자리를 만들되 모두 北向으로 하고, 가운데에 상, 자리, 물동이, 세수그릇,

수건을 배치할 두 군데를 만들어 獻官과 執事의 손 씻는 자리를 하고, 또 그 밖에다 장막을 쳐 문을 만들어 문에는 세 헌관의 작은 좌석을 놓고, 좌석 뒤에는 모든 집사의 자리를 차등 있게 설치하였는데, 혹은 겹으로 혹은 홑으로 하였다. 일전에 헌관이 종래의 의식에 의하여 모든 집사에는 일을 맡기는데, 나는 撰祝과 讀祝으로 典祀官을 겸하였다. 書板·執禮·齋郎·祝史·執尊·贊謁者·좌우 臚唱·盥洗位는 각각 寫字官이나 譯官 등 公服 입은 사람으로 나누어 정하였다. 모든 군관들은 군복을 입었기 때문에 예법에 구애되어 반열에 끼이지 못하였다. 書記·醫員은 각각 그 입은 옷 그대로 당상 역관을 따라 들어와 참여하였다.[405]

구체적으로 영가대에서 해신제를 지낸 사례를 찾아보면 다음과 같다. 1636년 4번째 통신사의 부사 金世濂이 기록한 『槎上錄』에 잘 나타나 있다.

18일 을미 맑음, 4경에 영가대에서 제사를 지냈다. 제사는 모두 五禮儀海瀆制에 따랐다. 정자는 부산성 포구에 있다. 권반 공이 방백으로 있을 때 항만을 파서 배 댈 곳으로 쌓았다. 높이 수십 길.[406]

또 다른 기록으로 1719년 8대 장군 도쿠가와 요시무네[德川吉宗]의 장군 계승을 경축하기 위하여 건너간 9번째 통신사의 제술관 申維翰은 그의 『海游錄』에 기술되어 있다.

초엿새 정미, 영가대에서 해신에 제사함은 구례에 연유한다. 대는 부산성 서쪽의 대해상에 있고, 언덕의 높이는 10여 발, 취랑 속에 서 있는 걸구는 그 아래에 루선을 내려다본다. 이미 기풍제날을 잡았을 때 절제사 최진추는 영가대

[405] 『해행총재』, 해유록 6월.
[406] 『해행총재』, 사상록 7월.

안에 단을 쌓았다. 단의 높이는 각각 1心 반, 3단을 쌓고 3계를 만든 다음 소사로 깔고 청사로 덮었다. 그 위에 신위를 세우고 (하략)[407]

이처럼 영가대에서 올린 해신제는 조선 정부 차원의 예였으므로『國朝五禮儀』에 준거한다고[408] 기록하고 있다. 최대의 예를 갖추어 해신제를 올리고 있음을 보여준다. 제술관 신유한은 해신제에 올리는 축사를 짓고, 제사를 주관하는 직책에 있었던 만큼 신유한의 묘사에는 정성이 담겨 있다. 그리고 제사는 매우 엄숙한 것이었다. 나아가 제사를 올리기 전에 제관을 비롯한 전원이 서약한 사실들을 기록하고 있다.

> 6선에 따르는 각원들이여, 이번 일은 모두 신명의 명하는 바의 것이다. 지금 품질을 갖춘 사람으로부터 삭부, 창두, 황모에 이르기까지 동선하여 왜로 떠나는 모든 자는 제사에 참석하고 안 하고를 불문하고, 각각 이들은 경계하고 하루는 제목하며 음주를 끊고 끽연을 금하고 훈채를 먹지 말고 음악을 들어서는 안 된다. 감히 사적인 단란과 희희덕거림, 질책을 금하고 문병과 문상을 해서는 안 된다. 이른 아침부터 늦은 봄까지 반드시 심신을 정결히 하여 제사에 임해야 한다.[409]

한편 1655년 사행이 해신제를 지내며 해신에게 바친 축문에 보면, 육로 여행에 익숙한 조선의 사대부에게 바다 여행은 엄청난 부담이었다. 정확하게는 두려움 그 자체였다. 더욱이 동력선도 아닌, 오직 뱃사공들이 젓는 노에만 의존해야 했기에 사행길에 대한 공포나 불안감은 이루 말할 수 없었다. 그래서 渡日을 앞둔 약 5일 전 제사 날짜가 정해지면 목욕재계는 물론 술, 고기, 파, 마늘 등을 먹지 않고 문병과

---

[407] 『해행총재』, 해유록 10월.
[408] 조엄, 『海槎日記』권1, 9월 8일 임술.
[409] 『해행총재』, 해유록 10월.

문상을 금하는 등 엄한 금기를 지켜야 했다. 그리고 제사 당일 새벽 1시쯤 영가대에 설치된 제단 앞에 모여 최대한 엄숙하고 진지하게 제사를 지냈다고[410] 한다.

이에 영가대는 바다를 건너는 두려움을 해신제로 달래던 곳이었는데, 다음의 제문에서 당시의 상황을 알 수 있다.

> 서문을 나와 동문으로 향하는 길에 있는 영가대로 향한다. 영가대는 1614년 순찰사 권반이 전선을 감추기 위해 선착장을 만들 때 파 올린 흙이 언덕을 이루자 그 위에 세운 8칸 누각이다. 원래는 이름이 없었으나, 1624년 부산에 온 선위사, 이민구가 권반의 본관인 안동의 옛 이름 '영가'를 따서 붙였다.

영가대는 우뚝 솟아 있기에 왜적의 동태를 살피는 역할도 했지만 무엇보다 경관이 빼어나 시인 묵객의 입에 오르내렸다. 동래부사 鄭顯德은 〈蓬萊別曲〉에서 "영가대 높은 집은 부산경개 제일이라"고 찬탄했다.

그런데 영가대는 조·일 양국 선린의 대표적인 상징물로도 유명하였다. 영가대는 조선통신사를 비롯한 일본 사행의 출발과 귀환지점이자, 사행의 안전과 임무 완수의 성공을 기원하며 해신제를 올리던 제의공간이기도 했기 때문이다.

> 겹겹이 쌓인 물결과 놀란 물결 속에 목숨이 털끝과 같으니 신의 은혜가 아니면 어찌 무사히 건너겠습니까. (중략) 신께서는 우리를 보우하사 풍백에게 분부하여 속히 순풍을 주시어 사나운 풍파를 물리치고 고래를 엎드리게 하며 이무기와 악어가 도망쳐 피하여 돛을 달고 닻을 들어 눈 한 번 깜짝 할 새에 천리를 가게 하소서. 지체도 걸림도 없이 안전하게 바로 일본에 도달하게하고

---

410) 남용익, 『부상록』 「해신에게 제사 지내는 글」.

날을 헤아려 배를 돌리게 하소서.411)

이때 통신사 일행을 맞이하기 위한 일본 측 迎聘參判事는 이미 쓰시마로부터 영가대의 선착장에 도착해 있었다. 출범하기에 좋은 날을 선정하기 위해 통신사 일행들은 1개월을 기다리기도 하였다. 해신제가 끝나면 풍향과 조수의 흐름을 읽어 출범일시를 정하였다. 한성을 떠난 통신사 일행이 동래를 거쳐 일본 에도[江戶]로, 다시 한양까지 돌아오는데 8~12개월이 소요되었다.

이러한 영가대에는 애환을 노래한 많은 시가 남아 있다. 대표적인 시로는 1643년(인조 21)에 일본으로 떠나는 통신사의 종사관 申謫가 떠나기에 앞서 부산진 영가대에 올라 읊은 것이다.

　　높은 대가 소슬하게 구름 끝에 솟았는데 / 高臺蕭瑟出雲端
　　언덕 밑 천길 물엔 돌빛이 서리었네 / 陂水千尋石色蟠
　　배들이 평온하여 큰 구렁에 숨겨진 듯 / 舸艦穩如藏大壑
　　바다엔 종일토록 물결만 출렁출렁 / 海中終日自波瀾412)

당시 영가대의 풍치를 잘 드러내고 있다. 영가대는 통신사 일행과 인연 깊은 부산의 명승지로 이들은 이곳에서 일본으로 떠나고 이곳으로 돌아왔다. 이처럼 영가대는 조선 후기에 조선통신사가 출국하고 귀국하는 장소로서 부산 해항의 중요한 장소였다. 그래서 영가대에서는 많은 의식과 행렬들이 찾아왔던 포구였다. 영가대는 사실상 항구의 안식처이자 전망대였다고 할 수 있다.

---

411) 남용익, 『부상록』 「해신에게 제사 지내는 글」.
412) 『해행총재』 해사록 永嘉臺.

맺는 글

맺는 글

　조선시대의 해항도시 부산의 모습을 군항과 해항으로 구분하여 시기적으로 살펴보았다. 군항과 해항의 모습은 부산이 해안 지역이라는 지리적 특성에서 비롯되었지만, 부산이 조선시대에 조선의 유일한 무역항이자 교류처로서 국제항구로서 기능하게 하였다.
　먼저 조선 전기에 부산이 나라의 관문으로서 기틀이 마련된 것은 대일 회유책으로 마련된 왜관의 설치와 함께 왜구에 대비하는 국방도시로서의 성격을 띠면서였다. 때문에 오늘날의 부산이 근대 이후 세계적인 항구도시로서 발전할 수 있는 기반이 마련된 것은 조선 전기에 무역과 국방의 전초기지라는 요충지로서의 성격을 가지면서부터였다고 할 수 있다.
　첫째, 조선 전기의 국방 문제는 부산의 경우 왜구 때문에 어느 시기보다도 중시되었다. 일본과 가까운 나라의 관문인 부산의 경우 관방 문제는 조선 전기에 더욱 중요한 의미를 가지면서 추진되었다. 부산 지역에는 경상좌수영과 부산진성이 설치되고, 수군과 관방시설이 축조되면서 군항으로서의 모습을 갖추어 나갔는데, 성종 때 수군의 주둔처가 해안에 성곽으로 축조되면서 군사 기지의 모습을 갖추게 되었다. 둘째, 조선 전기에 부산의 해항으로서의 모습은 3포 개항 이후 부산포왜관에서 문화교섭이 진행되고, 일본의 선박이 지속적으로 내왕하고 있음에서 확인할 수 있다.

다음으로 임진왜란 시기에 부산은 한반도 남쪽 해안에 위치한 지리적인 조건 때문에 일본군의 침략을 처음으로 당한 지역이었으며, 일본군이 지속적으로 주둔했던 공간이었다. 첫째, 임진왜란 시기의 군항의 모습은 각종의 해안 전투에서 확인할 수 있다. 부산진성전투는 임진왜란 때 조선군이 적을 맞이하여 치른 첫 전투였다. 일본군은 상륙 당일로 부산진성을 점령함으로써 조선군의 해안 방어세력을 제거하고, 조선 침략을 위한 海頭堡를 확보하였다. 다대진성전투는 군·관·민이 하나가 되어 주어진 상황 속에서 최선을 다하여 항전하였던 전투였다. 특히 다대진성전투의 1차 교전에서 거둔 승리는 일본군을 상대로 한 첫 승리라는 점에서 값진 것이었지만, 안타깝게도 2차의 본 전투에서 패배함으로써 후대에 제대로 전승되지 못하였다.

부산포해전은 임진왜란 시기에 일본군이 조선 점령지에 설치했던 운송 기지를 직접 타격한 전투였다. 임진왜란 시기에 일본군은 부산포를 점령하고 교두보를 확보하여 임진왜란 초기에 원만하게 전쟁을 주도해 나갈 수 있었다. 이후 부산포는 일본군의 운송기지로서 역할을 하였는데, 많은 일본 전선과 일본군이 주둔하고 있었다. 부산포해전은 경상도와 전라도의 두 지역 수군이 연합하여 전함과 병력의 열세에도 불구하고 대승을 거둔 싸움으로 임진왜란의 전세를 바뀌게 할 만큼 획기적인 전투였다. 부산포해전의 패배 이후 일본군의 수군은 서해로 진출이 불가능해졌으며, 동시에 육군의 북쪽 진출도 어렵게 되었다. 또 수군의 패배로 인한 전함의 손실로 일본 본국과의 교통과 보급이 끊겨 일본군은 한반도에서 고립되게 되었다.

둘째, 임진왜란 시기에 부산의 해항으로서의 모습은 전쟁 중에도 유지되고 있었다. 명나라의 참전과 관군 및 의병의 활약으로 강화회담이 진행되면서 일본과 명나라의 강화사절은 회담을 위해서 부산에서 출항하였다. 강화회담이 진행되자 일본군은 부산 지역에 倭城을 쌓고 주둔하였다. 부산의 왜성에서는 조선의 백성과 일본군 사이에 다양한 접촉이 진행되면서 문화교류와 혼종이 진행되어 나갔다.

마지막으로 조선 후기에도 부산 지역은 대일 회유책으로 마련된 왜관의 설치와 아울러 일본에 대비하는 국방도시로서의 성격을 계속 유지하였다. 오늘날의 부산이 근대 항구도시로 발전할 수 있는 기반이 마련된 것은 조선 후기에 부산이 외교와 국방의 전초기지라는 요충지로서의 성격을 가지면서 더욱 진전되었다고 할 수 있다.

첫째, 조선 후기의 부산에서 군항의 문제에서는 군사조직과 지휘체계상 동래의 獨鎭化, 경상좌수영으,l 부산 고착화, 傭兵制의 실시라는 군사 모병법의 변화 속에서 나타난 무장층의 확보와 수군의 집중배치를 통해서도 알 수 있다. 특히 경상좌수영의 이전과 복귀, 경상좌도 수군진의 부산 집중과 배치가 진행되면서 부산은 조선의 최대 수군기지가 되었다.

한편 조선 후기에 이르러 외국 선박이 부산에 자주 출현하자, 부산항의 咽喉에 해당하는 지리적인 요인 때문에 군사적으로 중시해야 한다는 논의가 이어진 絶影島에는 새롭게 진이 설치되었다. 절영도진은 設鎭 이후 주요 방어거점으로 인정되어 獨鎭으로 기능하였지만, 원래의 多大鎭으로 배속되는 등 변화를 거듭하다가 1895년에 갑오개혁으로 군제가 정비되면서 폐지되었다. 절영도진에서는 15년 동안 13명의 첨사가 재임할 정도로 교체가 잦았다. 하지만 절영도진의 첨사 자리는 영전해 가는 중요 자리였다. 절영도진에 소속된 군사는 440명으로 경상좌수영 소속의 좌선봉장이었다. 군사 중에서는 노를 젓는 能櫓軍

의 숫자가 348명으로 가장 많았다. 절영도진 소속의 戰船 2척은 巡營과 統營에서 마련하였는데, 각각 兵船 1척과 伺候船 2척이 배속되었다. 개항 이후 본격적으로 해항도시로 변화하는 부산에서 절영도는 부산항을 지키는 군사적 요충지로서의 역할을 하였다. 부산에 해항도시가 확장되자 조선 왕조는 부산항을 출입하는 선박들을 감시할 수 있는 절영도에 鎭을 설치하여 대응했다. 이에 절영도는 기존의 牧場에서 군사 防禦鎭으로 변모하였다. 그러나 절영도는 외세의 침탈 과정에서 가장 먼저 일본이 불법적으로 사용하다가 租借地로 변했다.

둘째, 조선 후기에 부산에서는 두모포왜관, 초량왜관, 통신사의 내왕을 통해서 해항의 모습을 찾을 수 있다. 조선 후기에 해항도시 부산에 존재했던 두모포왜관과 초량왜관은 닫힌 공간 속의 열린 무대라는 제한적인 공간으로 항시의 성격을 가진 도시였다. 그렇지만 조선 후기에 왜관은 전근대시기에 각종의 통제책과 방어시설에도 불구하고 해항도시의 특징이었던 개방성, 교류성, 혼종성이 나타나고 진행되었던 문화교섭의 공간이었다.

특히 조선 후기에 초량왜관에서의 문화 교류와 접촉은 다양한 문화접변과 혼종화를 낳으면서 동래를 거쳐 전국으로 전파되어 나갔다. 초량왜관에서 문화접변과 혼종화가 일반인에게 보급되는 양상은 음식문화와 생활문화에서 급속히 진행되어 나갔다. 대표적으로 음식문화에서는 勝妓樂, 국수, 과자 등이 양국인의 교류와 접촉과정에서 조선으로 전파되어 문화접변이 나타나고, 나아가 음식문화의 혼종화 양상을 낳기도 하였다. 생활문화에서는 미농지의 사용, 홀공이라는 도박, 일본도의 소유 등으로 나타났다. 특히 생활문화는 편리성과 기능성 때문에 조선으로의 전파가 매우 빠르게 진행되었다. 문화교섭의 측면에서 보면 조선 후기에 해항도시 부산의 경계지대에 놓여 있던 초량왜관은 동아시아 최대의 문화접변과 혼종화의 공간이자, 일본문화의 전파지였다. 아울러 조선통신사의 내왕이 있었던 현장인 영가대의 선창, 영가대에서 행해진 해신제, 통신사 선박의 제조와 출발 등이 행해진 부산은 항구로서의 기능을 하고 있었다.

이상의 검토처럼 조선시대에 부산은 군항과 해항의 이중적인 모습을 갖춘 해항도시였다. 아니 정확하게는 근세의 항시였다고 할 수 있다. 결국 조선시대에 부산의 모습은 부산의 역사성을 군사도시이자 교류도시로서 위치 짓게 했으며, 나라의 관문이 되게 했다. 때문에 근대로 접어들면서 부산이 본격적인 국제항으로 변화하게 되는 원천은 조선시대의 해항도시에서 비롯되었다고 할 것이다. 이러한 조선시대 부산의 모습을 찾아내는 작업은 해양수도 부산의 해양 정체성을 밝히는 길이기도 하다.

참고문헌

1. 사료

『조선왕조실록』, 『비변사등록』, 『승정원일기』, 『일성록』, 『舊韓末外交文書』, 『各司謄錄』, 『嶺南鎭誌』 東萊史料 3, 『고종시대사』, 『邊例輯要』, 『東萊府志』, 『邑志』

『通文館志』, 『倭人求請謄錄』, 『通信使謄錄』, 『典客司謄錄』, 『海行摠載』, 『萬機要覽』, 『漂人領來謄錄』, 『同文彙考』, 『東萊史料』 1~3, 『釜山府使原稿』, 『通航一覽』, 『交隣提醒』, 『草梁畫集』

權以鎭, 『有懷堂集』; 金世濂, 『海槎日記』; 南玉, 『日觀記』; 빙허각 이씨, 『閨閤叢書』; 李鈺, 『桃花流水館小藁』; 李學逵, 『洛下生全集』; 趙曮, 『海槎日記』; 『草梁畫集』; 『日觀記』; 『裁判記錄』; 『增訂交隣志』; 『記聞叢話』; 『靑莊館全書』; 『五洲衍文長箋散稿』; 국사편찬위원회 편, 『通譯酬酢』.

2. 저서

강재언, 『조선통신사의 일본견문록』, 한길사, 2005.
국립해양박물관, 『통신사 선단의 항로와 항해』, 순간과 영혼, 2017.
김강식, 『임진왜란과 경상우도의 의병운동』, 혜안, 2001.
김강식, 『문화교섭으로 본 임진왜란』, 도서출판 선인, 2014.
김경옥, 『조선후기 도서연구』, 혜안, 2004.
김병하, 『李朝前期對日貿易硏究』, 한국연구원, 1976.

김승,『근대 부산의 일본인 사회와 문화변용』, 도서출판 선인, 2014.
김의환,『부산근대도시형성사연구』, 연문출판사, 1973.
김의환,『조선통신사의 발자취』, 정음문화사, 1985.
김재승,『그림자 섬(影島)의 숨은 이야기』, 도서출판 전망, 2005.
김태준·소재영·강재언·大谷森繁 편,『한일 문화교류사』, (주)민문고, 1991.
동북아역사재단 편,『역사 속의 한일관계』, 동북아역사재단, 2009.
李元植,『朝鮮通信使』, 민음사, 1991.
李進熙,『韓國 속의 日本』, 同和出版社, 1985.
李薰,『朝鮮後期 漂流民과 韓日關係』, 國學資料院, 2000.
민덕기,『前近代 동아시아 세계의 韓·日관계』, 경인문화사, 2007.
민덕기,『조선시대 일본의 대외 교섭』, 경인문화사, 2010.
배항섭,『19세기 조선의 군사제도 연구』, 국학자료원, 2002.
부산대 한국민족문화연구소,『경상좌수영성지』, 태화출판사, 1990.
부산대 한국민족문화연구소,『부산의 역사와 문화』(민족문화교양총서1), 부산대출판부, 1998.
부산박물관,『임진왜란』, 임진왜란 7주갑 특별기획전, 2012.
부산박물관,『조선시대 통신사와 부산』, 신흥기획, 2015.
부산박물관,『부산 성곽』, 2016.
부산박물관,『초량왜관』, 한국그라픽스, 2017.
부산시사편찬위원회,『부산시사』 1권, 1989.
부산시사편찬위원회,『國譯萊府日記·多大鎭公文日錄』, 釜山史料叢書 5, 1995.
부산시사편찬위원회,『國譯 嶺南鎭誌』, 부산광역시, 1996.
손승철,『한일 교류와 상극의 역사』, 경인문화사, 2010.
손승철,『조선통신사의 길 위에서-한일관계의 미래를 읽다』, 역사인, 2018.
孫承喆 편,『近世韓日關係史』, 강원대출판부, 1987.
손정목,『한국 개항기 도시변화과정연구』, 일지사, 1982.
유승훈,『우리나라 제염업과 소금 민속』, 민속원, 2008.
육군본부,『한국군제사』, 근세 조선전기·후기 편, 1997.
이원균,『朝鮮時代史硏究』, 국학자료원, 2001.
이현종,『조선전기 한일관계사연구』, 한국연구원, 1968.
이화인문과학원 편,『문화 혼종과 탈경계 주체』, 이화여자대학교출판부, 2013.

田代和生, 정성일 역, 『倭館-조선은 왜 일본사람들을 가두었을까』, 논형, 2005.
정문수 외, 『해항도시문화교섭학 연구방법론』, 도서출판 선인, 2004.
정문수·류교열·박민수·현재열, 『해항도시 문화교섭 연구 방법론』, 선인, 2014.
정성일, 『조선후기 대일무역』, 신서원, 2000.
최차호, 『초량왜관: 세계도시 부산은 초량왜관에서 탄생했다』, 어드북스 2014.
崔海君, 『부산 7000년, 그 영욕의 발자취 1』, 도서출판 지평, 1997.
피터 버그 지음, 강상우 옮김, 『문화혼종성』, 이음, 2012.
한국해양대학교 국제해양문제연구소 편저, 『해항도시의 역사적 형성과 문화교섭』, 선인, 2010.
한국해양대학교 국제해양문제연구소 엮음, 『해항도시 부산의 재발견』, 도서출판 선인, 2014.
한문종, 『조선전기 향화·수직 왜인 연구』, 국학자료원, 2005.
한일관계사연구논집 편찬위원회 편, 『통신사·왜관과 한일관계』, 한일관계사논집 6, 경인문화사, 2002.
한일관계사연구논집편찬위원회, 『임진왜란과 한일관계』, 경인문화사, 2005.
한일관계사연구논집편찬위원회, 『통신사·왜관과 한일관계』, 경인문화사 2005.
한일관계사연구논집편찬위원회, 『중·근세 동아시아 해역세계와 한일관계』, 경인문화사, 2010.
한일관계사학회, 『한일관계사연구의 회고와 전망』, 국학자료원, 2002.
한일문화교류기금 동북아역사재단 편, 『임진왜란과 동아시아세계의 변동』, 경인문화사, 2010.
한일문화연구소, 『慶南의 倭城址』, 부산대학교, 1961.
한태문, 『조선통신사의 길에서 오늘을 묻다』, 도서출판 경진, 2012.
허남린, 『조선시대 속의 일본』, 경인문화사, 2013.
허지은, 『왜관의 조선어통사와 정보유통』, 경인문화사, 2012.
홍순권, 『근대도시와 지방권력-한말·일제하 부산의 도시 발전과 지방세력의 형성-』, 도서출판 선인, 2010.

田代和生, 『倭館-鎖國時代の日本人町』, 文藝春秋, 1981.
仲尾宏, 『朝鮮通信使と壬辰倭亂―日朝關係史論』, 明石書店, 2000.
三宅英利, 『近世日朝關係史の研究』, 文獻出版, 1986.

太田秀春,『朝鮮の役と日朝城郭史の研究-異文化の遭遇・受容・變容-』, 淸文堂, 2006.
中村榮孝,『日鮮關係史の研究』上・中・下, 吉川弘文館, 1935.
黑田慶一,『韓國の倭城と壬辰倭亂』, 岩田書院, 2004.

3. 논문

고동환,「조선후기 도서정책과 원산도의 변화」,『호서사학』45, 2006.
고석규,「設郡 논의를 통해 본 조선후기 섬의 변화」,『도서문화』15, 목포대 도서문화연구소, 1997.
金甲周,「17C後半~18C前半의 社會樣相의 一端-北海道 朝鮮漂人 關係 記錄을 中心으로-」,『國史館論叢』72, 國史編纂委員會, 1996.
김강식,「17~18세기 동래지역의 지방행정과 관방」,『항도부산』11, 부산시사편찬위원회, 1997.
김강식,「임진왜란 시기의 부산포해전과 의미」,『부대사학』30, 부산대 사학회, 2006.
김강식,「壬辰倭亂 前後 釜山地域의 社會變化」,『항도부산』22, 부산시사편찬위원회, 2006.
김강식,「조선 전기 부산지역의 지방행정과 관방」,『항도부산』22, 부산시사편찬위원회, 2006.
김강식,「조선후기 정치・경제사 연구의 회고와 전망」,『항도부산』23, 부산시사편찬위원회, 2007.
金康植,「조선후기에 해항도시 부산에서의 문화교섭 양상-초량왜관을 중심으로-」,『해항도시문화교섭학』14, 한국해양대 국제해양문제연구소, 2016.
金康植,「《漂人領來謄錄》속의 경상도 표류민과 해역」,『역사와 경계』103, 부산경남사학회, 2017.
김경옥,「17~18세기 임자도진의 설치와 목장 개간」,『도서문화』24, 2004.
김경옥,「16~17세기 古今島 인근 해로와 수군진의 설치」,『도서문화』33, 2009.
金光玉,「近代 開港期 日本의 琉球・朝鮮政策」,『항도부산』11, 부산시사편찬위원회, 1994.
金大商,「絶影島 租借問題를 둘러싼 露日競爭」,『항도부산』7, 부산시사편찬위원회, 1969.

金大商,「釜山港에 있어서의 各國의 租界 및 租借地 形成科程」,『朴元杓先生回甲記念論叢』, 동간행위원회, 1970.
金東哲,「조선후기 왜관 개시무역과 동래상인」,『민족문화』21, 한국민족문화연구소, 1998.
김동철,「17-19世紀の釜山倭館周邊地域民の生活相」,『年報都市史研究』9, 都市史研究會, 2001.
김동철,「倭館圖를 그린 卞璞의 대일 교류 활동과 작품들」,『한일관계사연구』19, 한일관계사학회, 2003.
김동철,「15세기 부산포왜관에서 한일 양국민의 교류와 생활」,『지역과 역사』22, 부경역사연구소, 2008.
김동철,「조선후기 통제와 교류의 장소 부산왜관」,『한일관계사연구』37, 한일관계사학회, 2010.
김동철,「조선후기 동래지역의 유통기구와 상품」,『역사와 경계』97, 부산경남사학회, 2015.
김상보,「조선통신사를 통해 본 한국과 일본의 음식문화」,『문화전통논집』12, 경성대 한국학연구소, 2004.
김석희,「조선전기의 대일관계」,『부산시사』1권, 1989.
金錫禧,「壬辰倭亂과 釜山 抗戰」,『항도부산』9, 부산직할시사편찬위원회, 1992.
김성진,「19세기 초 김해인의 생활을 침식한 倭風」,『지역문학연구』3, 부산경남지역문학회, 1998.
김성진,「釜山 인근지역의 생활에 미친 釜山倭館의 영향」,『동양한문학연구』12, 동양한문학회, 1998.
김성진,「부산왜관과 한일간 문화교류」,『한국문학논총』22, 한국문학회, 1998.
金聲振,「조선후기 金海의 생활상에 미친 일본문물」,『인문논총』52, 부산대 인문학연구소, 1998.
金世恩,「大院君執權期 軍事制度의 整備」,『한국사론』23, 서울대 국사학과, 1990.
金世恩,「開港 이후 軍事制度의 改編過程」,『군사』22, 국방부 전사편찬위원회, 1991.
金容旭,「釜山倭館考」,『韓日文化』1집 2권, 부산대 한일문화연구소, 1962.
金容旭,「釜山租界考-特히 日本租界의 性格 및 土地所有關係를 中心으로-」,『韓日文化』1집 1권, 부산대 한일문화연구소, 1962.

金容旭,「釜山 築港誌」,『항도부산』 2, 부산시사편찬위원회, 1963.
金容旭,「近代 開港期 釜山行政 : 1876年~1910年을 中心으로」,『항도부산』 11, 부산시사편찬위원회, 1994.
金義煥,「釜山開港의 硏究(上), (中), (下)」,『항도부산』 3~5, 부산시사편찬위원회, 1963.
金在勝,「絶影島倭館의 存續期間과 그 位置」,『동서사학』 6·7합집, 한국동서사학회, 2000.
金鍾基,「釜山浦海戰」,『壬亂水軍 활동연구논총』, 해군군사연구실, 1993.
루이스 제임스,「朝鮮後期 釜山 倭館의 記錄으로 본 韓日關係-'폐·성가심(迷惑)'에서 相互理解로」,『한일관계사연구』 6, 한일관계사연구회, 1996.
박화진,「왜관관수일기를 통해 본 초량왜관의 생활상-1860년대 일기를 중심으로-」,『동북아 문화연구』 35, 동북아시아문화학회, 2012.
박화진,「조선후기 동래부 기후 동향 분석연구-초량왜관 날씨 기록을 중심으로-」,『동북아 문화연구』 52, 동북아시아문화학회, 2017.
배우성,「조선후기 沿海·島嶼 지역에 대한 국가의 인식 변화」,『도서문화』 15, 1997.
손승철,「倭人作拏謄錄을 통하여 본 왜관」,『항도부산』 35, 부산시사편찬위원회, 1993.
심민정,「18세기 왜관에서의 왜사접대음식 준비와 양상」,『역사와 경계』 66, 부산경남사학회, 2008.
심민정,「두모포왜관시기 差倭 接待例 변화와 정비-『接倭式例』 분석을 중심으로」,『동북아 문화연구』 46, 동북아시아문화학회, 2016.
양흥숙,「17세기 두모포왜관 운영을 위한 행정체계와 지방관의 역할」,『韓國民族文化』 31, 釜山大 한국민족문화연구소, 2008.
양흥숙,「17세기 두모포왜관의 경관과 변화」,『지역과 역사』 15, 부경역사연구소, 2004.
양흥숙,「개항 후 초량 사람들과 근대 공간의 형성」,『한국민족문화』 44, 부산대 한국민족문화연구소, 2012.
양흥숙,「범죄를 통해 본 왜관 주변 사람들의 일상과 일탈」,『로컬의 일상과 실천』, 소명출판, 2013.
양흥숙,「조선후기 倭館 운영을 위한 東萊府民의 '役'부담과 왜관 접촉」,『민족문화논총』 45, 영남대 민족문화연구소, 2000.

양흥숙, 『조선후기 東萊 지역과 지역민 동향-倭館 교류를 중심으로-』 부산대 박사학위논문, 2009.

윤용출, 「17세기 중엽 두모포 왜관의 이전 교섭」, 『한국민족문화』 13, 부산대 한국민족문화연구소, 1999.

이기문, 「어원탐구, 승기악탕」, 『새국어생활』 17-1, 2007.

이상규, 『17세기 倭學譯官 연구』 한국학중앙연구원 박사학위논문, 2010.

이일갑, 「부산 다대포진성에 대한 연구」, 『항도부산』 35, 부산시사편찬위원회, 2018.

이종수, 「인천, 부산과 대마도와 나가사키의 음식문화」, 『인문학연구』 24, 인천대 인문학연구소, 2015.

李敏雄, 「17~18세기 水操 運營의 一例 考察-규장각 소장본 경상좌수영《水操笏記》를 중심으로-」, 『軍史』 38, 국방군사연구소, 1999.

李完永, 「東萊府 및 倭館의 行政 小考」, 『항도부산』 2, 부산시사편찬위원회, 1963.

李源鈞, 「朝鮮時代의 水使와 僉使의 交遞實態: 慶尙左水使와 多大浦 僉使의 경우」, 『論文集』 인문사회 33, 부산수산대학, 1984.

李源鈞, 「朝鮮後期 地方官職의 交遞實態-《慶尙左水營先生案》과《多大浦先生案》의 分析-」, 『釜大史學』 9, 부산대 사학회, 1985.

李進熙, 「釜山浦를 그린 朝鮮朝時代의 그림에 대하여」, 『崔永禧先生華甲紀念論叢』 탐구당, 1987.

李鉉淙, 「己酉條約 成立 始末과 歲遣船數에 對하여」, 『항도부산』 4, 부산시사편찬위원회, 1964.

李薰, 「朝鮮後期 日本에서의 朝鮮人 漂民 취급과 善隣 友好의 실태; 조선인 漂民의 騷擾형태와 수습을 중심으로」, 『史學研究』 47, 한국사학회, 1993.

李薰, 「朝鮮後期 漂民의 송환을 통해서 본 朝鮮·琉球관계」, 『史學志』 27, 단국대 사학회, 1994.

李薰, 「조선후기 일본인의 조선 漂着과 送還」, 『韓日關係史研究』 26, 한일관계사연구회, 1995.

임학성, 「국영목장에서 水營防鎭으로-조선 후기 서해 도서지역의 변화-」, 『2013년 동아시사 해항도시 국제학술대회 발표논문』 2013.

장순순, 「조선시대 왜관변천사연구」, 전북대 박사학위논문, 2001.

장순순, 「근대동아시아 외국인 거주지의 특성-부산의 초량왜관과 장기의 출도를 중심으로」, 『전북사학』 27, 전북사학회, 2004.
장순순, 「조선후기 왜관 통제와 교간사건의 처리-1859년 교간사건을 중심으로」, 『韓日關係史研究』 54, 한일관계사학회, 2016.
張舜順, 「朝鮮後期 倭館의 設置와 移館交涉」, 『한일관계사연구』 5, 한일관계사학회, 1996.
鄭成一, 「漂流記錄을 통해 본 朝鮮後期 漁民과 商人의 海上活動」, 『國史館論叢』 99, 國史編纂委員會, 2002.
丁仲煥, 「壬辰倭亂時의 釜山地區戰鬪」, 『軍史』 2, 국방부 전사편찬위원회, 1981.
제임스·루이스, 「釜山倭館을 中心으로 한 朝·日交流-交奸事件에 나타난 權力·文化의 葛藤」, 『정신문화연구』 66, 한국정신문화연구원, 1997.
차철욱·양흥숙, 「개항기 부산항의 조선인과 일본인의 관계 형성」, 『한국학연구』 26, 인하대 한국학연구소, 2012.
崔永禧, 「壬辰倭亂 첫 戰鬪에 대하여」, 『한국사학논총』 상, 수촌박영석교수화갑간행위원회, 1992.
최재웅 외, 「부산 '左水營城址'의 진정성 회복방안 고찰」, 『문화재』 44-1, 국립문화재연구소, 2011.
河宇鳳, 「壬辰倭亂 以後의 釜山과 日本關係」, 『항도부산』 9, 부산직할시사편찬위원회, 1992.
하우봉, 「조선 전기 부산과 대마도의 관계」, 『역사와 경계』 74, 부산경남사학회, 2010.
韓泰文, 「朝鮮後期 對日 使行文學의 實證的 研究-釜山 永嘉臺의 海神祭와 祭文을 중심으로-」, 『동양한문학연구』 11, 동양한문학회, 1997.
許善道, 「壬亂劈頭 東萊(釜山)에서의 여러 殉節과 그 崇揚事業에 대하여(上); 「釜山鎭殉節圖」 「東萊府殉節圖」 및 「釜山鎭·多大鎭殉節圖」를 中心으로」, 『한국학논총』 10, 국민대 한국학연구소, 1988.

李進熙, 「倭館·倭城を歩く (1)」, 『季刊三千里』 30, 三千里社, 1982.
李薫, 「漂流兼帶制に對する一考察-1682年漂民順付(壬戌約條)交渉および運用を中心に」, 『年報朝鮮學』 5, 九州大, 1995.
金義煥, 「李朝時代に於ける釜山の倭館の起源と変遷」, 『日本文化史研究』 2, 帝塚

山短期大學 日本文化史學會, 1997.

田代和生, 「倭館における日朝關係と對馬藩－外交・貿易・文化交流をめぐって－」, 『中央史學』 20, 中央史學會, 2007.

小田省吾, 「李氏朝鮮時代に於ける倭館の変遷, 就中絶影島倭館に就て」, 『朝鮮支那文化の研究』 京城帝國大學, 1929.

岸田文隆, 「『漂民對話』のアストン文庫本について」, 『朝鮮學報』 164, 朝鮮學會, 1997.

鶴園裕, 「沈壽官家本『漂民對話』について」, 『朝鮮學報』 156, 朝鮮學會, 1995.

名越那珂次郎, 「釜山鎮の日本城址と鄭公壇 上」, 『歷史と地理』 6-4, 史學地理學同攷會, 1920.

찾아보기

ㄱ

가덕도 113
가덕도진관 39, 73
가덕진 76
加藤淸正 107
가배량 54
加須底羅 246
假倭軍 158
가토 기요마사[加藤淸正] 125
간비오봉수 76
戡蠻夷浦 152
감만이포 164
감포 155
감포 만호영 169
姜必履 95, 96, 99
姜沆 134
開市 142, 214
개시무역(사무역) 217
개운포 42, 43, 50, 152, 163
개운포 만호영 168
개운포영 155
巨鎭 34, 150, 152
겐소[玄蘇] 211, 274
格軍 262

見江寺 63
兼帶 200
兼帶制 219, 273, 274, 276, 282
『경국대전』 41
京軍門久勤差除棄 166, 174
경상좌수사 267
경상좌수영 41, 47, 154, 159, 162, 164, 178, 206, 263, 271
慶暹 143
경주진관 32
계명산봉수 76
癸亥約條 65
雇工 231
고니시 유키나가[小西行長] 86, 88, 101, 125, 129
고바야가와 다카카게[小早川隆景] 126
空島政策 182
公木 218
공무역 217
過海粮 257
過海糧 61
關白告訃差倭 277
關白生孫告慶差倭 279

關白生子告慶差倭　278
關白承襲告慶差倭　277
關白儲嗣告訃差倭　280
光俊　63
交奸　230
交奸事件　223
九谷浦　109
九州島主告訃差倭　280
九州探題使船　64
國馬場　174, 199
國王使船　61, 64, 273
「國朝戰亡人施食冊」　96
軍多民少　156
군익도　35
軍摠　156
權盼　270, 282
權以鎭　227, 231
龜船　161
『閨閤叢書』　242
「禁散入各房約條」　214
「禁松節目」　163
金景祥　129
金世濂　286
金晬　91, 108, 119
金應瑞　127
金禎根　203
金哲石　234
金鶴鎭　204
김해강　110
金彙源　250
汽船會社　193
其兀　128
己酉約條　272, 273
祈風祭　270

『吉野覺書』　77

ㄴ

나고야　127
나고야성　123
『洛下生全集』　238
南蠻 과자　245
南玉　223
남촌　152, 164
내이포　54
年例送使船　256
路引　222
蘆酒屋　241
能櫓軍　178

ㄷ

다대진　85, 87, 90, 170, 176, 177
다대진성　170, 179
다대진성전투　85, 88
다대첨사영　166, 177
다대포　44, 51, 92, 151, 153, 184
다대포영　50, 154, 165, 172, 174
다대포진　76, 102
다치바나 도모마사(橘智正)　139, 143
『多大鎭志』　178
多大鎭僉使　198
對馬島主　139
大院君　187
대일 무역　217
大峙　231, 236
데지마　246
도만호　48

島主告訃差倭　279
島主告還差倭　280
島主退休告知差倭　278
獨鎭　150, 200
동래　31, 32, 35, 47, 68, 72, 129, 198
동래독진　151
동래부　156, 157
동래부사　46, 215
「東萊釜山浦之圖」　63
『東萊府志』　284
東萊城　128
동래수성장　46, 151
『東萊營誌』　163
동래온천　62
동래진　33
동래현령　38, 60
東倭館　186
동평　34, 129
동평현　50
豆毛浦　212, 231
두모포 만호영　168
두모포영　134, 155
두모포왜관　211, 212, 215, 219, 220
屯落　128
屯田　224

ㄹ

闌出　233
闌出事件　220
「兩南水軍變通節目」　162
「嶺南湖南沿海形便圖」　162
櫓軍　160
流芳院送使船　275

柳成龍　121, 133
柳順汀　171
輪舶法　65
薩州　241
盧況　210

ㅁ

마키노시마[牧之島]　181
馬島漂倭　257
馬島漂倭船　277
馬弔戲　254
萬松院送使船　274
望景臺　154
毛等邊　185
모리 데루모토[毛利輝元]　123, 124
毛知浦　199
木島　172
牧馬場　182
몰운대　110
몰운산　178
問慰譯官　265
問慰行　260
文肴聖　153
美濃紙　249
밀무역　62, 217, 219, 234

ㅂ

朴淇琮　203
朴佺　62
朴泓　105
朴弘長　120
裵突伊　92

卞崑 99
『邊門節目』 228
邊地窠 200, 202
邊地例 135
邊地履歷窠 166, 174
복병산 194
伏兵所 229
봉산 52, 154, 163, 178, 180, 186
부산 31, 56, 119, 129, 149, 185, 264
釜山監理 204
「釜山口租界條約」 189
『釜山府使原稿』 144
부산왜성 121, 125
부산진 85, 131, 137, 214, 221
부산진객사 266
부산진성 77, 78, 80, 83, 87, 133, 135, 136
부산진성전투 71, 81
『釜山鎭志』 284
부산첨사 220, 221
부산첨사영 165
「釜山破倭兵狀」 113
부산포 40, 41, 42, 44, 47, 48, 49, 50, 53, 54, 55, 57, 75, 105, 110, 122, 261
富山浦 56
부산포성 92, 122
부산포왜관 52, 57, 61
부산포진 76, 102, 151, 172
부산포진관 38, 39, 48, 72
부산포진성 43
부산포첨절제사 52
부산포해전 100, 107, 112, 113, 115, 116

釜山港泊圖 186
「부산항지도」 145
釜營大將 137
부특송사선 281
北倭館 186
飛船 261, 277
빈일헌 267

ㅅ
사량진왜변 39, 72
「槎路勝區圖」 270
私募屬 157
使送船 55
使送倭人 57, 66
謝用梓 118, 130
沙川面 181
사카노시타[坂の下] 227
薩摩窟[사츠마보리] 144
삼포왜란 58, 72, 171
徐福(徐市) 250
徐一貫 118, 130
『西征日記』 81
서평포 87, 92
서평포 만호영 167
서평포진 175
석성봉수 76
船所 180
仙巖寺 233
城堡 49, 73
歲遣船 91, 272
『세종실록지리지』 41
소 사다모리[宗貞盛] 57
소 요시토시[宗義智] 78, 86, 101

消毒所　190
素麵　242
小通事　214, 234, 264
속오군　156
宋公壇　98
宋象賢　84
水軍都萬戶營　56
수군절도사　42
受圖書人　57
受圖書人船　274
水磨石　111
守城軍　46
수영　50, 134
受職倭人　56
受職人船　276
水柵　222
肅拜禮　213, 224
殉亂士民碑　96
勝歌妓　237, 238, 239
勝佳妓湯　241
僧軍作隊　157
勝妓樂　238, 239
勝其岳伊　240
勝妓樂湯　240
시라스 요헤에[白水与兵衛]　234
申景禋　183
申景澄　138
申諭　289
申維翰　238, 286, 287
申楫　183
沈魯崇　243, 252

◎
아메노모리 호슈[雨森芳洲]　233
아사노 나가마사[淺野長政]　124
아사이 요자에몽[浅井与左衛門]　244
安骨浦　108
야나가와 시게오키[柳川調興]　276
어구정　154
漁基　209
譯官(小通事)　225
譯官　234
연례송사　276
宴饗大廳　141
宴饗廳　213
열자구탕　239
염포　48, 54
永嘉　282, 284
永嘉臺　135, 136, 264, 270, 282, 283,
　　　　285, 286, 288, 289
『嶺南鎭誌』　176
迎日地頭官　233
오그스티노　79
오베리아스　245
5위　32
吳允謙　285
五花糖　245, 248
와키자카 야스하루[脇坂安治]　126
倭供　137
倭工　231
倭料　67
倭里　57, 58
倭麵　242, 243
倭物庫舍　191
倭物貨　253

倭田　60
倭浦　145
倭學訓導　63
우암포　256
운요[雲揚]호 사건　187
울산　68
울산진　35
웅천　68
元均　91, 105, 106, 114
留防軍　45
尹公壇　98, 100
「尹公死節記」　95
「尹公戰亡事蹟敍」　94
『尹公戰亡事蹟敍』　173
尹心緯　265
尹致和　190
尹興信　87, 93, 173
尹興悌　97
을묘왜변　58
응봉 監考　78
응봉봉수　76, 85
李根弼　191
李沂　172
李道宰　195
李敏求　284
李敏庸　202
李馥　226
李聖麟　270
李世載　226
李壽春　55
李舜臣　106, 110, 113, 116, 123
李純信　111
李時訥　99
李億祺　109, 111, 114

李延禎　138
李雲龍　105
이윤　78
以酊菴送使船　275
李庭憲　82, 103
李正弼　202
『李忠武公全書』　90
李學逵　237
李海文　95, 98
이호준　205
『日本(西敎)史』　77
日本刀　250
『日本西敎史』　102
任守幹　246
任義伯　214
임익준　205
「壬辰戰亂圖」　99

ㅈ

子城臺　57, 270
자성대성　284
자성대왜성　131, 132
長崎　257
長蛇陣　111, 116
長習浦　51, 171
裁判差倭　280
儲置米　137
貯炭場　191, 192
全南寶　55
廛房　248
餞別宴(송별연)　266, 267, 268
전병선체제　161
田雲祥　161

절영도 143, 144, 184, 185, 188, 195,
     196, 198, 200
절영도왜관 142
절영도 임시왜관 138
절영도진 175, 181, 189, 192, 199, 206,
     207, 209
絕影島鎭僉使 198
절영진 197
覘夷臺 154
「鄭公墓表文」 80
鄭撥 77, 79, 81, 82, 83, 84, 86, 101,
     102, 123, 184
鄭賜湖 135
丁若鏞 243
鄭運 106, 111, 112, 116, 117
丁宗弼 138
鄭昌順 137
鄭闇德 288
鄭澔 185, 196
鄭弘溟 247
濟南樓 285
제1특송사선 281
制勝方略體制 40, 74, 104
題詠 98
諸地方巨酋使船 64
제포 109, 122
제포왜관 46, 75
祭海儀 270
租界 188, 189, 193
租界地 195
「弔亡錄」 94
曺命采 239
조선통신사 258
朝市 227, 229, 231, 236

趙曮 94, 95, 173, 239, 250, 272
弔慰差倭 279
朝日修好條規 188
趙鎭寬 96
租借地 192
좌도병마사영 34
左司把摠 176
左先鋒將 206
좌수영 31, 43, 50, 51, 52, 72, 122, 153,
     185, 208, 261
좌수영성 151, 153, 160
佐子川 213
『增補文獻備考』 43
甑山倭城 122, 131, 132
「增正交隣志」 216
鎭管區制 33, 36, 41, 71, 104
鎭管體制 38, 74, 150
鎭南樓 179
鎭內 마을 197
鎭屬 209
鎭下居民 158
陳賀差倭 279

ㅊ

差倭 216, 272
天城 110
천성진 46
천성포 50
「1872년 군현지도」 179
「僉使尹公興信殉節碑文」 97
僉使尹興信殉節碑 96
疊役 158

초량 264
草梁客舍 224
초량왜관 189, 223, 230, 232, 236, 237, 244, 267
「초량왜관사」 237
초량촌 225, 226, 228, 234
草梁項 111
『草梁畫集』 144
축산포 155
축산포 만호영 169
出使譯官 235
忠烈祠 97, 100
『忠烈祠志』 99
七般賤役 157
7鎭 체제 134, 165
칠포 155
칠포 만호영 169
沈香 64

ㅌ

他島漂倭 257
他島漂倭船 277
太僕寺 183
『通文館志』 140, 258, 262
通事 235
通事廳 228, 234
通信使 55, 84, 120, 121, 135, 259
통신사선 271
通信使議定差倭 279
通信使請來差倭 278
通信使請退差倭 279
통신사행 269
通信使護還差倭 278

통영 271
통제영 263
退島主告訃差倭 279
退休關白告訃差倭 278

ㅍ

平彦三送使船 275
浦所 47, 61
浦營 177
포이포 만호영 168
鮑作 109
浦村 60, 225
漂到 256
표민수수소 255
漂船 256
漂倭 255
漂人領來差倭 279
避病院 190

ㅎ

하시바 히데카츠[羽柴秀勝] 114
하자마 후사타로[迫間房太郎] 194
韓圭稷 190, 191
閑山島 108
한산도대첩 108
恒居倭 58, 59, 66
『海東繹史』 125
海神祭 268
降倭 133
해신제 269, 286, 287
해운포 43, 48, 51
해운포영 39, 43, 73

『海槎錄』 140
鄕通事 63, 64
向化倭人 53, 56
許穆 251
許積 136
許稠 67
忽空伊 253
洪鐘興 96
火木 187

花樽龜尾 110
황령산봉수 76
황말춘 143
黃愼 84, 120, 260
回禮使 55, 285
懷遠館 180
黑石巖 192, 193
黑衣將軍 103
興利倭船 53, 59, 62

저자 소개

김강식(金康植)

| 부산대학교 대학원 문학박사
  한국해양대학교 국제해양문제연구소 인문한국교수
  (조선시대사, 한일문화교섭학, 임진왜란사 전공)

| 주요 논저
  「《漂人領來謄錄》 속의 경상도 표류민과 해역 세계」, 「조선후기에 해항도시 부산에서의 문화교섭 양상: 초량왜관을 중심으로」, 「개항기 해항도시 부산의 절영도진 설치와 운영」, 「조선후기 동래부의 군사 조직과 운영」, 『문화교섭으로 본 임진왜란』, 『임진왜란과 경상우도의 의병운동』, 『문무를 갖춘 양반의 나라』, 『부산의 해양문화유산을 찾아서』(공저), 『해항도시 부산의 재발견』(공저) 등